Der zentrale Süden – Häfen, Kathedr-
len und Inseln

22 Portsmouth und Southampton 49
23 Isle of Wight 51
24 New Forest 55
25 Winchester 56
26 Salisbury 61
27 Wilton House 63
28 Stonehenge 64
29 Wimborne Minster 65
30 Christchurch, Bournemouth und Poole 66
31 Isle of Purbeck 67
32 Dorchester 70
33 Isle of Portland 71
34 Shaftesbury 72
35 Longleat House and Safari Park 73
36 Stourhead 73
37 Sherborne 75
38 Lyme Regis und Beer 76

Süd-Devon – das ›tropische‹ Britannien und seine Heide 79

39 Exeter 79
40 Torbay 81
41 Dartmouth 82
42 Dartmoor National Park 84
43 Plymouth 86
44 Saltram House 87

Cornwall – Land der Mythen im fernen Westen 89

45 Polperro und Mevagissey 89
46 Falmouth und The Lizard 91
47 St. Michael's Mount 92
48 Südwestspitze Cornwalls 93
49 Isles of Scilly 95
50 St. Ives 97
51 Newquay und Bedruthan Steps 98
52 Bodmin Moor 100
53 Tintagel, Boscastle und Morwenstow 101

Nord-Devon und Somerset – wo Heide wächst und Cider fließt 105

54 Clovelly 105
55 Lynton, Lynmouth und Valley of Rocks 105
56 Dunster und Exmoor National Park 107
57 Taunton 109

Von Wells bis Avebury – römische Bäder und gotische Kathedralen 111

58 Glastonbury 111
59 Wells 112
60 Cheddar 114
61 Bristol 115
62 Bath 119
63 Avebury 123

Südengland Kaleidoskop

Canterburys berühmtester Erzähler 22
Ein unschlagbar praktischer Imbiss 29
Traumatische Kindheit, traumhafte Karriere 30
Eroberung der Vertikalen 62
Wanderlust 69
The Dame of Crime 81
Nicht jedermanns Bier 130
Britanniens bunter Blätterwald 135

Karten und Pläne

Südengland – Ostteil vordere Umschlagklappe
Südengland – Westteil hintere Umschlagklappe
Canterbury 21
Canterbury Cathedral 24
Isle of Wight 51
Winchester Cathedral 58
Winchester 60
Exeter Cathedral 80
Bristol 116/117
Bath 120

Service

Südengland aktuell A bis Z 125

Vor Reiseantritt 125
Allgemeine Informationen 125
Anreise 127
Bank, Post, Telefon 127
Einkaufen 128
Essen und Trinken 129
Feste und Feiern 130
Klima und Reisezeit 130
Kultur live 131
Museen und Kirchen 132
Nachtleben 132
Sport 132
Statistik 133
Unterkunft 134
Verkehrsmittel im Land 135

Sprachführer 136

Englisch für die Reise

Register 140

Bildnachweis 142
Impressum 144

Südengland Impressionen

Der Garten Britanniens

»Glücklich ist England!«, schrieb der Dichter der Romantik, John Keats (1795–1821), »ich könnte zufrieden sein, kein anderes Grün als seines zu sehen«. Und der Reisende, der die Landschaften des Südens durchquert, mag im stillen ergänzen: Glücklich ist Südengland.

Glücklich ist Südengland

Die Obstplantagen und Hopfengärten von *Kent*, die sanften Hügel der **South Downs** im westlichen *Sussex*, die großen Nationalparks von *Devon* und *Somerset*, **Exmoor** und **Dartmoor** – entlang seiner 1000 Kilometer messenden Küste breitet sich Südengland, in elf *Grafschaften* aufgeteilt, vor dem Reisenden aus wie der vielgestaltige Garten eines Landes, ein Garten, der selbst das Land ist. Grauschwarz schimmern die bizarren Granitformationen auf den Hügeln der Hochmoore, rostrot blüht im Herbst die Heide, und auf einem Spaziergang durch das lichte Frühlingsgrün der Eichenwälder des **New Forest** meint man, mitten in Keats' lyrischer Welt des frühen 19. Jh. gelandet zu sein.

Südengland ist ein Wanderland. Durch Nationalparks, durch Flusstäler wie das **Exe Valley** in Devon und entlang der gesamten Küste führen **Fernwanderwege**, auf denen sich die Landschaften am intensivsten entdecken lassen – und auf den Felsklippen des **Valley of Rocks** über dem *Bristol Channel* oder von **Land's End** aus über den Atlantik nach Westen blickend, spürt man, dass der Weg zurück ins 19. Jh. ein leichter ist, dass dieses Land noch genauso glücklich ist wie damals.

»Doch fühle ich zuweilen ein Sehnen ...«

John Keats, den Dichter dieses Verses, zog es nach Italien, nach Rom, wo er 1821 starb, andere brachten den Süden nach England. Prinz Albert von Sachsen-Coburg-Gotha ließ für sich und seine Gemahlin, Queen Victoria, auf der **Isle of Wight** eine Villa im neapolitanischen Stil errichten, Andrea Palladios Villen an der Brenta inspirierten Henry Hoare I. zum Herrenhaus von **Stourhead** – und mediterrane wie tropische Pflanzen gedeihen von jeher im vom Golfstrom verwöhnten Süden Englands. Die Terrassengärten des **St. Michael's Mount**, der Klosterburg in der Bucht vor Penzance in Cornwall, bedecken Gewächse des fünften Kontinents. 50 km nordöstlich, in den **Lost Gardens of Heligan**, wuchert der Dschungel. Und an Devons **Torbay** kam man schon vor über 100 Jahren, um sich an der englischen Südküste inmitten von Palmen wie an der Riviera zu fühlen.

Bournemouth und **Brighton** sind die traditionsreichsten Seebäder der Region; wer dem Trubel entfliehen will, macht sich an den Küsten **Devons**, **Cornwalls** und der **Isle of Wight** auf die Suche nach einer der vielen kleinen einsamen *Buchten*, in denen früher Schmuggler ihre Beute versteckten und die heute ihren größten Schatz offen darbieten – goldgelben Sand.

Von der Landschaft zum Park

Seit Jahrhunderten schon errichten die reichen Herren des Landes südlich der Metropole London ihre prachtvollen ländlichen Refugien und Lustschlösser

Oben: *Wie ein schützender Arm legt sich die Kaimauer um den winzigen Hafen von Clovelly*
Unten links: *Siegreiche Heimkehr – Lord Nelsons Flaggschiff ›Victory‹ liegt nun für immer im Hafen von Portsmouth vor Anker*
Unten: *Eine sommerliche Ruhepause am Ort der stillen Einkehr vor der Kathedrale von Exeter*

wie das palastartige Herrenhaus von **Knole** oder das romantische **Leeds Castle**. Die formale Strenge der Barockgärten wich ab Mitte des 18. Jh. perfekt inszenierter Natürlichkeit. Mit weitläufigen Parks demonstrierte vor allem Lancelot

Links: *Auf dem kleinen Platz vor den Römischen Bädern von Bath ertönen perlende Flötenklänge*
Unten: *Mögen Löwen, Elefanten und Giraffen auch den Park von Longleat House durchstreifen – im Treppenhaus lassen sich die vornehmen Damen und Herren durch nichts aus der Ruhe bringen*
Rechts: *Heute wäscht nur noch die Brandung das Erz aus dem Gestein – Landschaft mit verlassenen Maschinenhäusern bei St. Just in Cornwall*

›Capability‹ Brown seine Fähigkeit, sich von der Landschaft des Südens, wie er sie vorfand, zu Gartenkunstwerken inspirieren zu lassen, die der Natur keinen offensichtlichen Zwang antaten und ihr nur beinahe unmerklich jenen letzten Schliff, jene selbstverständliche Perfektion verliehen, der ihr bisweilen fehlte. In Parks wie dem von **Petworth** durchläuft man so bis heute Landschaften, die man zuvor auf den im Herrenhaus versammelten Bildern *William Turners* bewundert hat. Für die Synthese von Malerei, Architektur und Gartengestaltung steht ebenso das klassizistische Gesamtkunstwerk von **Stourhead** – für die Verbindung von Pflanzenkunde und von ihr inspirierter Literatur ein Garten des 20. Jh.: **Sissinghurst**. Die Gesellschaftsromane seiner Schöpferin, *Vita Sackville-West*, sind weit weniger lebendig im Gedächtnis geblieben als ihre botanischen Aufzeichnungen.

Bauwerke, Dörfer und Städte als museale Schätze

Nicht nur Herrenhäuser wie Petworth, **Saltram** und Knole gerieten in Südengland zu Museen – mitunter auch ganze Dörfer wie das Fischernest **Clovelly** an der Nordwestküste Devons. Ungetrübt von einstiger Mühsal herrscht hier auch heute noch die Atmosphäre des 18. Jh. Und eine Stadt des Südens ist so bewahrenswert, dass sie in ihrer Gesamtheit zum UNESCO Weltkulturerbe erklärt wur-

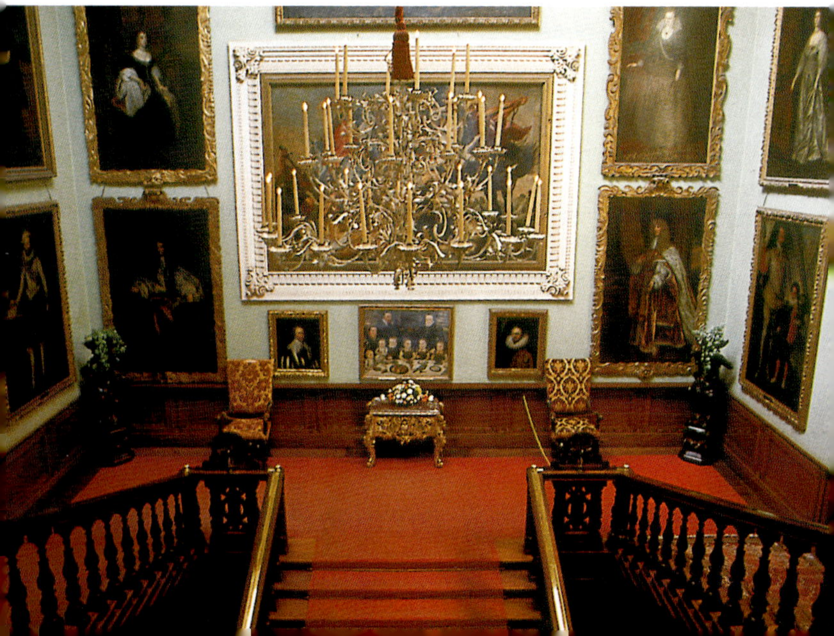

de. **Bath**, in dessen Heilquellen sich schon die Römer kurierten, ist mit seinen neoklassizistischen *Crescents*, den Reihenhausbögen des 18. Jh., ein Musterbeispiel ökonomisch und ästhetisch gelungenen Städtebaus, ein Bild von einer Stadt, ein bewohntes Museum der Architekturgeschichte.

Im Flusshafen von **Bristol**, in dem heute keine Frachtschiffe mehr entladen werden, lässt sich besichtigen, wie alte Speichergebäude zu Stätten wurden, an denen in Theater-, Film- und Tanzproduktionen Modernes präsentiert und Überkommenes in Frage gestellt wird.

Plymouth, **Dartmouth**, **Southampton** und **Portsmouth** sind die großen Häfen des Südens, Zentren der glorreichen Vergangenheit der britischen Seefahrt, des weltumspannenden Empire. Die Flaggschiffe von *Henry VIII.* und *Lord Nelson*, die *Mary Rose* und die *Victory*, sind für immer von ihren Kriegsfahrten heimgekehrt und können nun im Hafen von

Portsmouth in aller Ruhe bewundert werden.

Die Namen der großen Kathedralen Südenglands stehen für ein halbes Jahrtausend gotischer Baukunst, für Frömmigkeit und tödlichen Hass. Der Vierungsturm von **Salisbury Cathedral** ist der höchste Kirchturm des ganzen Landes, von der breitwandigen Säulenfassade der Kathedrale von **Wells** blicken Hunderte von Statuen wie von einem gewaltigen Altartriptychon vor Gottes englischem Himmel. In **Winchester** errichtete man die längste mittelalterliche Kirche Europas, und **Canterbury** wurde mit der Ermordung seines Erzbischofs *Thomas Becket* (1170) zum Ziel zahlloser Pilger.

Oben: *Zwischen Himmel und Ebene – majestätisch thront der neolithische Steinkreis von Stonehenge über der weiten Salisbury Plain*
Links unten: *Über Winchesters ruhmreiche Vergangenheit als Hauptstadt ganz Britanniens herrschte Alfred der Große…*
Rechts oben: *… und dieser Anblick bietet sich seiner Bronzestatue nun: die High Street der heutigen Hauptstadt von Hampshire*
Rechts unten: *So manche englische Königin mag im Lustschloss von Leeds Castle ihrem heimlichen Liebhaber den Himmel auf Erden bereitet haben …*

In unserem Zeitalter, im *New Age*, pilgern viele zu weitaus älteren kultischen Stätten. Gar nicht weit von Salisbury, nordwestlich der Stadt in der großen Ebene, sind auf fruchtbarem Boden für Mythen und Sehnsüchte die Überreste von **Stonehenge** zu besichtigen. In **Tintagel Castle** und **Glastonbury** umwehen den Besucher die Legenden um König Artus, die Ritter der Tafelrunde und den Heiligen Gral. Gerne spürt man, sich ein letztes Mal an John Keats erinnernd, die sanften Brisen Südenglands, die »(…) durch seine hohen Wälder wehen, mit edlen Romanzen vermischt«.

Der Reiseführer

Dieser Band stellt die Regionen Südenglands in *sieben Kapiteln* vor. Die Route der Rundreise verläuft in ost-westlicher Richtung. Die detaillierten **Über-**

sichtskarten, **Stadt-** und **Kirchenpläne** erleichtern die Orientierung. Die **Top Tipps** markieren die Höhepunkte einer Reise durch die Grafschaften Südenglands. Adressen von Tourismusbüros, Hotels und Restaurants findet man in den **Praktischen Hinweisen** zum jeweiligen Besichtigungspunkt. Zusammen mit den Öffnungszeiten ist – durch EH (English Heritage) bzw. NT (National Trust) abgekürzt – bei jeder Sehenswürdigkeit die sie verwaltende Kulturstiftung verzeichnet [s. S. 132]. **Wichtiger Hinweis:** Für fast alle Sehenswürdigkeiten gilt: letzter Einlass 60 Min. vor Schließung. Der **Aktuelle Teil** vermittelt Wissenswertes zu Anreise, Essen und Trinken, Festen und Feiern, Sport, Verkehrsmitteln etc. Hinzu kommt ein umfassender **Sprachführer**. **Kurzessays** zu ausgewählten Themen runden den Reiseführer ab.

Geschichte, Kunst, Kultur im Überblick

Artus, Thomas Becket, Francis Drake, Agatha Christie – Magna Charta, Rosenkriege, Adelssitze und Badeorte

4500 v. Chr. Früheste kleine Ansiedlungen im Südteil der Insel. Ackerbau ernährt die Menschen, die im Schutz von Erdwällen auf Hügeln leben.

2500 v. Chr. Mit der zweiten Bauphase von Stonehenge erlebt die Megalithkultur ihren Höhepunkt. In Avebury in Wiltshire wird der große kultische Steinkreis errichtet.

ab 750 v. Chr. Keltische Stämme, ursprünglich aus dem Gebiet des heutigen Bayern und Böhmen und vom Oberrhein stammend, wandern in Britannien ein.

100 v. Chr. In Kent fasst der nordgallische Stamm der Belgen Fuß.

55 v. Chr. Erster Eroberungszug der Römer unter Julius Caesar, dessen Legionen bei Deal landen, jedoch von den Belgen zurückgeschlagen werden.

43 n. Chr. Ein 40 000 Mann starkes römisches Heer unter Befehl von Kaiser Claudius unterwirft Südbritannien. In rascher Folge werden Garnisonen und Städte gegründet: Durovernum Cantiacorum (Canterbury), Noviomagus (Chichester), Venta (Winchester), Aquae Sulis (Bath) und Isca Dumnoniorum (Exeter).

409 Die Römer ziehen sich endgültig aus Britannien zurück.

ab 450 Die nordwestgermanischen Stämme der Angeln und Sachsen drängen unter den legendären Heerführern Hengist und Horsa, zusammen mit den nordgermanischen Jüten, die keltischen Stämme ins heutige Cornwall und Wales zurück. Gründung der angelsächsischen Königreiche Kent, Sussex, Wessex, Essex, East Anglia, Mercia und Northumbria.

597 Der Benediktinermönch Augustinus christianisiert die Angelsachsen und gründet das Bistum Canterbury.

829 Egbert, König von Wessex, erlangt die Oberhand über die angelsächsischen Königreiche und verteidigt sie gegen Einfälle der Dänen.

871 Alfred der Große, König von Wessex, vereinigt Kent, Essex, Wessex und Sussex zu einem angelsächsischen Reich.

1016 Canute (Knut der Große) besteigt nach dem Sieg über das angelsächsische Heer als erster Dänenkönig den englischen Thron.

1042 Edward the Confessor, als Sohn des letzten angelsächsischen Königs Ethelred II. im Exil in der Normandie aufgewachsen, leitet die erfolgreiche Invasion Englands.

1066 In der Schlacht von Hastings unterliegt der angelsächsische König Harold II. dem Normannenherzog William (›the Conqueror‹), dem Edward die englische Krone versprochen hatte. Als William I. wird jener zum König von England gekrönt.

nach 1066 Zentrale weltliche und geistliche Ämter werden mit normannischen Adligen besetzt. Zur Sicherung seiner Herrschaft zentralisiert William I. die Verwaltung und lässt zahlreiche Wehrburgen errichten. Die landwirtschaftliche Kultivierung weiter Regionen des Landes wird von neugegründeten Klöstern vorangetrieben. Viele angelsächsische Kirchen werden durch

Ein großer Augenblick der englischen Geschichte: König John unterzeichnet die Magna Charta (1215)

Strotzend vor Selbstbewusstsein und Durchsetzungskraft: Henry VIII., porträtiert von Hans Holbein d. J. ▷

normannische Bauten im romanischen Stil ersetzt.

1086 Das Domesday Book, Englands erstes Kataster, erfasst sämtliche Besitztümer an Grund und Boden und verzeichnet die Einwohnerzahlen der Gemeinden des Landes.

1154 Mit Henry II. erringt das Haus Anjou-Plantagenet die englische Königswürde.

1164 Mit den Konstitutionen von Clarendon schränkt Henry II. die Machtbefugnisse der Geistlichkeit ein.

1170 Am 29. Dezember wird Henrys Gegenspieler, Thomas Becket, Erzbischof von Canterbury, mit stillschweigender Duldung des Königs in Canterbury Cathedral ermordet.

um 1190–1300 Im Stil der englischen Frühgotik (Early English) werden hochaufstrebende, klar gegliederte Sakralbauten wie z. B. Salisbury Cathedral errichtet.

1215 Die feudalistischen Barone setzen sich gegen König Johns I. (›ohne Land‹) Bestrebungen zur Wehr, alle Macht auf den Thron zu konzentrieren, und erzwingen die Unterzeichnung der Magna Charta, die die Rechte des englischen Adels verbrieft. Es kommt zu ersten Auseinandersetzungen zwischen dem englischen König und dem machthungrigen Papst.

1265 Der Konflikt zwischen dem König und den mächtigen Familien des Landes dauert an. Henry III. muss die Einberufung eines königlichen Rates aus Vertretern des Adels und der Städte zugestehen, der als Vorläufer des Parlaments gilt.

ab 1300 Zweite Periode der englischen Gotik (Decorated Style). Üppigere Verzierungen und größere Fenster kennzeichnen die Kirchenbauten wie etwa Wells Cathedral.

1338–1453 Hundertjähriger Krieg mit Frankreich. Südenglische Küstenstädte werden Opfer französischer Angriffe.

1348–50 und 1361 Den Pestepidemien fallen mehr als 1 Mio. Menschen, also beinahe die Hälfte der englischen Bevölkerung, zum Opfer.

um 1350 bis ins 16. Jh. Englische Hochgotik (Perpendicular Style). In klaren horizontalen Linien setzen sich die Kirchen jener Zeit (z. B. Winchester Cathedral) von der Verspieltheit des Decorated Style ab.

1399 Mit Henry IV., der König Richard II. absetzt, gelangt das Haus Lancaster an die Macht.

1455–85 Rosenkriege zwischen den Häusern von York (Symbol: weiße Rose) und Lancaster (rote Rose). Die Thronstreitigkeiten enden für keines der beiden Häuser erfolgreich. Nach der Schlacht von Bosworth wird Henry VII. aus dem walisischen Tudor-Geschlecht neuer König.

1534 Henry VIII. bricht mit dem Papst und gründet die anglikanische Kirche.

1536–39 Die Reformation: Henry VIII. lässt die katholischen Klöster des Landes auflösen und ihren Besitz konfiszieren. Vor allem in Südengland werden zahlreiche Klostergebäude zu Herrenhäusern umgestaltet, z. B. Battle Abbey bei Hastings.

1553–58 Henrys Tochter Mary I. (›Bloody Mary‹) sucht dem Katholizismus wieder zu seiner Rolle als Staatsreligion zu verhelfen und lässt Protestanten verfolgen.

ab 1558 Elizabeth I., Tochter Henrys VIII. und Anne Boleyns, löst ihre Halbschwester ab und reetabliert die anglikanische Kirche. Politische und kulturelle Blütezeit: England beherrscht nach dem Sieg über die Spanische Armada vor Plymouth 1588 die Weltmeere, mit William Shakespeare wird 1564 einer der bedeutendsten Dramatiker der Weltliteratur geboren.

1603 Elizabeth I. stirbt, ohne einen direkten Erben zu hinterlassen. James VI. von Schottland aus dem Hause Stuart wird als James I. auch König von England.

1605 Gunpowder Plot. Katholische Verschwörer wollen mit einem Anschlag auf das Parlament die Macht erobern. Verantwortlich gemacht wird Guy Fawkes, der bis heute alljährlich am 5. November symbolisch als Strohpuppe verbrannt wird.

1620 Die Pilgrim Fathers (Pilgerväter), strenggläubige, religiös verfolgte Puritaner, segeln auf der Mayflower von Southampton und Plymouth aus nach Amerika.

1642–49 Englischer Bürgerkrieg. Als das Parlament das absolutistische Gebaren Charles' I. nicht länger hinnehmen will, kommt es zum offenen Krieg zwischen den königstreuen ›cavaliers‹ und den ›roundheads‹, den Anhängern des Parlaments, die unter der Führung Oliver Cromwells triumphieren. Charles flüchtet sich zunächst auf die Isle of Wight, wird jedoch gefangengesetzt und 1649 hingerichtet.

1653 Cromwell wird zum Lord Protector ernannt und regiert das Land mit harter Hand.

1660 Restauration der Monarchie. Charles II. folgt seinem Vater auf dem englischen Thron.

1685 Der Duke of Monmouth, ältester und unehelicher Sohn Charles' II., rebelliert gegen seinen Onkel, der als James II. regiert und dem Katholizismus zu größerem Einfluss verhelfen möchte. Monmouth unterliegt in der Entscheidungsschlacht auf The King's Sedge Moor in Somerset, seine Anhänger werden grausam verfolgt.

1688 Glorious Revolution: Das Parlament und Teile des Adels tragen dem Protestanten William of Orange die englische Königswürde an. William triumphiert ohne Blutvergießen über den ungeliebten katholischen Regenten. Mit der im folgenden Jahr unterzeichneten Bill of Rights garantiert der neue König William III. eine parlamentarische Monarchie und schließt Katholiken für immer von der Thronfolge aus.

1714 Die letzte Herrscherin aus dem Hause Stuart, Queen Anne, hinterlässt keinen Erben. Die Königswürde fällt dem deutschen Haus Hannover zu. George I. wird König. Die strengen, neoklassizistischen Bauwerke der nächsten 100 Jahre werden als ›Georgian‹ bezeichnet.

1721 Unter Sir Robert Walpole bildet sich das Amt des ›First and Prime Minister‹, also des Premierministers, heraus.

◁ *Ein König, der schwer an sich und seinem Schicksal zu tragen hatte – George IV.*

um 1750 Blütezeit der Englischen Gärten. Auf den Besitzungen des südenglischen Adels ersetzen weitläufige, wie unberührte Naturlandschaften wirkende Parks die formellen Gärten des 17. Jh. Zur Vollendung gelangt die englische Gartenbaukunst in den Anlagen von Lancelot ›Capability‹ Brown.

1803–15 Napoleonische Kriege. Lord Nelson besiegt 1805 eine französisch-spanische Flotte bei Trafalgar, kommt dabei aber ums Leben. 1815 schlägt der Duke of Wellington Napoleon entscheidend bei Waterloo.

1811 George III. wird für unzurechnungsfähig erklärt, die Prinzregentschaft des späteren Königs George IV. beginnt. ›Regency‹ bezeichnet jene Herrschaftsperiode und ihren Baustil.

1834 Aufstand von Landarbeitern in Dorset. Aus dem Dorf Tolpuddle werden sechs Männer, die ›Tolpuddle Martyrs‹, wegen Bildung einer illegalen Gewerkschaft nach Australien deportiert. Die Chartistenbewegung kämpft für eine angemessene Vertretung aller Bevölkerungeschichten im Parlament.

1837–1901 Unter der langen Regentschaft Königin Victorias erreicht das britische Empire den Gipfel seiner Macht. 1840 heiratet Victoria Prinz Albert von Sachsen-Coburg-Gotha; Osborne House auf der Isle of Wight wird zum bevorzugten Aufenthaltsort des Paares. Ein ganzes Zeitalter, seine Kunst und Architektur, tragen den Namen der Königin.

um 1850 Im Zuge der Industriellen Revolution wird der Süden Englands ver-

Glückliche Tage in Osborne House verlebten Königin Victoria und ihr Prinzgemahl Albert ▷

kehrstechnisch erschlossen, das Eisenbahnnetz bis zu den Küstenorten Cornwalls erweitert. Der Chefingenieur der Great Western Railway, Isambard Kingdom Brunel, entwirft Brücken und Bahnhöfe wie die Clifton Suspension Bridge und die Temple Meads Station in Bristol.

1877 Gründung der Society for the Protection of Ancient Monuments, die 1882 ein Gesetz zum Schutz von zunächst 29 Kulturdenkmälern des Landes, u. a. Stonehenge, durchsetzt.

1917 Mehr als eine Million britischer Soldaten fällt auf den Schlachtfeldern des Ersten Weltkriegs. Das britische Königshaus legt seinen deutschen Namen Sachsen-Coburg-Gotha ab. Fortan nennt es sich nach seinem Schloss am Stadtrand von London Windsor.

1939–45 Zweiter Weltkrieg: Neben London werden auch zahlreiche Städte der Südküste durch die deutsche Luftwaffe verwüstet. Tausende sterben.

1949 Die National Parks Commission (später Countryside Commission) für die Ausweisung von Nationalparks wird ins Leben gerufen. Dartmoor und Exmoor gehören zu den ersten Schutzgebieten.

1952 Krönung von Elizabeth II.

1979 Sieg der Konservativen bei den Unterhauswahlen. Mit Margaret Thatcher, der ›Eisernen Lady‹, wird erstmals eine Frau Premierminister.

1994 Einweihung des Eurotunnels unter dem Ärmelkanal zwischen Calais und Folkestone.

1997 Erdrutschsieg der Labour Party unter Tony Blair bei den Unterhauswahlen.

2002 In Brighton stürzt ein Teil des berühmten, aber baufälligen West Pier von 1866 bei einem Wintersturm ein.

2004 Im Februar werden Pläne für den Bau eines Straßentunnels zur Verkehrsentlastung vorgelegt, der unter der Kultstätte Stonehenge hindurchführen soll. – Schwere Stürme lassen den West Pier in Brighton völlig einstürzen. – Boscastle in Cornwall wird nach anhaltend heftigen Regenfällen von einer Flutwelle überschwemmt. Viele der Häuser können dem Druck nicht standhalten, aber unter den Bewohnern gibt es weder Tote noch Schwerverletzte.

2005 Die noch aus dem Ersten Weltkrieg stammenden rigiden Pub-Öffnungszeiten werden aufgehoben.

2006 Das englische Parlament beschließt ein weitgehendes Rauchverbot, das Mitte 2007 in Kraft treten soll. – Tonbridge in Kent ist der Schauplatz des größten Geldraubs der englischen Geschichte. Bei dem Überfall auf das Gelddepot einer Werttransportfirma erbeuten die Räuber etwa 80 Mio. Euro.

Der West Pier in Brighton stand einst für Ferienvergnügen und Amüsement

Wie eine mittelalterliche Bühne erstrahlt heute bei Nacht die Westfassade der Kathedrale von Wells

Unterwegs

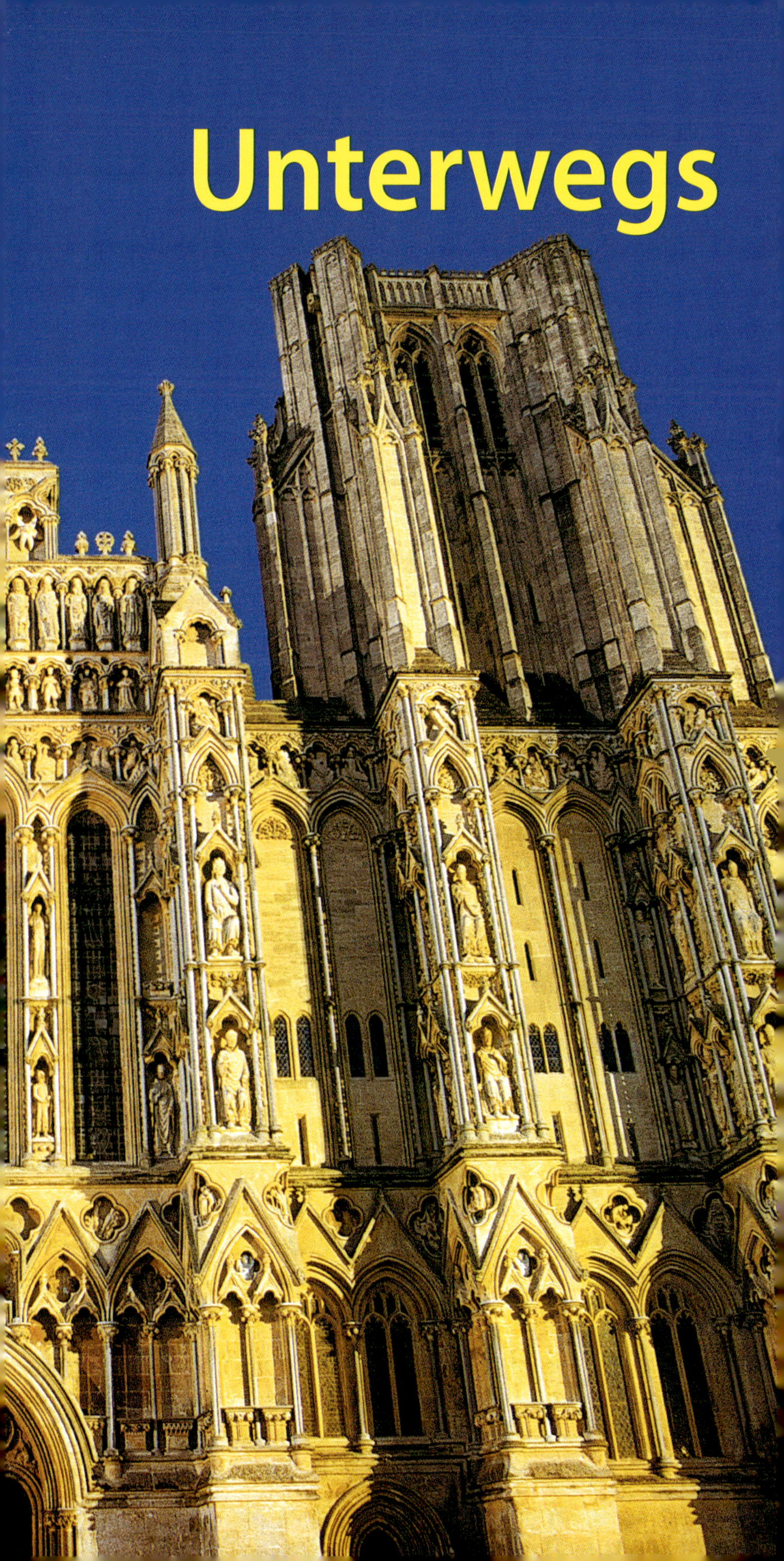

Kent – Obst- und Hopfengarten im Südosten

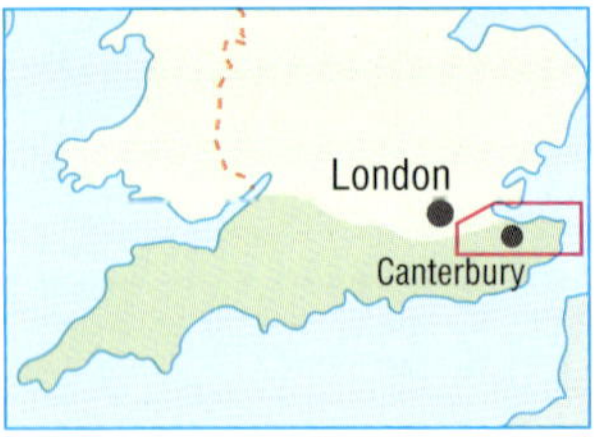

Für leibliche Genüsse und spirituelle Erbauung ist seit Jahrhunderten reichlich gesorgt in Englands südöstlicher Grafschaft. Die grünen Hügel des **Weald** sind das Zentrum des Hopfenanbaus, die berühmte gotische Kathedrale im mittelalterlichen **Canterbury** war Ziel der Pilger und wurde im 16. Jh. zum Sitz des Oberhauptes der Anglikanischen Kirche. In **Rochester** und **Broadstairs** wandelt man auf den Spuren von *Charles Dickens*, in der Gloriette von **Leeds Castle** verbrachten englische Königinnen lustvolle Stunden, während die Porträtgalerie von **Hever Castle** eine der traurigen Liebesgeschichten um *Henry VIII.* erzählt. In Herrenhäusern wie **Sissinghurst** und **Groombridge**, beide umgeben von prachtvollen Gärten, lebte man von jeher ruhiger als im geschäftigen London – und mancher Landsitz diente nicht nur als Wohnstätte, sondern wurde, wie **Knole** mit seinen mehr als 350 Zimmern, zu einer regelrechten Wohnstadt ausgebaut.

1 Dover

Mächtige Burg über weißen Klippen.

Generationen von Englandreisenden haben an Deck eines Fährschiffes erlebt, wie sich der schmale Streifen der weißen Klippen nach und nach aus dem Grau von Himmel und Meer löst. Mit dem mächtigen Kreidezacken von **Shakespeare Cliff** westlich von Dover erreichen die Klippen ihre höchste Erhebung. Seinen Namen verdankt der Felsen zwei Szenen im IV. Akt von William Shakespeares *König Lear*, in denen der blinde Herzog von Gloucester auf eine Klippe gebracht werden möchte, »die furchtbar hinabschaut in die jähe Tiefe« – von ihr will er sich zu Tode stürzen. Der Plan des Herzogs misslingt, denn sein Sohn Edgar führt ihn nicht an die gewünschte Stelle – und heute kann man sich mit eigenen Augen davon überzeugen, dass sich die *Aussicht* von der nachträglich zum Tragödienschauplatz erklärten Klippe den Versen Shakespeares als würdig erweist.

Ein Hoffnungsschimmer zwischen grauem Meer und düsterem Himmel – die berühmten White Cliffs of Dover

Von jeher war Dover die Schwelle zur Insel, sein Hafen ist auch nach der Eröffnung des *Eurotunnels*, der im etwa 10 km südwestlich liegenden *Folkestone* endet, der meistfrequentierte **Passagierhafen** der Welt geblieben. Im Zweiten Weltkrieg wurde die Stadt durch die Angriffe der deutschen Luftstreitkräfte stark zerstört – der Neuaufbau stand ganz im Zeichen der Erfordernisse des Hauptwirtschaftszweiges der Stadt, der Fährschiffahrt, sodass Dover recht nüchtern daherkommt.

TOP TIPP

Und dennoch sollte man sich einige Stunden Zeit nehmen für die Besichtigung von **Dover Castle** (EH, Juli/Aug. tgl. 9.30–18.30, April–Juni/ Sept. 10–18, Okt. 10–17, Nov.–Jan. Do–Mo 10–16, Febr./März tgl. 10–16 Uhr). Mit bis zu 6 m dicken Mauern erhebt sich die gewaltige Wehranlage über den weißen Klippen. Henry II. ließ im letzten Drittel des 12. Jh. den quadratischen Bergfried (*Keep*) errichten, um den im 13. und 14. Jh. weitere Befestigungsmauern gezogen wurden. In einigen Räumen des *Keep* – des besterhaltenen Gebäudes seiner Art im ganzen Land – ist eine *Ausstellung* zur Geschichte des Castle zu sehen.

Hinter den Mauern von Dover Castle haben auch zwei Gebäude aus viel früherer Zeit Schutz gefunden. Die kleine, schlichte, noch in sächsischer Zeit (um das Jahr 1000) errichtete Kirche **St. Mary-in-Castro**, bei deren Bau römische Ziegel Verwendung fanden. Im 19. Jh. wurde sie restauriert und ist nun dem Andenken gefallener britischer Soldaten gewidmet. Auf einem kleinen Hügel neben der Kirche erhebt sich der Mitte des 1. Jh. von den Römern erbaute Leuchtturm, der **Pharos**. Ungehindert pfeift der Wind heute durch die Fensteröffnungen des achtgeschossigen, 24 m hohen Gebäudes, das im 15. Jh. St. Mary-in-Castro als Glockenturm diente.

Ein bis zu einer Gesamtlänge von rund 6 km ausgebautes System von Tunneln und Wehrgängen durchzieht die Felsen unter Dover Castle. Der interessanteste Abschnitt der auf das 13. Jh. zurückgehenden Anlage sind die **Secret Wartime Tunnels**, Sir Winston Churchills Befehlszentrale im Zweiten Weltkrieg, von der aus der Rückzug der alliierten Truppen aus Dünkirchen (Mai 1940) und die Luftschlacht um England organisiert wurden. Die Tunnel mit Besprechungsräumen, Kommunikationsanlagen und Krankenhaus können nun im Rahmen von Führungen (etwa alle 20 Min., im Eintrittspreis enthalten, doch vorherige Platzreservierung nötig) besichtigt werden.

Dover Castle, die Wehranlage Henrys II., beherrscht das Bild der Hafenstadt

Mit einer weiteren Attraktion wartet das im Zentrum gelegene **Dover Museum** (Market Square, April–Sept. Mo–Sa 10–17.30, So 14–17.30, Okt.–März Mo–Sa 10–17.30 Uhr, Tel. 013 04/20 10 66) auf. Glanzstück der archäologischen und stadtgeschichtlichen Sammlung ist das über 3600 Jahre alte *bronzezeitliche Boot*. Es wurde 1992 bei Straßenbauarbeiten in Dover entdeckt und gilt als das älteste seetüchtige Gefährt der Welt.

i Praktische Hinweise

Information

TIC, The Old Town Gaol, Biggin Street, Dover, Tel. 013 04/20 51 08, Fax 013 04/ 22 54 09, www.whitecliffscountry.org.uk

Hotels

♔♔♔♔ **Best Western The Churchill**, Waterfront, Dover, Tel. 013 04/20 36 33, Fax 013 04/21 63 20, www.bestwestern.com. Komfortable Zimmer und freundlicher Service erwarten den Gast in diesem Haus an der Strandpromenade.

♔♔♔♔ **East Lee Guest House**, 108 Maison Dieu Road, Dover, Tel. 013 04/21 01 76, Fax 013 04/20 67 05, www.eastlee.co.uk. Liebevoll restauriertes viktorianisches Backsteinhaus mit familiärer Atmosphäre in zentraler Lage.

♔♔♔ **Castle Guest House**, 10 Castle Hill Road, Dover, Tel. 013 04/20 16 56, Fax 013 04/21 01 97, www.castleguesthouse. co.uk. Das kleine Gästehaus aus dem 19. Jh. liegt günstig am Fuße des Burg-hügels und in der Nähe der Docks.

Restaurant

Old Lantern Inn, The Street, Martin, Tel. 013 04/85 22 76. Farmhaus aus dem 16. Jh. mit großem Garten in einem kleinen Dorf abseits der A 258 auf halbem Weg zwischen Dover und Deal. Vorzügliche traditionelle englische Küche (nur im Sommer geöffnet).

2 Canterbury

Plan Seite 21

Heute pilgern vor allem Kunstbegeisterte zur Kathedrale des geistlichen Oberhaupts der Anglikanischen Kirche.

Canterbury (35 000 Einw.), etwa 25 km nordwestlich von Dover am Ufer des Stour gelegen, ist eine der ältesten Siedlungen der Britischen Inseln. Bereits in der Eisenzeit, im 1. Jt. v. Chr., lebten Menschen an diesem Ort, den die Römer später *Durovernum Cantiacorum* nannten – nach dem im 1. Jh. n. Chr. in der Region ansässigen Stamm der *Cantii*, auf die der Name der heutigen Grafschaft Kent zurückgeht. Nach dem Abzug der Römer übernahmen die *Sachsen* Mitte des 5. Jh. die Ortschaft. Mit der Missionsreise des **Augustinus**, der, ausgesandt von Papst Gregor I., 597 in Britannien landete, begann der Aufstieg Canterburys zum be-

Beinahe am Ziel ihrer Träume waren mittelalterliche Pilger, wenn sie das Westgate von Canterburys Stadtmauer erreicht hatten

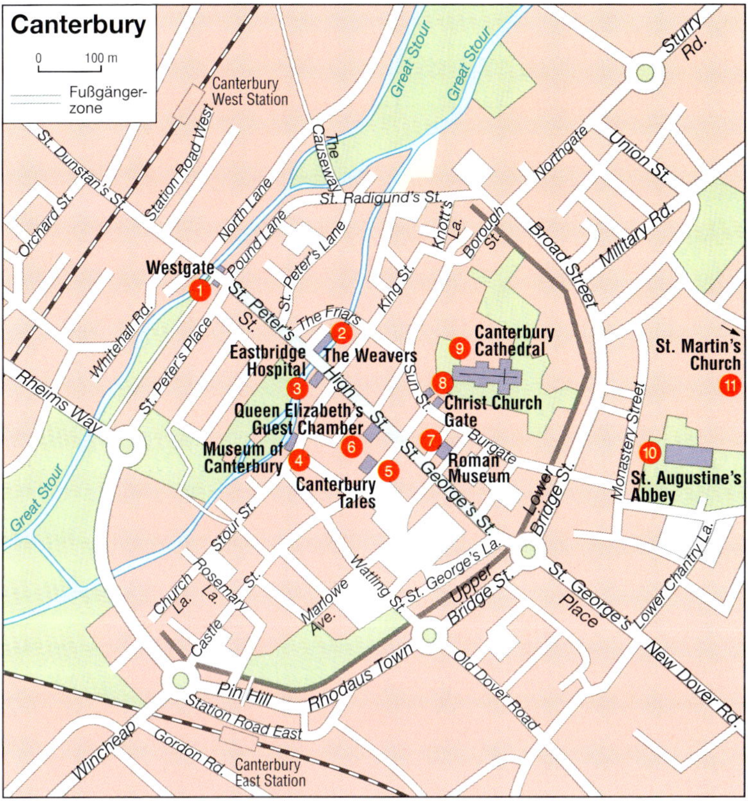

deutendsten religiösen Zentrum der Insel. Eine erste *Kathedrale* wurde errichtet, und der zum Christentum übergetretene Sachsenkönig Ethelbert von Kent ernannte Augustinus zum ersten *Erzbischof* von Canterbury.

Bis ins 16. Jh. stand die wirtschaftliche Bedeutung der Stadt in deutlichem Kontrast zur religiösen. Canterbury war noch ein kleines, verschlafenes Nest, als flämische und französische Hugenotten, den Verfolgungen auf dem europäischen Kontinent entronnen, das *Weberhandwerk* nach Südengland brachten. Die Atmosphäre jener Zeit lässt sich auch heute noch spüren, obwohl die Stadt 1942 durch deutsche Luftangriffe schwere Zerstörungen erlitt. Die *Altstadt* Canterburys wurde nach dem Krieg auf vorbildliche Weise wiederaufgebaut.

Stadtbesichtigung auf den Spuren der Pilger

Von Süden kommend, umrundet man halb die Stadtmauer (11. Jh.) und betritt den ältesten Teil Canterburys durch das **Westgate** 1 (1381 vollendet), das – inklusive Zugbrückenanlage und Fallgitter – einzig erhaltene der einst sieben mittelalterlichen Stadttore, in dem ein kleines *Waffenmuseum* (Mo–Sa 11–12.30 und 13.30–15.30 Uhr) untergebracht ist. Der Blick schweift hinunter durch die breite, schnurgerade *Fußgängerzone* von St. Peter's Street und High Street – die Haupteinkaufsstraße mit einigen historischen Pubs und Cafés. Dort, wo die High Street den River Stour überquert erblickt man linker Hand die dem Fluss zugewandten Fassaden von **The Weavers** 2, drei Tudorfachwerkhäusern aus dem Jahr 1500, die einst von hugenottischen Webern bewohnt wurden und heute Restaurants und Läden beherbergen. Schräg gegenüber steht das **Eastbridge Hospital** 3 (High Street, Mo–Sa 10–16.45 Uhr, www.eastbridgehospital.org.uk), ein um 1190 aus dem dunkelgrau schimmernden Feuerstein der Umgebung errichtetes und bis ins 17. Jh. mehrfach umgebautes Hospiz, in dem seit Jahrhunderten mittellose Pilger Unterkunft finden.

Himmlische Heerscharen empfangen die Besucher an der Schwelle zur Domfreiheit von Canterbury …

Links geht es nun in die Stour Street mit dem 2003 wieder eröffneten **Museum of Canterbury** ❹ (Tel. 012 27/47 52 02, Mo–Sa 10.30–17, Juni–Sept. auch So 13.30–17 Uhr, letzter Einlass 16 Uhr). Die interaktiv unterhaltsam aufbereitete Sammlung zur Stadtgeschichte von der Frühzeit bis ins 20. Jh. ist im mittelaterlichen Poor Priests' Hospital untergebracht.

In der von der High Street abzweigenden St. Margaret's Street befindet sich **Canterbury Tales** ❺ (Tel. 012 27/44 79 27, Juli/Aug. tgl. 9.30–17, März–Juni/Sept./Okt. 10–17, Nov.–Feb. 10–16.30 Uhr, www.canterburytales.org.uk), ein nach Geoffrey Chaucers berühmtem Erzählwerk benanntes Museum. Der etwa 45-minütigen Rundgang ist ein Ausflug ins mittelalterliche Canterbury, komplett mit Häusernachbauten und hydraulisch bewegten Figuren in der Tracht jener Zeit. Als Kommentar zur damaligen Alltagswelt werden Chaucers Geschichten über Lautsprecher erzählt.

Zurück auf der High Street, wird man auf **Queen Elizabeth's Guest Chamber** ❻ aufmerksam, ein Gebäude aus dem 16. Jh., dessen mit bunten Stuckarbeiten verziertes Obergeschoss in die Straße hineinragt. In der schmalen *Mercury Lane*, einer Verlängerung der St. Margaret's Street, berühren sich die Obergeschosse der einander gegenüberstehenden historischen Häuser sogar.

Wer sich über *Durovernum Cantiacorum*, das Canterbury der Römerzeit, informieren möchte, sollte das **Roman Museum** ❼ (Tel. 012 27/78 55 75, Mo–Sa 10–17, Juni–Okt. auch So 13.30–17 Uhr) in der Butchery Lane besuchen, in dem u. a. die Überreste eines antiken Wohnhauses mit Fußbodenmosaiken zu bewundern sind.

Überaus beeindruckend ist das nahegelegene **Christ Church Gate** ❽, das Tor

Canterburys berühmtester Erzähler

Geoffrey Chaucer wurde um das Jahr 1340 in **London** geboren. Von großbürgerlicher Herkunft, bekleidete er verschiedene öffentliche Ämter, u. a. die eines Zollinspektors und eines Friedensrichters – als Abgeordneter der Grafschaft Kent zog er 1386 ins Londoner Parlament ein. Am 25. Oktober 1400 starb Chaucer in der englischen Hauptstadt; sein Grab ist in der Poets' Corner von Westminster Abbey zu finden.

Doch nicht als treuer Diener englischer Könige ist Chaucer der Nachwelt in Erinnerung geblieben, sondern als Autor eines der bedeutendsten literarischen Werke des europäischen Mittelalters. In den **Canterbury Tales** (1387), einem Fragment gebliebenen Versepos, erzählen sich die Mitglieder einer bunt gemischten Pilgerschar Geschichten, um sich den langen Weg nach Canterbury und die Rückreise nach London zu verkürzen.

Diese Rahmenhandlung, die Einführung von Figuren aus unterschiedlichsten Gesellschaftsschichten, ermöglicht es Chaucer, ein äußerst lebendiges und umfassendes Bild der Lebensverhältnisse seiner Zeit zu entwerfen. Aristokratische und volkstümliche **Literaturgattungen** fanden Eingang in die Canterbury Tales, der höfische Ritterroman, Heiligenlegenden, Predigten, Fabeln und derbe Schwänke. In bislang ungekannter Plastizität wurden die Charaktere der einzelnen Erzähler herausgearbeitet – und so sind die Canterbury Tales bis auf den heutigen Tag ein amüsantes Panoptikum der englischen Gesellschaft des 14. Jh. geblieben.

zum Cathedral Precinct. Das 1517 errichtete Tor mit bunt bemalten Wappensteinen und einer kunstvoll gearbeiteten, von Engelsfiguren flankierten Christusstatue im Zentrum der Fassade führt zur Domfreiheit, zum Ziel mittelalterlicher Pilgerfahrten und neuzeitlicher Kunstreisen, zur Kathedrale.

Die Kathedrale des hl. Thomas

TOP TIPP Die Gesamtanlage von **Canterbury Cathedral** 9 (Tel. 012 27/76 28 62, Ostern–Sept. Mo–Sa 9–18.30, So 9–14.30 und 16.30–17.30, sonst Mo–Sa 9–17, So 10–14 und 16.30–17.30 Uhr, www.canterbury-cathedral.org) beeindruckt allein durch ihre Ausmaße. Sie ist ein atemberaubendes Zeugnis gotischer Baukunst vom *Early English* des 11. Jh. bis zum *Perpendicular* des 15. Jh. [s. S. 62].

Ein normannischer Bau, mit dem 1070 begonnen wurde, ersetzte die drei Jahre zuvor abgebrannte sächsische Kirche. Aber auch dieser wurde ein Raub der Flammen – 100 Jahre später. Auf den Fundamenten errichtete man dann aus hel-

... staunend blicken sie auf zur mächtigen gotischen Kathedrale, dem Sitz des geistlichen Oberhaupts der Anglikanischen Kirche

Ein Gewölbe, als hätten Pfauen vor Jahrhunderten ihr Rad hoch oben im Vierungsturm Bell Harry geschlagen

lem normannischem *Caen-Stein* die Kathedrale in ihrer heutigen Form – ein gewaltiges Vorhaben, das erst 1841 mit dem Umbau des Nordwestturmes zum Abschluss kam.

Der 75 m hohe Vierungsturm, wegen seiner Glocke **Bell Harry** [1] genannt (1494–1503), überragt die beiden Türme der Fassade um 28 m. Er ist die spätgotische Krönung eines Werks, das beim Wiederaufbau im 12. Jh. zunächst im Zeichen französischer Vorbilder stand. Auf der Insel fand die gotische Baukunst zu eigener stilistischer Ausprägung. Das *doppelte Querschiff*, das östliche Querschiff bereits 1130, das nord- bzw. südwestliche im 15. Jh. geweiht, steht für die Eigenständigkeit der Raumauffassung englischer Baumeister, die – ebenfalls im 15. Jh. – unter der Leitung von *Henry Yevele* das alte normannische Langhaus durch einen Perpendicular-Bau ersetzten.

Canterbury Cathedral

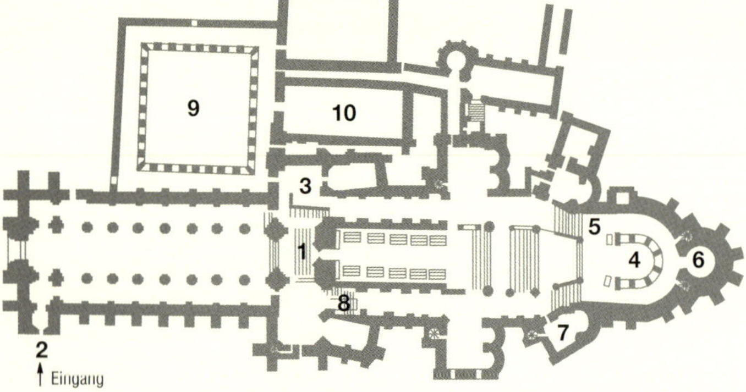

1 Bell Harry
2 Südwestportal
3 Nordwestliches Querschiff
4 Dreifaltigkeitskapelle
5 Becket-Fenster
6 Corona
7 Anselmkapelle
8 Krypta
9 Kreuzgang
10 Kapitelhaus

Man betritt Canterbury Cathedral durch das **Südwestportal** [**2**]. Der Rundgang durch die Kathedrale ist eine Pilgerreise eigener Art, treppauf läuft man vom Hauptschiff in den Chor, am Altar vorbei in die Dreifaltigkeitskapelle, von dort treppab zur Anselmkapelle und an der Chorschranke vorbei – Einhalt gebietet der Blick nach oben ins **Fächergewölbe** des Vierungsturms. Bögen und Halbkreise verschiedener Größe berühren einander, werden durchschnitten von steinernen Strahlen, gekrönt von bunt bemalten Schlusssteinen, im Zentrum leuchtet eine Rosette. Von hier führen Treppen ins **nordwestliche Querschiff** [**3**] – und mitten hinein in die turbulente, von Hass und Gewalt geprägte Geschichte des Gotteshauses, wegen der es erst zum Ziel der mittelalterlichen Pilger wurde. Metallene Blitze, in die Wand eingelassen, weisen auf die Stelle, an der am 29. Dezember 1170 **Thomas Becket**, Erzbischof von Canterbury, von vier Baronen erschlagen wurde, die mit stillschweigender Duldung von König *Henry II.* handelten.

Thomas Becket, Sohn eines normannischen Kaufmanns aus Rouen, war 1154 zum Kanzler Henrys II. ernannt worden. Dem jungen König schon seit vielen Jahren freundschaftlich verbunden, vertrat Becket nun sehr bestimmt die Interessen der Englischen Krone im seit vielen Jahren schwelenden Konflikt mit dem *Papst* in Rom. Acht Jahre später ernannte Henry seinen ergebenen Freund zum Erzbischof von Canterbury. Der neue Kirchenfürst erwies sich nun als treuer Diener seines neuen Herrn, des Papstes, lehnte 1164 die *Konstitutionen von Clarendon* ab, mit denen Henry gegenüber der Kirche eigene Rechte durchsetzen wollte, und floh nach Frankreich. Erst nach langjährigen Verhandlungen zwischen König, Papst und Erzbischof kehrte dieser nach England zurück. Doch auch in der Folgezeit sah sich Becket in seinen Rechten übergangen, belegte seinen einstigen Freund mit dem *Bann* und ächtete ihn damit gesellschaftlich. Diese radikale Maßnahme war Beckets Verhängnis. Die Monstrosität eines Mordes in einem Sakralbau forcierte Beckets *Heiligsprechung* nur drei Jahre später. Canterbury wurde zu einem *der* Ziele mittelalterlicher Pilgerreisen. Scharen strömten zum **Grab des hl. Thomas**, einem prachtvollen goldenen Schrein, den man in der **Dreifaltigkeitskapelle** [**4**] im Osten der Kathedrale aufstellte – und der im 16. Jh., wie so viele andere kirchliche Besitztümer, von *Henry VIII.* konfisziert wurde. Der König, der seine eigene, die *Anglikanische Kirche* gegründet hatte [s. S. 27], wollte von Rom, seinen Bischöfen und Heiligen nichts mehr wissen, ließ den Schrein zerlegen und in die königliche Schatzkammer des Tower of London bringen. So erinnert heute in der Dreifaltigkeitskapelle nur noch das **Becket-Fenster** [**5**] an den berühmten Erzbischof. Die Glasmalerei aus dem Jahre 1220 zeigt Becket traurig auf die Stelle blickend, an der sich einst der Schrein des Heiligen befand. Flankiert wurde er von zwei **Grabstätten**, die heute noch zu bewundern sind – die Mächtigen späterer Jahrhunderte suchten auch nach ihrem Tod noch die Nähe Beckets, in der Hoffnung, ein wenig von seiner Heiligkeit und der Bewunderung der Pilger möge für sie abfallen. So ließ sich zum einen *Henry IV.* mit seiner Frau *Johanna von Navarra* hier begraben – der Sarkophag mit den Alabasterliegefiguren wurde 1437 aufgestellt –, zum anderen fand *Edward, der Schwarze Prinz* (1330–76), seine letzte Ruhe in der Dreifaltigkeitskapelle. Die Bronzefigur auf dem Sarg zeigt den Sohn König Edwards III. in voller schwarzer Rüstung, der er seinen Beinamen verdankt. Die Insignien von Edwards Rittertum – Helm, Schild, Rock, Handschuhe, eigens für die Begräbniszeremonie angefertigt – sind in einer Vitrine schräg gegenüber zu bewundern. Die drei *Straußenfedern* aus Edwards Wappen zieren bis auf den heutigen Tag das Wappen des englischen Thronfolgers, des Prince of Wales.

In der runden **Corona** [**6**] am östlichen Ende der Kathedrale steht der weiße *Marmorthron*, auf dem seit dem 13. Jh. der neue Erzbischof zur Feier seiner Inthronisation Platz nimmt. Verlässt man die Dreifaltigkeitskapelle, gelangt man am Fuße der kleinen Treppe zur **Anselmkapelle** [**7**], Erzbischof Anselm von Canterbury (1033–1109) geweiht, einem der bedeutendsten Theologen und Philosophen seiner Zeit. Das 1888 in seiner ganzen Farbenpracht wieder freigelegte *Fresko* ›Paulus mit der Schlange auf Malta‹ stammt aus normannischer Zeit (um 1160).

Man verlässt die Anselmkapelle und gelangt auf der Südseite des Langhauses, das östliche Querschiff und den Chor passierend, zum Eingang der **Krypta** [**8**] (Sommer So–Fr 9–18.30, Sa 10–18.30, Winter So–Fr 9–17, Sa 10–17 Uhr). An der Wende vom 11. zum 12. Jh. entstanden, war sie die bis dato größte in England und stellte in ihrer Weitläufigkeit eine eigene Unterkirche dar. Sie ist eine Kopie der Krypta von *St. Maria im Kapitol* in Köln. In den *Figurenkapitellen* der Säulen, in Ungeheuern und Fabelwesen, manifestieren sich Ängste und Fantasien des mittelalterlichen Menschen.

Mit einem Rundgang durch den gotischen **Kreuzgang** [9] (1226–36 erbaut, 1390–1411 umgestaltet) endet der Besuch von Canterbury Cathedral. Die Familien, die den Umbau finanzierten, sind mit ihren Wappen in den 825 bunt bemalten *Schlusssteinen* verewigt worden. Vom Kreuzgang aus ist auch das bereits 1075 begonnene und zu Beginn des 14. Jh. umgestaltete **Kapitelhaus** [10] mit seinem *Tonnengewölbe* aus irischer Mooreiche, dem zweitgrößten Englands, und den beiden siebenbahnigen *Buntglasfenstern* zu erreichen, die englische Könige zeigen.

Man verlässt die Domfreiheit wiederum durch das Christ Church Gate und wendet sich anschließend nach links. Die *Burgate* genannte Straße führt geradewegs auf das Gelände von **St. Augustine's Abbey** ⑨ (EH, April–Sept. tgl. 10–18, Okt.–März Mi–So 10–16 Uhr) zu. 598 gründete Augustinus, Missionar der Angelsachsen, die Abtei, die bald zu einem der bedeutendsten *Benediktinerklöster* Europas avancierte. Ihr Niedergang setzte ein, als sich die Gläubigen im 12. Jh. beinahe ausschließlich der Kathedrale zuwandten. Der hl. Augustinus, ebenso wie die Könige von Kent auf dem Gelände seiner Abtei begraben, geriet angesichts des hl. Thomas in Vergessenheit. Von den frühmittelalterlichen Sakralbauten sind nur noch die zu Beginn des 20. Jh. freigelegten Grundmauern erhalten. Eine Ausstellung informiert darüber, wie die Anlage einst ausgesehen haben mag.

Bestens erhalten ist dagegen die nahe **St. Martin's Church** ⑩ (Tel. 01227/768072, Sa 10–13, Di/Do 10–15, Gottesdienste: So 9 und 18.30 Uhr), die älteste Pfarrkirche Englands, die noch vor Augustinus' Zeiten im späten 6. Jh. auf dem St. Martin's Hill südöstlich von Canterbury errichtet wurde. Für den Chor wurden römische Ziegel verwendet, und das normannische *Taufbecken* (11. Jh.) mit den schlichten geometrischen Ornamenten ist der Spiegel einer Zeit, in der das Wirken des Augustinus bereits im Dunkel der Jahrhunderte lag.

Praktische Hinweise

Information

TIC, 12/13 Sun Street, The Buttermarket, Canterbury, Tel. 01227/378100, Fax 01227/378101, www.canterbury.co.uk

Hotels

♔♔♔♔ **County Hotel**, High Street, Canterbury, Tel. 01227/766266, Fax 01227/784874, www.abodehotels.co.uk. Traditionsreiche Adresse in der Fußgängerzone, nach vollständiger Renovierung im Juni 2006 als Abode-Hotel wieder eröffnet.

♔♔♔♔ **Ebury**, 65 New Dover Road, Canterbury, Tel. 01227/768433, Fax 01227/459187, www.ebury-hotel.co.uk. Das elegante Gebäude aus viktorianischer Zeit mit 15 Zimmern befindet sich in einem großen Garten am Rande der Stadt; mit Pool und Restaurant.

♔♔♔ **Greyfriars House**, 6 Stour Street, Canterbury, Tel. 01227/456255, Fax 01227/455233, www.greyfriars-house.co.uk. Zentral gelegenes modernisiertes Guesthouse (6 Zi.) in einem Torhaus des einstigen Franziskanerklosters (13. Jh.) mit schönem Garten direkt am Flussufer.

♔♔ **Kingsbridge Villa**, 15 Best Lane, Canterbury, Tel./Fax 01227/766415, www.canterburyguesthouse.com. Geschmackvoll eingerichtetes Bed & Breakfast in einem viktorianischen Haus der Innenstadt.

Restaurants

Ha! Ha! Bar Brasserie, 7 St. Margaret's Street, Canterbury, Tel. 01227/379800. Lokal in der Innenstadt mit lustigem Namen und moderner britischer und internationaler Küche im Bistrostil.

La Bonne Cuisine, im Canterbury Hotel, 71 New Dover Road, Canterbury, Tel. 01227/450552. Hervorragende französische Küche.

The Ben Jonson, 10 Guildhall Street, Canterbury, Tel. 01227/769189. An den Dichter erinnert nur der Name – man serviert britische und griechische Spezialitäten (Mo geschl.).

Tuo e Mio, 16 The Borough, Canterbury, Tel. 01227/761471. Erstklassiges italienisches Restaurant; Menüs und Weine zu vernünftigen Preisen (Mo und Di Mittag geschl.).

3 Deal Castle und Walmer Castle

Eine Rose und ein Kleeblatt: die Küstenfestungen Henrys VIII.

Die A 258 führt von Dover Richtung Nordwesten. Gut 3 km hinter der Stadtgrenze gelangt man über die B 2058, die sich kurvenreich durch den kleinen Ort *St. Margaret's-at-Cliffe* schlängelt, zur **St. Margaret's Bay**. Von der kleinen Kiesbucht aus kann man bei Ebbe kilometerweit am Fuße der weißen Klippen Richtung Westen spazieren.

Zurück auf der A 258, erreicht man wenige Kilometer nördlich der St. Margaret's Bay die kleine Ortschaft **Deal**. Julius Caesars Truppen betraten hier im Jahre 55 v. Chr. zum ersten Mal englischen Boden. Deal ist ein Küstenort ohne Hafen, denn die 16 km lange, vor der Küste verlaufende Sandbank der *Goodwin Sands* ließ eine seichte Reede entstehen, die nur von kleinen Ruderbooten befahren werden kann.

Zur Verteidigung der Küste ließ *Henry VIII.* 1539 die imposante Artilleriefestung von **Deal Castle** (EH, Tel. 013 04/37 27 62, April–Sept. tgl. 10–18 Uhr) errichten. Der König befürchtete Angriffe einer katholischen Streitmacht, da er selbst fünf Jahre zuvor endgültig mit Rom gebrochen hatte. Trotz päpstlichen Verbots hatte Henry seine Ehe mit *Katharina von Aragon* für nichtig erklären lassen, die ihm den ersehnten Thronfolger nicht schenkte – der König hatte zu jener Zeit längst ein Verhältnis mit *Anne Boleyn* [s. S. 36], seiner späteren zweiten Frau, begonnen. Papst Clemens VII. exkommunizierte den englischen König, der sich daraufhin mit der *Suprematsakte* von 1535 zum Oberhaupt einer eigenen, von ihm selbst gegründeten Glaubensgemeinschaft, der *anglikanischen Kirche*, erklärte. Ab dem Jahr 1536 ließ Henry die Besitztümer der katholischen Kirche einziehen, löste ihre Klöster auf und finanzierte mit diesem Geld die Errichtung einer Kette von insgesamt 20 *Küstenbatterien* – von Hull in Yorkshire bis Pendennis Castle [s. S. 91] in Cornwall, um für den Ernstfall gewappnet zu sein. Der befürchtete Angriff der katholischen Allianz aber blieb aus.

Klippenspaziergänge machen hungrig: zwischen Dover und St. Margaret's Bay

Die Festung wurde in Form der stilisierten sechsblättrigen *Tudorrose* angelegt. Sechs halbrunde *Bastionen* bilden die Basis, auf der kleinere, ebenfalls halbrunde und versetzt angeordnete Bastionen den runden Mittelturm, den *Keep*, schützen. So beeindruckt das größte von Henrys Küstenforts heutzutage als steingewordenes Herrschaftsemblem, geduckt in einem tiefen, ummauerten, als Schussfeld und nicht als Wasserbarriere konzipierten Graben stehend, der die Konturen der Außenmauern aufnimmt. Im Castle informiert eine *Ausstellung* über Entstehung und Geschichte von Henrys Verteidigungsanlagen.

Ein schöner Spaziergang am Kiesstrand entlang führt von Deal aus zum 2 km südlich gelegenen **Walmer Castle** (EH, Tel. 013 04/36 42 88, April-Sept. So-Fr 10–18, Sa 10–16, März tgl. 10–16, Okt. Mi–So 10–16 Uhr), einer zweiten, ein Jahr nach Deal Castle errichteten Küstenfestung. Seit dem 11. Jh. ist das mit meterdicken Mauern auf einem Grundriss in Form eines vierblättrigen Kleeblatts errichtete Kastell offizielle Residenz des *Lord Warden of the Cinque Ports*, des Gouverneurs der fünf Hafenstädte Sandwich, Dover, Romney, Hythe und Hastings, die dem König im Mittelalter ihre Flotten zur Kontrolle der Schiffahrt im Ärmelkanal zur Verfügung stellten und dafür Steuerprivilegien genossen.

Ab dem 18. Jh. wurde die Festung durch Umbauten wohnlicher gestaltet. Aus Schießscharten wurden große Fenster, aus Gefechtsstationen Schlaf- und Wohnräume. Und so kannte *Arthur Wellesley, Duke of Wellington* und Lord Warden, ›sein‹ Schloss, in dem er am 14. September 1852 starb. Seit jenem Tag ist das Sterbezimmer des Siegers von Waterloo unverändert geblieben.

i Praktische Hinweise

Information

TIC, Townhall, High Street, Deal,
Tel. 013 04/36 95 76, Fax 013 04/38 08 21

Ein steinernes Kleeblatt, von wildem Wein umrankt: Walmer Castle

Hotel

♔♔♔ **The Cliffe Tavern**, High Street, St. Margaret's-at-Cliffe, Tel. 013 04/ 85 24 00, Fax 013 04/8518 80. Den Gast erwartet die behagliche Atmosphäre eines traditionellen Landgasthofs des 19. Jh. Das Restaurant wartet mit typischen Gerichten der Region auf.

Restaurant

Dunkerley's, 19 Beach Street, Deal, Tel. 013 04/37 50 16. Vor allem Fisch und Meeresfrüchte werden in diesem Restaurant der gehobenen Preisklasse delikat zubereitet (Mo geschl.).

Pub

The Charity, Woodnesborough, Tel. 013 04/61 31 89. Gemütliches Dorf-Pub aus dem 16. Jh. nordwestlich von Deal. Gutes Essen und *Real ale*.

4 Broadstairs

Wo David Copperfield das Licht der Welt erblickte.

Etwa 20 km nördlich von Deal, auf der *Isle of Thanet* genannten Halbinsel, liegt Broadstairs, das seiner sandigen Buchten wegen bereits im 19. Jh. vor allem bei Feriengästen aus der Hauptstadt London sehr beliebt war. Aus dem beschaulichen Fischerdorf wurde so ein quirliger *Badeort*. In den engen Gassen mit ihren kleinen alten Häusern ist die Atmosphäre der viktorianischen Zeit noch gut zu spüren, zumal Broadstairs heutzutage ganz im Zeichen seines berühmtesten Gastes steht, des Schriftstellers **Charles Dickens** (1812–1870), der ab 1837 in der Nordostecke Kents regelmäßig seine Ferien verbrachte und die Aufenthalte am Meer für die ungestörte Arbeit an seinen Romanen und Erzählungen nutzte.

In der zweiten Junihälfte treffen sich die Verehrer des Autors von *Nicholas Nickleby* und *David Copperfield*, die beide in Broadstairs vollendet wurden, zum einwöchigen **Dickens Festival** (Tel. 018 43/ 86 18 27, www.broadstairsdickensfestival.co.uk). Man veranstaltet Lesungen, zeigt Filme und führt Theaterstücke auf, die sich mit Dickens' Leben und Werk auseinandersetzen. Höhepunkt des Festivals ist ein historischer Kostümzug durch die Straßen der kleinen Stadt – die Kleiderordnung wird dabei von Dickens' Figurenbeschreibungen diktiert.

Ein unschlagbar praktischer Imbiss

Gründet sich das Vorurteil, die traditionelle englische Küche habe wirklichen Feinschmeckern nichts Vernünftiges zu bieten, etwa darauf, dass sie schon im 18. Jh. für einen Imbiss berühmt wurde – und nicht etwa für eine aufwendige kulinarische Kreation?

John Montagu (1718–1792), der **4. Earl of Sandwich**, erster Lord der Admiralität und ab 1768 königlicher Postminister, war ein leidenschaftlicher Kartenspieler. Und um die Partien auch dann nicht unterbrechen zu müssen, wenn ihn der Hunger plagte, pflegte er Fleisch, Fisch und Käse zwischen zwei diagonal geschnittenen Weißbrotscheiben eingeklemmt zu verspeisen – und erfand damit die erste **Zwischenmahlzeit** der Geschichte, benannt nach seiner Familie und ihrem Heimatort, dem spätmittelalterlichen Städtchen auf halbem Weg zwischen Deal und Ramsgate.

Heutzutage findet man in jeder englischen Stadt **Sandwich-Bars**, die für den kleinen Hunger und die große Neugier darauf, was aus der Erfindung des Earl geworden ist, verschiedenste Brotsorten mit allen nur erdenklichen Belägen und Dressings offerieren. Am besten schmecken frisch zubereitete Sandwichs.

Ein Besuch des **Dickens House Museum** (2 Victoria Parade, Tel 018 43/86 12 32, Ostern–Okt. tgl. 14–17 Uhr, www.dickenshouse.co.uk), in einem hübschen Häuschen direkt am Meer untergebracht, lohnt vor allem wegen der Sammlung von Briefen des Autors. Jenseits der Bucht beeindruckt das zinnenbewehrte, festungsartige **Bleak House**, das seit dem Jahr 1850 Dickens' Lieblingsdomizil war, durch die exponierte Lage auf den Klippen östlich der Stadt. An seinem Schreibtisch im Erkerzimmer konnte sich der Autor vom herrlichen Blick über die *Viking Bay* inspirieren lassen.

i Praktische Hinweise

Information

TIC, 17 Albert Court, York Street, Ramsgate, Tel. 018 43/58 33 33, Fax 018 43/ 58 53 53, www.braodstairs.gov.uk

Hotels

♔♔♔ **Bay Tree**, 12 Eastern Esplanade, Broadstairs, Tel. 018 43/86 25 02, Fax 018 43/86 05 89. Kleines, schön über dem Meer gelegenes Hotel mit Restaurant.

5 Rochester

Charles Dickens' Arbeits- und Urlaubsort.

Etwa 80 km westlich von Broadstairs liegt Rochester, das sich ebenfalls dem Andenken an Charles Dickens widmet. Das elisabethanische **Eastgate House** in der High Street – als *Nun's House* in Dickens' letztem Roman *Edwin Drood* verewigt –, das bis 2004 Charles Dickens Centre beherbergte, ist derzeit geschlossen, aber der Garten ist nach wie vor zugänglich.

Auch in Rochester gibt es Dickens Festtage. Am ersten Juniwochenende paradieren die Verehrer des Autors zum **Dickens Summer Festival** in historischen Gewändern durch die Fußgängerzone der High Street am Fuße des Castle Hill und **Dickensian Christmas** wird Anfang Dezember stimmungsvoll zelebriert.

Wo man gerne zum Baden anlegt – am Strand von Broadstairs

Traumatische Kindheit, traumhafte Karriere

Schon in jungen Jahren erfuhr **Charles Dickens**, der später zum berühmtesten und populärsten englischen Schriftsteller seiner Zeit werden sollte, was es im 19. Jh. bedeutete, arm zu sein. 1822, als Charles gerade 10 Jahre alt war, zog die Familie von Chatham, einer Kleinstadt südöstlich von London, in die Hauptstadt um, denn sein Vater John hatte eine Anstellung bei der Marineverwaltung gefunden – eine Tätigkeit, deren dürftige Entlohnung der Familie jedoch das wirtschaftliche Auskommen nicht sichern konnte. So wurde der Vater 1823 im Schuldgefängnis inhaftiert und der Sohn ins **Arbeitshaus** gesteckt. Auch Charles' Mutter und die sieben Geschwister kamen ins Gefängnis.

Die eigenen Erfahrungen von Vereinsamung, Schutzlosigkeit und Willkür, die katastrophalen Lebens- und Arbeitsbedingungen der einfachen Menschen in den unkontrolliert wuchernden **Industriestädten** des 19. Jh. sollten zum zentralen Thema von Dickens' literarischem Schaffen werden. Vor allem in seinem 1849 und 1850 in Fortsetzungen erschienenen Roman **David Copperfield** verarbeitete der Autor die schrecklichen Erlebnisse seiner Kinderjahre – und wie ihr Erfinder entflieht die Romanfigur durch Fleiß, eiserne Disziplin und die Zuwendung liebevoller Menschen dem Elend. Wie Charles gelingt es David, sich vom Anwaltslehrling zum Parlamentsreporter und schließlich zum erfolgreichen Schriftsteller hochzuarbeiten.

Späte Genugtuung mag der **Begründer des Sozialromans** darin gefunden haben, dass ausgerechnet die Erfahrungen der härtesten Jahre seines Lebens zum Grundstock für seine Popularität in allen Gesellschaftsschichten wurden und ihm so zu beträchtlichem Wohlstand verhalfen. Und David Copperfield, dessen Charakterzeichnung so sehr an seinen Schöpfer gemahnt und der diesem durch seinen Erfolg so viel zurückgeben konnte, blieb nach Dickens' eigenem Bekunden zeitlebens sein Lieblingskind.

Die eindrucksvolle Kulisse der Paraden bildet zunächst **Rochester Castle** (EH, Tel. 016 34/40 22 76, April–Sept. tgl. 10–18, Okt.–März 10–16 Uhr), von dem nur die Außenmauern des Wehrturms (1127), des mit 34 m höchsten in England, erhalten sind. Hinzu kommt **Rochester Cathedral** (Tel. 016 34/40 13 01, tgl. 7.30–18 Uhr, www.rochestercathedral.org), die sich gegenüber der Schlossruine an der High Street erhebt. Rochester ist nach Canterbury der zweitälteste Bischofssitz der Britischen Inseln. Die Kathedrale, 604 von Bischof Justus gegründet und im 11. Jh. durch einen normannischen Bau ersetzt, ist im Vergleich zu der von Canterbury schlichter und ihre strenge Fassadengliederung folgt französischen Vorbildern.

Im **Historic Dockyard** (Tel. 016 34/82 38 00, www.thedockyard.co.uk, Feb.–Okt. tgl. 10–18, Nov. Sa/So 10–16 Uhr) des Nachbarortes **Chatham** dokumentieren das *Museum of the Royal Dockyard*, die *Wooden Walls Gallery*, die Ausstellung *The Road to Trafalgar* sowie historische Schiffe Geschichte und Arbeit der von 1613 bis 1984 für die Royal Navy bedeutenden Werft. Eine Seilerei vermittelt den Besuchern, was eine *Reeperbahn* im eigentlichen Sinne ist. In der Nähe soll im Jahr 2007 außerdem der neue Themenpark **Dickens World** eröffnen.

Nur die Teilnehmer des Dickens Festivals marschieren heute noch zu Füßen des Wehrturms von Rochester Castle auf

i Praktische Hinweise

Information

TIC, 95 High Street, Rochester, Tel. 016 34/84 36 66, Fax 016 34/84 78 91

Hotels

♔♔♔♔ **Bridgewood Manor**, Bridgewood Roundabout, Walderslade Woods, Chatham, Tel. 016 34/20 13 33, Fax 016 34/20 13 30, www.marstonhotels.com. Großes (96 Zi.), sehr komfortables Hotel mit Restaurant außerhalb von Rochester. Vor allem Sportbegeisterten bietet das Haus mit Sauna, Fitnessraum, Schwimmbad und Tennisplätzen die besten Voraussetzungen für schöne Urlaubstage.

Grayling House, 54 St. Margaret's Street, Rochester, Tel. 016 34/82 65 93. Preiswertes Bed & Breakfast in der zum Castle Hill führenden Straße.

Restaurant

Elizabeth's of Eastgate, 154 High Street, Rochester, Tel. 016 34/84 34 72. Traditionelle britische Küche, gegenüber vom *Eastgate House* gelegen (So Abend und Mo Mittag geschl.).

Vom Lustschloss zum Konferenzzentrum – so manchen unnachgiebigen Verhandlungspartner mag der Tagungsort Leeds Castle am Ende versöhnlich gestimmt haben

6 Leeds Castle

Schwarze Schwäne, Hundehalsbänder und Schäferstündchen: eines der romantischsten Fleckchen Wasser in Südengland.

Knapp 10 km südlich von Rochester liegt Leeds Castle (Tel. 01622/765400, www.leeds-castle.com, April–Okt. tgl. 11–17, Nov.–März tgl. 10.15–15.30 Uhr), ein idyllisches *Lustschloss* auf zwei Inseln in einem künstlichen See. Wo sich vermutlich schon im 9. Jh. ein Landhaus der sächsischen Königsfamilie befunden hatte, ließ Edward I. 1280 die **Gloriette**, den D-förmigen Teil der Anlage, errichten, der durch eine bis auf Dachhöhe der Schlosstrakte hochgezogene *Brücke* mit dem **Hauptflügel** auf der größeren der beiden Inseln verbunden ist. Dieser wurde 1822–24 komplett erneuert – im Einklang mit dem bestehenden Gebäudeteil – als Block mit vier Ecktürmen.

Bis zum Jahr 1552 befand sich Leeds Castle, das von einem riesigen, 200 ha großen **Park** mit Golfplatz umgeben wird, im Besitz der Krone. Berühmtheit genoss das Schloss als Lieblingsresidenz englischer Königinnen. Margarete und Isabella von Frankreich, Anna von Böhmen, Johanna von Navarra und Katharina von Valois sollen auch nach dem Tod ihrer Gatten noch so manches lustvolle Jahr auf Leeds Castle verbracht haben.

Seine heutige **Inneneinrichtung** verdankt das Schloss im wesentlichen der Angloamerikanerin Lady Baillie, die es 1924 erwarb und, da die Originalausstattung schon ein knappes Jahrhundert zuvor hatte versteigert werden müssen, Leeds Castle in eine gesamteuropäische Antiquität verwandelte. Wandbehänge ließ man aus Brüssel kommen, Sessel aus Italien und das *Treppenhaus*, ein Originalbauwerk aus dem 16. Jh., wurde kurzerhand aus Frankreich importiert. Viele Einrichtungsstücke wurden zudem anhand von Originalvorlagen nachgebaut.

Heute befindet sich Leeds Castle im Besitz einer *Stiftung* und dient häufig als Konferenz- und Tagungszentrum. Die neuen Eigentümer erweisen sich im Hinblick auf die Vermarktung des Anwesens als äußerst einfallsreich. Auf dem Gelände des Schlosses finden mittelalterliche Turniere, Feuerwerke, Konzerte und Ballonwochenenden statt (Infos, Tickets: Tel. 01622/880008). Wer es lieber etwas gemächlicher mag, besucht das wohl einzigartige **Museum für Hundehalsbänder** im Torhaus oder durchstreift den herrlichen Park. Besonders das *Aviarium* mit 100 exotischen Vogelarten und der *Irrgarten* aus übermannshohen Eibenhecken lohnen einen Besuch. Und die schwarzen Schwäne, für die Leeds Castle seit Jahrhunderten berühmt ist, ziehen sowieso, von allem Trubel unberührt, auf dem See majestätisch ihre Bahn.

7 Knole

TOP TIPP *Endlose Zimmerfluchten, erfüllt vom Geist Orlandos.*

Mit seinen mehr als 350 Zimmern ist Knole (NT, ca. 20 km westlich von Leeds Castle, Tel. 01732/450608, *Haus*: April–Okt. Mi–So 12–16 Uhr, *Park*: Mi 11–16 Uhr) eines der größten Privathäuser Englands. Wie grauschimmernde Felswände erheben sich die mächtigen Mauern, als seien mehrere Herrenhäuser gewohnter Größe zusammengewachsen.

Schon 1291 war an diesem Ort ein Haus auf dem Hügel (*Knoll*) bekannt; den Kern des erhaltenen Gebäudes ließ jedoch 1456 *Thomas Bourchier*, Erzbischof von Canterbury, errichten. 1538, im Zuge der Konfiszierung der kirchlichen Besitztümer, fiel der Bischofspalast an die Krone und 1566 schenkte ihn Königin Elizabeth I. ihrem Vetter *Thomas Sackville*. Auf dessen Veranlassung wurde die Anlage beinahe bis zur gegenwärtigen Größe ausgebaut. Drei Innenhöfe umschließt sie nun, drei Galerien mit anschließenden Staatsgemächern durchziehen die Gebäudetrakte.

Bis 1946 blieb Knole im Besitz der Familie Sackville. Ihr bekanntester Spross in diesem Jahrhundert, die Schriftstellerin **Vita Sackville-West** (1892–1962), durfte sich nie Herrin von Knole nennen. Als Frau war sie von der Erbfolge ausgeschlossen. Vita, die vor allem durch den von ihr gestalteten Garten von *Sissinghurst* [s. S. 35] bis auf den heutigen Tag Berühmtheit genießt, kam oft mit ihrer Freundin *Virginia Woolf* [s. S. 45] nach Knole. Woolf diente das riesige Anwesen als Vorbild für das Herrenhaus ihrer Romanfigur *Orlando*, mit der sie Vita Sackville-West ein liebevolles literarisches Denkmal setzte.

Der Reichtum der **Ausstattung** der Gemächer von Knole mit ihren kunstvollen Schnitzarbeiten, den flämischen Tapisserien und stuckverzierten Decken überwältigt den Besucher – dabei ist der größte Teil des Hauses, in dem einst zur selben Zeit bis zu 111 Dienstboten beschäftigt waren, für die Öffentlichkeit gar nicht zugänglich. Die **Gemäldesammlung**, überwiegend Familien- oder Adelsporträts, ist wahrhaft museumsreif. Man besitzt allein 22 Bilder des berühmtesten englischen Porträtmalers seiner Zeit, *Sir Joshua Reynolds* (1723–1792). Besonders kostbar aber ist die Sammlung von Möbeln des 17. und 18. Jh., vor allem die einzigartige Kollektion der Silbermöbel.

8 Royal Tunbridge Wells

Ein gutes Pflaster für die Kurgäste vergangener Jahrhunderte.

Die mittelgroße Stadt (60 000 Einw.) liegt an den Hängen des **Weald**, der mit seinen sanften, bewaldeten Hügeln und Obstgärten von jeher eines der beliebtesten Naherholungsgebiete für die Bewohner der Hauptstadt London ist.

Seit dem 16. Jh. liegt hier das Zentrum des englischen *Hopfenanbaus*. Auf den Hügeln sieht man noch die Ziegelsteintürme der *Oast houses*. Durch ihre drehbaren Windhauben zieht der Rauch der in ihnen brennenden Feuer ab, mit denen die Dolden getrocknet werden.

1606 entdeckte man in der Nähe von Tunbridge eisenhaltige Quellen (*wells*), deren Wasser sich als heilkräftig bei Nervenleiden und Verdauungsstörungen erwies. Nach einem ersten königlichen Be-

Auch wenn die elegante Gesellschaft des 18. Jh. im Dunkel der Vergangenheit verschwunden ist, hat sich der Glanz von The Pantiles bis auf den heutigen Tag erhalten

such, Henrietta Maria, die Mutter des späteren Charles II., war 1630 angereist, blühte der *Kurbetrieb* auf. Die Stadt entwickelte sich zum **Modebad** der besseren Londoner Gesellschaft. *Royal Tunbridge Wells*, wie es seit 1909 hieß, als es von Edward VII. mit einem königlichen Namensattribut ausgezeichnet wurde, stand jedoch stets etwas im Schatten von Bath [s. S. 119], dem bedeutendsten englischen Kurort des 18. Jh.

Herzstück der Stadt ist die 200 m lange Flaniermeile **The Pantiles**, ein eleganter Laufsteg der besseren Gesellschaft, der 1698 mit holländischen Kacheln (*Pantiles*, ›Pfannenziegeln‹) gepflastert wurde und von kolonnadengeschmückten Häusern gesäumt wird, in denen kleine Läden und Cafés Einzug gehalten haben. Obwohl die kostbaren Kacheln mittlerweile durch einfache Steinplatten ersetzt worden sind, hat sich die Promenade das Flair des 17. Jh. erhalten. Und im ersten Stock des Hauses Nr. 43 ist noch die *Galerie* für das kleine Orchester zu sehen, das die vornehme Gesellschaft der Spaziergänger einst stilvoll unterhielt.

Am nördlichen Ende von The Pantiles befindet sich das **Bath House**, das Badehaus aus dem Jahre 1804 mit der *Chalybeate* genannten Heilquelle, die heute noch sprudelt.

Wo die Augen im tiefen Blau Marc Chagalls ertrinken – Kirchenfenster in Tudeley

i Praktische Hinweise

Information

TIC, The Old Fish Market, The Pantiles, Royal Tunbridge Wells, Tel. 018 92/51 56 75, Fax 018 92/53 46 60, www.visittunbridgewells.com

Hotels

♔♔♔♔♔ **Spa Hotel**, Mount Ephraim, Royal Tunbridge Wells, Tel. 018 92/52 03 31, Fax 018 92/51 05 75, www.spahotel. co.uk. Ein imposantes Stadthaus aus dem 18. Jh. in 6 ha großem Park, seit über 100 Jahren Hotel (71 Zi.) Exzellente Küche bietet das Restauarant *Chandelier*. Mit Wellness- und Beauty-Angeboten, Schwimmbad und Pony-Reitstall.

♔♔♔♔ **Hotel du Vin**, Crescent Road, Royal Tunbridge Wells, Tel. 018 92/52 64 55, Fax 018 92/51 20 44, www.hotelduvin.com. Die gestylten Zimmer des georgianischen Hauses in der Nähe des Stadtzentrums sind individuell zum Thema Wein eingerichtet. Das Bistro des Hotels ist bei Einheimischen und Besuchern gleichermaßen beliebt.

Restaurants

TOP TIPP **Sankey's Fish House**, 39 Mount Ephraim, Royal Tunbridge Wells, Tel. 018 92/51 14 22. Fisch und Meeresfrüchte werden hervorragend zubereitet. Weine aus aller Welt, auch in einer separaten Kellerbar zu genießen.

Signor Franco, 5 a High Street, Royal Tunbridge Wells, Tel. 018 92/54 91 99. Außergewöhnlich gute italienische Küche (So geschl.).

9 Tudeley

Große Kunst mit trauriger Entstehungsgeschichte.

Die unscheinbare Dorfkirche **All Saints** (tgl. von Sonnenauf- bis Sonnenuntergang) am Ortsrand von Tudeley nordöstlich von Royal Tunbridge Wells überrascht den Besucher mit einem blauen Wunder ganz eigener Art, mit Kirchenfenstern von **Marc Chagall** (1887–1985). Es sind – abgesehen von denen in Chichester Cathedral [s. S. 46] – die einzigen *Glasmalereien* des großen russisch-jüdischen Künstlers in England.

Sir Henry d'Avigdor-Goldsmid, wohlhabender Grundbesitzer und Kunstsammler, gab sie Mitte der 1960er Jahre in Auftrag – aus traurigem Anlass, denn Sir Henrys Tochter Sarah Venetia, eine große Bewunderin von Chagalls Kunst, und zwei Freunde waren 1963 bei einem Segelunfall ums Leben gekommen. Die *zwölf Fenster* der kleinen Kirche sind somit ein posthumes Geschenk an die Ertrunkenen. Das große Fenster der **Ostwand** stellt in tiefen Blautönen dar, wie das Meer sich seine jugendlichen Opfer holt, die dann jedoch über eine Leiter zum gekreuzigten Christus aufsteigen. Die kleineren Fenster der Nord- und Südseite sind größtenteils abstrakt gehalten, farbkräftige Malereien als Zeugnisse einer Liebe, die den Tod überdauert.

10 Sissinghurst Castle and Gardens

Vita Sackville-Wests gartenpoetisches Meisterwerk.

An das elisabethanische Herrenhaus, erbaut von Sir John Baker, dem Schatzkanzler Henrys VIII., erinnert nur mehr das vierstöckige rote *Torhaus* mit seinen achteckigen Seitentürmen. Große Teile des ursprünglichen Gebäudekomplexes wurden um 1800 abgerissen – so sind die Dimensionen von Sissinghurst Castle (NT, Tel. 015 80/71 07 00, *Gärten:* April–Okt. Mo/Di/Fr–So 11–18.30 Uhr, *Gebäude:* April–Mitte Okt. Mo/Di/Fr 12–17.30, Sa/So 10–

An ein Schloss gemahnt nur mehr das Torhaus von Sissinghurst Castle …

… an seine einstige Herrin ihr Arbeitszimmer …

17.30 Uhr) weit weniger palastartig als jene von Knole [s. S. 33], des zweiten herrschaftlichen Anwesens, mit dessen Geschichte sich der Name der alten Adelsfamilie Sackville verbindet.

Nach dem Erwerb von Sissinghurst Castle (1930) schuf **Vita Sackville-West**, die erfolgreiche Autorin von Gesellschaftsromanen und Biographien, schön, herrisch und vital, eine der faszinierendsten Erscheinungen in den intellektuellen und aristokratischen Kreisen ihrer Zeit, zusammen mit ihrem Mann, dem Historiker und Diplomaten *Harold Nicolson* (1886–1968), einen Besitz, dessen Schönheit wahrhaft eines Königs würdig wäre.

In ihrer ebenso liebevollen wie professionellen Gestaltung sind die TOP TIPP zehn **Gärten**, die das Ehepaar auf dem 2,5 ha großen Areal im Laufe der Jahre anlegte, für Hobbygärtner und Pflanzenkundler unserer Tage geradezu modellbildend geworden. Aus einer Synthese von Harolds landschaftsarchitektonischen Ideen und Vitas botanischem Wissen entstanden thematisch gestaltete Einzelgärten wie der *Rosengarten* mit zahlreichen alten Sorten, der *Obst-* und der *Gewürzgarten* und der berühmte **White Garden**, in dem tatsächlich rund 150 verschiedene Arten von weißblühenden Blumen oder Pflanzen mit silbergrauen Blättern gedeihen.

In dem einsam aufragenden Torhaus richtete sich Vita eine Schreibstube ein. Hier verfasste sie 1951 ›*In Your Garden*‹, ihre berühmten Betrachtungen zum Gartenbau – und blickte auf ihr Werk.

… doch Vita Sackville-Wests Gärten stehen Jahr für Jahr in schönster Blüte

11 Hever Castle

Ein amerikanischer Traum – und bittere englische Wirklichkeit.

Die schillernde Persönlichkeit *Henrys VIII.* bestimmte zunächst die Geschicke der Bewohner von Hever Castle (22 km nordwestlich von Royal Tunbridge Wells, Tel. 017 32/86 52 24, www.hevercastle.co.uk, März–Okt. tgl. 11–18, Schloss 12–18 Uhr, Nov. tgl. 11/12–16.30 Uhr). Die Familie *Boleyn* ließ das äußerlich recht bescheiden wirkende, von einem Wassergraben umgebene Sandsteingebäude im 15. Jh. in ein **Tudor-Wohnhaus** umwandeln.

Henry VIII., verheiratet mit Katharina von Aragon, verliebte sich in *Anne*, die Tochter des Hauses, setzte alles daran, sie zu gewinnen, verstieß seine Frau, ließ sie bis zu ihrem Tod 1536 inhaftieren – und heiratete Anfang 1533 heimlich Anne, noch bevor er selbst die Annullierung seiner ersten Ehe verfügt hatte. Doch auch Anne gebar nicht den ersehnten Thronfolger – und nach nur 1000 Tagen wurde sie, des Hochverrats und Ehebruchs mit ihrem Bruder George willfährig für schuldig befunden, im Londoner Tower enthauptet.

Die **Porträts** der Akteure und Opfer jener dramatischen Jahre sind noch im Schloss zu bewundern. Henry VIII., vierschrötig und breitbeinig in der Kopie eines Holbein-Gemäldes, Anne Boleyn, zart und schön, eine rote Rose vor der Brust haltend – und Elizabeth I., ihrer beider Tochter, die über eine der glanzvollsten Epochen in der Geschichte des englischen Weltreiches herrschen sollte.

Die neuere Geschichte von Hever Castle ist die der Verwirklichung eines amerikanischen Traums. **William Waldorf Astor** kaufte 1903 Hever Castle – als standesgemäßes Statussymbol des Eigentümers der Waldorf-Astoria-Hotelkette, des Königs des amerikanischen Geldadels.

Astor ließ Hever Castle mit unerhörtem Aufwand restaurieren, die *Stuckdecken* von Hampton Court Palace bei London kopieren, die **Bibliothek** mit Schnitzereien im Stil der Renaissance verzieren – darüber hinaus sammelte der neue Besitzer Waffen, Möbel und Kunstgegenstände, ließ im 14 ha großen **Park** einen See, einen Irrgarten, den Italienischen Garten mit antiken Skulpturen und ein ganzes *Dorf* im Stil der Tudor-Zeit anlegen. Wo die Geschichte fehlt, muss sie erst geschaffen werden.

Wo die Leidenschaft des Königs alle Barrieren überwand – Hever Castle

Der amerikanische Traum von der europäischen Renaissance endete 1983, als der Unterhalt des Schlosses selbst den Astors zu teuer wurde. Eine Immobilienfirma erwarb Hever Castle, ein Teil seiner Innenausstattung wurde versteigert – doch selbst das, was noch übrig geblieben ist, lässt den Besucher einen versöhnlichen Blick auf William Waldorf Astors allzu romantische Vorstellungen von einer Zeit werfen, in der so manche Rose blutgetränkt war.

12 Groombridge Place Gardens

TOP TIPP *Die originellen und kunstvoll konzipierten Gärten machten Filmgeschichte.*

Groombridge Place (5 km westlich von Royal Tunbridge Wells), ein zweistöckiger klassizistisch-schlichter **Backsteinbau**, wurde 1662 von *Philip Packer* errichtet. Das Haus befindet sich nach wie vor in Privatbesitz und ist deshalb für die Öffentlichkeit nicht zugänglich.

Nach Fertigstellung des Wohngebäudes ließ Packer 1674 auch die **Gärten** des Anwesens neu anlegen. Der Gartentheoretiker *John Evelyn* übte auf die Gestaltung maßgeblichen Einfluss aus – so entstand mit den Groombridge Place Gardens (Tel. 018 92/86 14 44, www.groombridge.co.uk, Mitte März–Okt. tgl. 10–17.30 Uhr) einer der eigenwilligsten Herrenhausgärten der Restaurationszeit. Besonders eindrucksvoll ist der mauern-umgebene formale Garten mit seinen originell konzipierten Einzelabteilungen. In *The Drunken Garden* z. B. sieht man sich von allerlei bizarren Traumgestalten, grünen Fantasiegebilden umgeben, zu denen Eiben und Wacholderbüsche kunstvoll gestutzt wurden. *The Knot Garden* hingegen zieren schwarze Tulpen und ein efeuumranktes Liebespaar, geformt aus Weidenzweigen.

Weithin berühmt wurden die Groombridge Place Gardens als Drehort für Peter Greenaways Film ›*Der Kontrakt des Zeichners*‹ (1982). Im Zentrum der Kriminalgeschichte aus den letzten Jahren des 17. Jh. steht ein Zeichner, der im Auftrag der Hausherrin Bilder von Gebäude und Garten anfertigen soll und dabei in einen unentrinnbaren Strudel von Leidenschaft und Gewalt gerät. Mit ihrer einerseits barock-formalen und andererseits dunkel-mysteriösen Atmosphäre sind die Gärten mehr als nur Kulisse für Greenaways meisterhaften Film.

Das Mysteriöse steht auch im Zentrum einer weiteren Attraktion von Groombridge Place. Gemächlich gelangt man per Boot in den **Enchanted Forest**, den Zauberwald, auf dessen Pfaden sich vor allem Kinder staunend auf die Suche nach Spinnweben aus Haselnusszweigen, Quellen, Labyrinthen und einem Zigeunerlager begeben.

For our time
is a very shadow
that passeth
away WISDOM II.V.

Von Rye bis Chichester – die östlichen Seebäder und ihre Küste

Zum Badezentrum der Insel wurde die Südostküste bereits im 18. Jh., als *Dr. Richard Russell* darauf hinwies, dass nicht nur das Trinken von Heilwasser der Gesundheit zuträglich sei, sondern auch die äußerliche Anwendung des bisweilen recht kühlen, salzigen Meerwassers. Seit jener Zeit kommt man schon nach **Brighton** – und gerade in unseren Tagen auch, um in der orientalischen Pracht des *Royal Pavilion* zu schwelgen, des extravaganten Refugiums von Prinzregent George, der an Britanniens Südostküste Regierungsgeschäften und Staatsräson zu entfliehen trachtete.

Mit den wunderbaren Mosaiken des *Fishbourne Roman Palace* bei **Chichester** brachten die Römer zahllose Stückchen mediterraner Kultur nach England. Im Landschaftspark von **Petworth House** entfaltete sich englische Gartenbaukunst zu voller Blüte. Und auf langen Spaziergängen mögen einem die Grashügel der **Downs**, die an mächtigen Klippen am Meer enden, mitunter wie tiefgrüne Wellen vorkommen, vom Wind gekräuselt.

13 Rye

Der Inbegriff südenglischer Kleinstadtromantik.

Mermaid Street heißt die berühmte, kopfsteingepflasterte Straße von Rye, die sich vom Kai steil ins Ortszentrum hinaufzieht. Ein paar Segelboote dümpeln im alten **Flusshafen** am Fuße des Hügels, auf dem die Stadt erbaut wurde, die im 16. Jh. noch am Meer lag. Marschland erstreckt sich nunmehr bis zur 3 km entfernten Küstenlinie, die Meerjungfrauen sind verschwunden, doch die märchenhafte Kulisse des Ortes ist geblieben. Mit vielen bestens erhaltenen Häusern aus dem 15.–18. Jh. ist Rye eine der malerischsten Kleinstädte Südenglands. Die engen, gewundenen **Gassen** werden von Antiquitätenläden, Cafés und Pubs gesäumt, das berühmteste ist das *Mermaid Inn*, ein über 500 Jahre alter Fachwerkbau, in dem einst die Schmuggler zechten.

In der Church Street im südöstlichen Teil der Stadt steht die normannische Pfarrkirche **St. Mary** mit einer der ältesten funktionstüchtigen *Uhren* Englands, sie wurde 1561 installiert.

◁ *Seit mehr als 400 Jahren verkündet die Turmuhr von St. Mary in Rye unverdrossen die Vergänglichkeit alles Irdischen*

In **Lamb House** (NT, Tel. 013 72/45 34 01, April–Okt. Do/Sa 14–17.30 Uhr) am südlichen Ende der West Street im Zentrum wohnte von 1898 bis zu seinem Tod 1916 der amerikanische Schriftsteller *Henry James*, Autor von Erzählungen, die stets die unüberbrückbare Distanz zwischen den Lebenssphären der Alten und der Neuen Welt zum Thema haben. Wie viele seiner Figuren war auch er ein Wanderer zwischen den Welten.

i Praktische Hinweise

Information

TIC, The Heritage Centre, Strand Quay, Rye, Tel. 017 97/22 66 96, Fax 017 97/22 34 60, www.visitrye.co.uk

Hotel

♔♔♔ **Mermaid Inn**, Mermaid Street, Rye, Tel. 017 97/22 30 65, Fax 017 97/22 50 69, www.mermaidinn.com. Das Pub hat neben einem der meistfotografierten Schilder Englands – abgebildet ist natürlich eine Meerjungfrau – auch 31 komfortable Zimmer und ein gutes Restaurant zu bieten.

Restaurant

Flushing Inn, 4 Market Street, Rye, Tel. 017 97/22 32 92. Lokal in einem Fachwerkgebäude aus dem 15. Jh.

Hier genießt man ausgezeichnet zubereitete Meeresfrüchte (Mo Abend und Di geschl.).

14 Hastings und Battle

Schauplätze britannischer Zeitenwende.

15 km südwestlich von Rye liegt **Hastings**, jener Ort, der zumeist in einem Atemzug mit der Schlacht genannt wird, in der William, Herzog der Normandie, der Eroberer und spätere König Englands, das angelsächsische Heer besiegte. In den Ruinen von *Hastings Castle* (April–Sept. tgl. 11–16, Okt.–März tgl. 10–15.30 Uhr), der ersten Burg, die William auf englischem Boden errichten ließ (1096), erläutert eine audiovisuelle Show die Geschehnisse des Jahres 1066.

Im 12. Jh. stieg Hastings zum wichtigen Hafen der *Cinque Ports* [s. S. 28] auf, jener Städte, deren Flotte dem König erst entbehrlich wurde, als seine eigene mit Ausbruch des Hundertjährigen Krieges gegen Frankreich 1338 entscheidend verstärkt wurde. Hastings verwandelte sich alsbald wieder in ein bescheidenes Fischerdorf. Schon im Mittelalter errichtete man die hochaufragenden, zum Schutz gegen die salzig-feuchte Meerluft geteerten *Net Huts*, in denen die Fischer ihre Netze zum Trocknen aufhängten. Mehr als 40 jener Hütten, größtenteils Rekonstruktionen aus der jüngsten Vergangenheit, sind am Hafen von Hastings noch zu sehen.

Etwa 10 km nordwestlich liegt der Ort Battle mit dem ebenfalls schlicht **Battle** (EH, Tel. 014 24/77 37 92, April–Sept. tgl. 10–18 Uhr, Okt.–März tgl. 10–16 Uhr) genannten *Schlachtfeld*, auf dem am 14. Oktober 1066 William the Conqueror die Streitmacht Harolds II. besiegte. Auf dem Hügel, dessen befestigte Stellungen die angelsächsischen Truppen leichtsinnigerweise aufgaben, um die normannischen Angreifer zu verfolgen, ließ William aus Dankbarkeit für den siegreichen Ausgang der Schlacht eine *Benediktinerabtei* errichten – die 1094 fertiggestellte **Battle Abbey**, von der heute nur mehr Überreste zu sehen sind. Denn wie es seiner Politik entsprach, verfuhr Henry VIII. auch mit diesem kirchlichen Besitz nicht zimperlich und vermachte ihn 1539 seinem Oberhofstallmeister Sir Anthony Browne, der die Kirche abreißen und den Wohnbereich der Abtei zu einem *Herrenhaus* umbauen ließ, in dem heute eine Mädchenschule untergebracht ist. Kaum zu glauben, dass sich hier einst Szenen von solcher Tragweite abspielten. Heute grasen Schafe friedlich auf den sanft abfallenden Wiesen, die man, statt Helmen Kopfhörer über den Ohren, durchläuft. Schautafeln erläutern die Phasen der *Schlacht*, die simultan per Tonbandkommentar aus der Sicht verschiedener Akteure, einfacher Soldaten und Truppenführer, Angelsachsen und Normannen, geschildert werden.

Über Hastings und den Kanal wandert der Blick an einem klaren Tag sogar bis nach Frankreich – und durch ein Jahrtausend britischer Geschichte

In diesen schlanken Hütten des Fischerdorfs Hastings trockneten einst die Netze

i Praktische Hinweise

Information

TIC, Queens Square, Priory Meadow, Hastings, Tel. 014 24/78 11 11, Fax 014 24/78 11 86, www.visithastings.co.uk

TIC, Battle Abbey Gate House, High Street, Battle, Tel. 014 24/77 37 21, Fax 014 24/77 34 36

Hotels

♔♔♔ **Beauport Park**, Battle Road, 5 km außerhalb von Hastings, Tel. 014 24/85 12 22, Fax 014 24/85 24 65, www.beauportparkhotel.co.uk. Eine Golfpartie auf dem hoteleigenen 18-Loch-Platz, ein Bad im Pool, ein Spaziergang im Park oder im formalen Garten, der so manchem Herrenhaus Ehre machen würde (23 Zi.).

♔♔♔ **Tower House**, 26–28 Tower Road West, St. Leonards-on-Sea, Tel. 014 24/42 72 17, Fax 014 24/43 01 65, www.towerhousehotel.com. Das kleine (11 Zi.) Hotel im Zentrum des Vororts von Hastings bietet komfortable Unterkunft zu vernünftigen Preisen – und den preisgekrönten Garten gibt's gratis dazu.

♔♔ **Bryn-y-Mor**, 12 Godwin Road, Hastings, Tel. 014 24/72 27 44, Fax 014 24/44 59 33, www.smoothhound.co.uk. Das romantische Bed & Breakfast (4 Zi.) lädt zur Übernachtung im Himmelbett ein.

Restaurant

The Hot Potato, 28 George Street, Hastings, Tel. 014 24/46 19 41. Der Name ist Programm: Kartoffelgerichte in verschiedensten Varianten.

15 Beachy Head

TOP TIPP *Traumhafte Klippenspaziergänge entlang der großartigen Küste.*

In der knapp 20 km westlich von Hastings gelegenen *Pevensey Bay* betrat **William the Conqueror** am 28. September 1066 englischen Boden – und fiel, so will es die Legende, bei dieser Gelegenheit in Britannien zum ersten und vorerst letzten Mal auf die Nase.

Hat man selbst nun diese Bucht ohne Zwischenfälle auf der küstennahen A 259 hinter sich gelassen, erreicht man nach einigen Minuten *Eastbourne*. Hier zweigt die B 2103 ab und führt direkt zu den Kalkklippen von Beachy Head. Auf einer Höhe von bis zu 170 m zieht sich die atemberaubende **Klippenkette** 10 km weit von Eastbourne nach Seaford hin. Senkrecht stürzen die Felsen in die Tiefe, scheinbar belustigt über die flügellose menschliche Gesellschaft kreischen Möwen, die nur eine Armlänge von den Spaziergängern entfernt über dem Abgrund schweben. Doch es ist mehr als ein Trost, diese großartige Küstenlandschaft wandernd,

Als habe sich das Haus eigens herausgeputzt, um seinen sieben kalkweißen Schwestern keine Schande zu machen – Blick auf die Klippen der Seven Sisters

auf dem in Eastbourne beginnenden, 170 km langen *South Downs Way* [s. S. 69] zu erleben, der bei den Kalkklippen der **Seven Sisters** nach Brighton ins Landesinnere abbiegt. Bleibt man am Meer, ist bald der Badeort *Seaford* erreicht – hier wirft man einen letzten Blick zurück auf die sieben strahlend schönen Schwestern.

i Praktische Hinweise

Information

TIC, Cornfield Road, Eastbourne, Tel. 013 23/41 14 00, Fax 013 23/64 95 74, www.visiteastbourne.com

16 Brighton

Der Märchenpalast des Kronprinzen.

Vulgär und extravagant, eskapistisch und banal ist Brighton. Mit der Einweihung der Eisenbahnlinie nach London im Jahre 1841 avancierte es zum beliebteste **Seebad** der Insel. Und all seine Widersprüche lassen sich bis zu jener faszinierenden Figur zurückverfolgen, die die Stadtgeschichte prägte wie keine andere: zu ›Prinny‹, seiner Majestät des Prinzregenten **George** (1762–1830).

1783 besuchte der lebenslustige George zum ersten Mal Brighton, das sich zu jener Zeit bei denen, die sich mondänes Leben und langwierige, nicht ganz ernstzunehmende Leiden leisten konnten, bereits einen guten Ruf als **Heilbad** für Drüsenkrankheiten erworben hatte. Und George erkor die Stadt zum Mittelpunkt seines Lebens. Hier bezog er mit seiner heimlich angetrauten Geliebten *Maria Anne Fitzherbert* ein schlichtes Bauernhaus an der Hauptstraße von *Old Steine*. Das ließ der kunstsinnige Thronfolger von seinem Architekten *Henry Holland* 1786/87 in den *Marine Pavilion* umbauen, der mit seiner Erkerfassade und den schmiedeeisernen Gittern der erste, modellbildende Bau des **Regency Style** war, jenes nach dem Prinzregenten benannten Baustils.

König George III. verfiel allmählich der Geisteskrankheit und sein Sohn, seit 1811 offiziell Regent, dem Faible der gehobenen und exaltierten Stände der Zeit für das Geheimnis des Orients, Indien und Chinoiserien, kurzum für ein ganzes Weltreich an bizarren Fantasievorstellungen.

Ihnen gemäß gestaltete *John Nash*, Architekt der in ihrer Schlichtheit beeindruckenden Londoner *Regent Street*, das Domizil des Prinzregenten 1815–22 um. Fortan hieß es **Royal Pavilion** (Tel. 012 73/29 09 00, www.royalpavi lion.org.uk, April–Sept. tgl. 9.30–17.45 Uhr, Okt.–März 10–17.15 Uhr). Wie ein zuckersüßes indisches Märchenschloss aus Sahnebaiser wirkt das riesige Gebäude nördlich von *The Lanes*, wie die verwinkelte Altstadt von Brighton mit ihren vielen hübschen Cafés, Restaurants und Antiquitätenläden genannt wird. Der Pavillon wartet mit Minaretten und Kuppeln, ägyptischen Palmensäulen und Bambusimitationen aus Mahagoni und Palisander auf. Drachen und krokodilsfüßige Sofas füllen die Räume. Keines der Stücke ist original, alles, was man sieht, sind Auswüchse der unerfüllbaren Sehnsucht des Erbauers, die eigene prosaische Wirklichkeit in einem Traum von orientalischer Pracht zu begraben. Denn schon 1795 hatte der unglückliche Prinz, von schier untilgbaren Schulden bedrückt, seine geliebte Maria verlassen und eine Ehe mit der ebenso begüterten wie reizlosen *Prinzessin Karoline von Braunschweig* eingehen müssen. 1820 wurde aus dem Prinzregenten *King George IV.*, ob seiner Verschwendungssucht im Volk äußerst unbeliebt, aufgedunsen und kränkelnd.

Zwei weitere extravagante Bauwerke prägen Brightons Stadtbild: der **West Pier** von 1866 und der östlich davon 520 m ins Meer hinausragende **Palace Pier** (1891–99, www.brightonpier.co.uk). Beide Piers wurden zum Inbegriff britischen Feriervergnügens, und auf dem Palace Pier erwarten den Besucher heute noch Läden und Restaurants, Fish 'n' Chips-Buden und Karussells. Der West Pier (www.westpier.co.uk), der jahrelang wegen Baufälligkeit geschlossen war, stürzte im Winter 2002 bei einem Sturm teilweise ein, Brände im März und Mai 2003 sowie weitere Sturmschäden im Juni 2004 zerstörten ihn dann völlig. Dennoch plant man seinen Wiederaufbau.

i Praktische Hinweise

Information

TIC, 10 Bartholomew Square, Brighton, Tel. 09 06/711 22 55, Fax 012 73/29 25 94, www.visitbrighton.co.uk

Hotels

♔♔♔ **Ascott House**, 21 New Steine, Brighton, Tel. 012 73/68 80 85, Fax 012 73/62 37 33, www.ascotthousehotel.com. Traditionsreiches Hotel mit freundlichem Service an einem kleinen begrünten Platz unweit der Promenade.

♔♔♔ **Quality Hotel Brighton**, West Street, Brighton, Tel. 012 73/22 00 33, Fax 012 73/77 80 00, www.hotels-brighton.com. Großes (138 Zi.) Haus, Komfort zu vernünftigen Preisen.

♔♔ **Valentine House**, 38 Russell Square, Brighton, Tel. 012 73/70 08 00, Fax 012 73/70 76 06, www.valentinehousehotel.com. Gemütliches, liebevoll dekoriertes Bed & Breakfast im Regency-Stil an ruhigem Platz westlich des Zentrums.

Restaurants

Havana, 32 Duke Street, Brighton, Tel. 012 73/77 33 88. Tgl. ab 9 Uhr werden am Rande von The Lanes in tropisch angehauchter Atmosphäre exotische Cocktails und internationale Gerichte serviert.

Der Royal Pavilion, Traum eines Maharadschas, der nur ein Prinzregent war

Terre à Terre, 71 East Street, Brighton, Tel. 01273/72 90 51. Köstliche vegetarische Küche aus aller Welt: leichter *Lunch*, großes *Dinner* (Mo/Di Mittag geschl.).

17 Glyndebourne

Festspiele und Festessen.

1934 verwirklichte sich *John Christie*, Besitzer des Landhauses von Glyndebourne etwa 15 km nordöstlich von Brighton, den langgehegten Traum von Opernfestivals auf eigenem Grund und Boden. Der große Musikliebhaber, regelmäßiger Besucher der Festspiele von Bayreuth und Salzburg, ließ ein **Opernhaus** mit 300 Plätzen errichten, gewann den weltberühmten Dirigenten Fritz Busch als musikalischen Leiter – und am 28. Mai eröffnete man mit Mozarts ›*Die Hochzeit des Figaro*‹.

Das alte Opernhaus ist mittlerweile durch ein modernes, 1200 Besuchern Platz bietendes ersetzt worden, einen Ziegelbau, der mit seiner hervorragenden Akustik besticht. Die Aufführungen von Glyndebourne sind für ihren hohen künstlerischen Standard, ihr breites musikalisches Spektrum bis hin zu zeitgenössischen Werken ebenso berühmt wie für die traditionelle lange **Pause**. Beinahe eineinhalb Stunden haben die elegant gekleideten Damen und Herren, viele von ihnen in Sonderzügen aus London angereist, Zeit für ein *Picknick* mit Champagner auf der Wiese oder in Zelten vor dem Festspielhaus. Von Ende Mai bis Ende August dauert die **Saison** für künstlerische und kulinarische Genüsse in Glyndebourne, postalische **Buchungen** werden ab Mitte März entgegengenommen, telefonische und Online-Buchungen ab Mitte April (Glyndebourne Box Office, PO Box 2624, Lewes, East Sussex BN8 5UW, Tel. 01273/81 38 13, Fax 01273/81 46 86, www.glyndebourne.com).

18 Charleston Farmhouse und Monk's House

Die ländlichen Domizile der Londoner Künstlerbohème.

Mit Charleston Farmhouse, etwa 5 km südöstlich von Glyndebourne, und Monk's House, ca. 5 km westlich davon am Rande des Dorfes *Rodmell* gelegen, verbinden sich die Namen zweier berühmter Frauen, einer der bedeutendsten Schriftstellerinnen der Weltliteratur und ihrer Schwester, die eine der bedeutendsten englischen Malerinnen der ersten Hälfte des 20. Jh. war: **Virginia Woolf** und **Vanessa Bell**.

1916 zog Vanessa mit ihrem Ehemann, dem Schriftsteller *Quentin Bell*, und ihrem Geliebten, dem Maler *Duncan Grant*, in das einfache **Charleston Farmhouse** (April–Okt. Do/Fr/So 14–18, Mi/Sa 11.30–18Uhr, Juli/Aug. Mi–Sa 11.30–18, So 14–18 Uhr, www.charleston.org.uk), das die drei im Laufe der Jahre in ein Gesamtkunst-

Die gelungene Inszenierung einer sommerlichen Opernpause – im Park des Festspielhauses von Glyndebourne

werk verwandelten, umgeben von üppiger Natur, einem Garten mit Iris, Schwertlilien und Obstbäumen. Das Haus avancierte zum ländlichen Treffpunkt jener avantgardistischen Künstler- und Intellektuellengruppe, die nach einem Londoner Stadtteil **Bloomsbury Group** genannt wurde. Zu ihr zählten neben Vanessa, Duncan, Quentin und Virginia auch *Vita Sackville-West* [s. S. 33, 35], der Kunsttheoretiker *Roger Fry*, der Nationalökonom *John Maynard Keynes* und die Schriftsteller *E. M. Forster* und *Lytton Strachey*. Die Aufgeschlossenheit und Freizügigkeit, die Verspieltheit und die Lebensfreude, von denen die Diskussionen der Gruppe und die Lebens- und Liebesvorstellungen ihrer Mitglieder geprägt waren, fanden in Charleston Farmhouse ihre gestalterische Umsetzung. Jedes Fleckchen Wand, jedes Möbelstück wurde von Vanessa Bell und Duncan Grant mit expressionistischen Ornamenten und Figuren bemalt. Man entwarf die Einrichtungsgegenstände selbst, jeden Winkel durchdrang man mit gestalterischer Energie.

In der Nähe fand auch Vanessas Schwester Virginia mit ihrem Mann *Leonard Woolf* ein ländliches Refugium: **Monk's House** (NT, April–Okt. Mi/Sa 14–17.30 Uhr), ein schlichtes Cottage. Ehe Virginias Werk Anerkennung und Erfolg fand, gab es hier lange Jahre keinen Luxus – weder Heizung noch Bad – doch alles, was die hochsensible Schriftstellerin für ihre Arbeit am nötigsten brauchte: den Wechsel zwischen Ungestörtheit und Gesellschaft, ein Gartenhäuschen als Schreibklause für den Vormittag und danach die häufigen Besuche der Bloomsbury-Freunde. Die Asche von Virginia Woolf, die sich am 28. März 1941 in der nahen *Ouse* ertränkte, weil sie den wiederkehrenden depressiven Schüben nicht mehr standhalten konnte, ist im Garten beigesetzt.

19 Arundel Castle

Große Kunst im imposanten Schloss.

Unübersehbar, wie eine machtvolle Gebärde der Selbstbehauptung, thront Arundel Castle (April–Okt. So–Fr 12–17 Uhr, www.arundelcastle.org, Gartenführungen nach Voranmeldung, Tel. 019 03/ 88 21 73) über der gleichnamigen Kleinstadt auf halbem Weg zwischen Worthing und Chichester. Nur Torhaus, Bergfried und Vorwerk des Schlosses der bedeutendsten katholischen Familie Englands, der *Herzöge von Norfolk* aus dem Geschlecht der Howards, stammen noch aus dem Mittelalter. Der Rest der im Bürgerkrieg Mitte des 17. Jh. fast gänzlich zerstörten Anlage wurde zusammen mit der benachbarten (katholischen) *Cathedral of Our Lady and St. Philip Howard* (tgl. 9–18 Uhr) im 19. Jh. im neogotischen Stil gestaltet.

In der Blütenpracht von Charleston Farmhouse traf sich die Bloomsbury Group

Thomas Howard, der 14. Earl of Arundel (1586–1646), war der erste bedeutende Kunstsammler Englands; nachfolgende Generationen, auf den Familienporträts der *Long Gallery* enzyklopädisch zu bewundern, führten das Werk fort, und so findet der Besucher in Arundel Castle nicht nur eine hervorragend bestückte **Gemäldegalerie** mit Werken von Rubens, van Dyck, Gainsborough, Reynolds u. a., sondern auch Sammlungen wertvoller Möbel, Tapisserien, Uhren und Kleidungsstücke.

Im Rahmen des **Arundel Festival** (www.arundelfestival.co.uk, Tel. 019 03/ 88 36 90) werden Ende August Shakespeare-Stücke auf dem Gelände des Castle aufgeführt, an wahrhaft literaturhistorischer Stätte, denn *Henry Howard* (1517–1547) führte den Blankvers in die englische Dichtkunst ein. Sein äußerst prosaisches Ende verdankt der Autor melodiöser Sonette einem anderen Henry, Henry Tudor, dem VIII., König und Katholikenhasser, der seinen schöngeistigen Namensvetter wegen Hochverrats hinrichten ließ.

i Praktische Hinweise

Information

TIC, 61 High Street, Arundel, Tel. 019 03/88 22 68, Fax 019 03/88 24 19

Hotels

TOP TIPP ♔♔♔♔♔ **Amberley Castle**, Amberley, bei Arundel, Tel. 017 98/83 19 92, Fax 017 98/83 19 98, www.amberleycastle.co.uk. Hinter den meterdicken Burgmauern des 12. Jh. erwarten den Gast des zu Relais & Châteaux gehörigen Hauses viel Luxus und die Annehmlichkeiten eines modern ausgestatteten Hotels mit sehr gutem Restaurant in herrlicher Umgebung. Seit 2003 gibt es auch einen 18-Loch-Golfplatz. Eines der 10 Top Hotels der Welt.

♔♔♔ **Swan**, 27–29 High Street, Arundel, Tel. 019 03/88 23 14, Fax 019 03/88 37 59, www.swan-hotel.co.uk. Mit Blick auf den Fluss Arun am südlichen Ortsrand von Arundel gelegen, bietet das viktorianische Haus (15 Zi.) modernsten Komfort.

20 Chichester

2000 Jahre Kunstgeschichte von den Römern bis zu Chagall.

Wie ein Kreuz durchziehen North, South, East und West Street das historische Zentrum von Chichester im Ring seiner mittelalterlichen Stadtmauer und treffen sich am **Marktkreuz** von 1501, einem prachtvollen achteckigen Pavillon in Form einer kleinen Krone mit Mittelsäule und elegant geschwungenen Spitzbögen, an der Spitze eine steinerne Laterne. In jede Himmelsrichtung weist eine *Uhr*, und gleich neben dem Kreuz, jenseits der West Street, ragen die Türme von **Chichester Cathedral** (tgl. 7.15–19 Uhr) auf: die beiden massigen, das Langhaus an Höhe nicht übertreffenden Türme der Westfassade, der schlanke, 92 m hohe *Vierungsturm* und – als architektonische Besonderheit dieses Baus – der freistehende **Glockenturm** des 15. Jh. Er ist das einzig erhaltene Gebäude seiner Art in England.

Chichester Cathedral, im letzten Drittel des 11. Jh. begonnen, nach Bränden 1184 und 1187 bis zum Beginn des 20. Jh. stetig umgebaut und restauriert, ist ein Schatzkästlein der Kunst, angefüllt mit Werken aus neun Jahrhunderten. Zwei romanische Sandsteinreliefs (vor 1150) in der südlichen Chorapsis zeigen ›*Die Erweckung des Lazarus*‹ und ›*Christus bei der Ankunft in Bethanien*‹. Im Chorraum hinter dem Hochaltar ist mit der ›*Dreifaltigkeit*‹ (1966), einem Wandbehang von John Piper , ein modernes, abstraktes Kunstwerk zum Thema Leben und massenhafter Tod, Schöpfung und Atomkatastrophe zu bewundern.

In der Südostkapelle zieht ›*Noli me tangere*‹ (1962), ein Altarbild von Graham Sutherland , alle Blicke auf sich, in der nördlichen Chorapsis die in hellem Rot leuchtenden *Glasmalereien* (1978) von Marc Chagall. Beide Werke verdankt die Kathedrale ihrem Dekan **Walter Hussey**, der 1955–77 amtierte. Mit sicherem Gespür und großer Begeisterung machte sich Hussey um den Dialog zwischen Kirche und Kunst verdient, förderte zeitgenössische Künstler und sammelte ihre Werke auch privat in großer Zahl.

Zu bewundern ist seine Sammlung, die von Tiepolo bis Henry Moore reicht, in der **Pallant House Gallery** (Tel. 012 43/ 77 45 57, www.pallant.org.uk,voraussichtl. Wiedereröffnung Juli 2006, dann Di–So 10–17 Uhr), einem prachtvoll restaurierten Stadthaus aus dem frühen 18. Jh. in der North Pallant Street (der ersten Querstraße, die jenseits des Marktkreuzes in südlicher Richtung von der East Street abzweigt). Eine weitere wichtige Schen-

◁ *Ein' feste Burg ist unser Glaube – Arundel Castle, Stammsitz der bedeutendsten katholischen Familie Englands*

kung, die des Architekten der Londoner British Library, *Sir Colin St. John Wilson*, nahm die Gallery zum Anlass für den Bau eines neuen Flügels mit sechs zusätzlichen Sälen, in denen u. a. Wilsons Sammlung mit 600 Gemälden und Vorzeichnungen bedeutender britischer Künstler des 20. Jh. präsentiert werden wird.

Die Besichtigung des gut 2 km westlich vom Stadtzentrum gelegenen TOP TIPP **Fishbourne Roman Palace** (Salthill Road, Tel. 012 43/78 58 59, www.sussexpast.co.uk, März–Juli/Sept./Okt. tgl. 10–17, Aug. tgl. 10–18, Nov./Dez./Febr. tgl. 10–16, Jan. Sa/So 10–16 Uhr) führt zurück in die erste Blütezeit von Architektur und Kunst, die die Stadt im 1. Jh. n. Chr. erlebte. Das bei einem Brand um 270 zerstörte Gebäude umfasste einst auf einer Fläche von 1500 m^2 rund 100 Räume und war damit die größte römische Wohnanlage in England. Hier residierte wohl *Tiberius Claudius Cogidubnus*, ein keltischer Fürst, der mit den Römern kooperierte und so zum Statthalter von *Noviomagus* aufstieg, wie Chichester ursprünglich hieß.

Derzeit sind wegen umfassender Renovierungsarbeiten immer nur Teile des Areals zugänglich. Die **Fußbodenmosaike**, die man in beinahe jedem Raum fand, aus Millionen von Steinchen zusammengesetzt, sind die prachtvollsten, die aus jener Zeit in England erhalten sind. Auf Stegen wandert man von Bild zu Bild, schaut herab auf Drachen und Schimären und bewundert das berühmteste der Mosaike, in dem ein Jüngling seit 2000 Jahren auf einem Delphin reitet – fern der Gestade des Mittelmeers.

i Praktische Hinweise

Information

TIC, 29 a South Street, Chichester, Tel. 012 43/77 58 88, Fax 012 43/53 94 49, www.chichester.gov.uk

Hotels

♔♔♔♔ **Millstream**, Bosham Lane, Bosham, Tel. 012 43/57 32 34, Fax 012 43/57 34 59, www.millstream-hotel.co.uk. Charmantes Hotel (33 Zimmer) mit einem schönen Garten in einem Dorf südwestlich von Chichester. Sehr gutes Restaurant.

♔♔ **Abelands Barn**, Merston, Tel. 012 43/53 38 26, Fax 012 43/78 44 74. Eine liebevoll zum Hotel umgebaute Scheune in einem Dorf 3 km südöstlich von Chichester.

Palmen und Blüten säumen den Weg in ein Paradies der Kunst: Chichester Cathedral

♔♔ **Crouchers Country Hotel**, Birdham Road, Apuldram, Tel. 012 43/78 49 95, Fax 012 43/53 97 97. Kleines (9 Zimmer) Hotel am Stadtrand mit famliärer Atmosphäre. Das Restaurant wartet mit täglich wechselnden Menüs auf.

Restaurants

Comme Ça, 67 Broyle Road, Chichester, Tel. 012 43/78 87 24. Sehr gutes französisches Restaurant nördlich des Zentrums (So Abend und Mo geschl.).

The Crypt, 12 a South Street, Chichester, Tel. 012 43/53 70 33. In einem Gewölbekeller, der einst zur Kathedrale gehörte, werden vor allem Fisch und Meeresfrüchte zu günstigen Preisen serviert (kein Dinner).

Tea Room

Shepherds Tea Room, 35 Little London, Chichester, Tel. 012 43/77 47 61. Für einen leichten Lunch oder den *Cream tea* am Nachmittag zu empfehlendes Café.

21 Petworth House

TOP TIPP *Zurück zur Natürlichkeit: der englische Garten.*

Petworth, ein Städtchen mit 2000 Einwohnern, liegt 25 km nordöstlich von Chichester in den Hügeln der *South Downs*. Die Kopfsteinpflasterstraßen werden von schönen Fachwerkhäusern, Backsteinbauten und Cottages gesäumt, viele von ihnen beherbergen Antiquitätengeschäfte.

Mitten im Ort erhebt sich **Petworth House** (NT, Tel. 017 98/34 22 07, *Gebäude*: April–Okt. Sa–Mi 11–17 Uhr, *Park:* ganzjährig tgl. 8 Uhr bis Sonnenuntergang), einst Landsitz der Grafen von Northumberland und in seiner heutigen Form im wesentlichen gegen Ende des 17. Jh. entstanden. Charles Seymour, Herzog von Somerset, ließ zu jener Zeit ein recht schlicht wirkendes, zweistöckiges Haus mit einer fast 100 m langen, von 42 hohen Fenstern gegliederten Fassade errichten. Im 18. Jh. gelangten dann die *Earls of Egremont* durch Heirat in den Besitz von Petworth House.

Auf ihre Veranlassung hin legte **Lancelot ›Capability‹ Brown** (1715–1783), der berühmteste Landschaftsgestalter seiner Zeit, einen 280 ha großen **Englischen Garten** par excellence an. Brown, der seinen Beinamen dem unvergleichlichen Talent verdankt, in bereits bestehenden Gärten ›great capabilities‹ zu erblicken, große Möglichkeiten der Umgestaltung, ersetzte die geometrische Strenge des bereits bestehenden Barockgartens durch scheinbar unberührte, natürliche Landschaft mit Hügeln, Seen und Rotwildgehege. So meint man geradezu durch ein Gemälde von **William Turner** (1775–1851), des großen englischen Künstlers und Wegbereiters des Impressionismus, zu spazieren. Tatsächlich besaß Turner in Petworth House 1827–37 ein Atelier und malte hier unter der Protektion seines Mäzens, des *3. Earl of Egremont*, 20 Ölgemälde und etwa 100 Aquarelle, Interieurs und Landschaftsbilder, die in überwiegender Zahl nach wie vor am Ort ihrer Entstehung zu bewundern sind.

Neben der umfangreichsten Turner-Sammlung außerhalb eines Museums besitzt Petworth House noch weitere *herausragende Kunstwerke*: Miniaturen von Adam Elsheimer, Gemälde von Rogier van der Weyden, Tizian, Claude Lorrain und Thomas Gainsborough, je ein Dutzend Porträts von Anthonis van Dyck und Sir Joshua Reynolds, antike Skulpturen wie die Praxiteles zugeschriebene *Leconfield Aphrodite* und schließlich, als Höhepunkt der Illusionskunst, den **Carved Room**. 1692 verzierte *Grinling Gibbons* die Lindenholztäfelung des Zimmers mit Trompe-l'oeil-Schnitzarbeiten. Da entdeckt man Blumen, Gräser, Früchte, Musikinstrumente, Putten, Vögel und Fische.

Ein Anblick, der auf einen William Turner unserer Tage zu warten scheint: Petworth House

Der zentrale Süden – Häfen, Kathedralen und Inseln

Portsmouth und **Southampton** sind die großen Hafenstädte des zentralen Südens – berühmte Schiffe wie die *Mayflower* oder die *Titanic* brachen von hier nach Westen auf, um eine neue Welt zu entdecken oder den Tod in den eisigen Fluten des Nordatlantik zu finden. Nicht weniger berühmte, die **Mary Rose** und die **Victory**, Flaggschiffe Henrys VIII. und Lord Nelsons, kehrten für immer in den historischen Hafen von Portsmouth zurück. Wassersportler finden auf der **Isle of Wight**, der kleinen Insel vor der Insel, beste Bedingungen, Wanderer, Radfahrer und Pferdefreunde schätzen die Wald- und Heideflächen des **New Forest** – und im Park von **Longleat House** kann man sogar auf Safari gehen.

Gotische *Kathedralen* beherrschen das Stadtbild von **Salisbury** und **Winchester**, das auf eine große Vergangenheit als Hauptstadt von ganz England zurückblickt. Und inmitten der weiten Ebene von *Salisbury Plain* erheben sich die Relikte einer noch ferneren Vergangenheit: Das Rätsel von **Stonehenge** ist bis heute ungelöst.

22 Portsmouth und Southampton

Ein Hafen als Heimat berühmter Schiffe.

Die Geschichte von Portsmouth, an der Wasserstraße namens *The Solent* gelegen, und von Southampton, das sich 30 km weiter nordwestlich am Zusammenfluss von *Test* und *Itchen* befindet, ist zugleich die Geschichte zweier bedeutender Häfen.

Seit dem 16. Jh., als unter Henry VIII. in **Portsmouth** (180 000 Einw.) die erste königliche Werft entstand, ist die Stadt der wichtigste Stützpunkt der englischen Kriegsmarine. Hier wurde 1509 die *Mary Rose*, Henrys Flaggschiff im Krieg gegen Frankreich, auf Kiel gelegt, von Portsmouth lief am 14. September 1805 die *Victory* zur siegreichen Seeschlacht gegen Napoleon bei Trafalgar aus. Beide Schiffe, hervorragend erhalten, können im historischen Hafen besichtigt werden. Dank der behutsamen Arbeit der Restauratoren ist für die eindrucksvollen Holzkonstruktionen längst ein Dasein jenseits von Kanonendonner und drohendem Untergang angebrochen. Ferner sind auf

TOP TIPP

dem **Flagships Portsmouth** (Tel. 023/92 86 15 12, www.flagship.org.uk, April–Okt. tgl. 10–18, Nov.–März 10–17.30 Uhr, Tickets nur bis 16 bzw. 15.30 Uhr) genannten Areal noch die *Warrior*, ein eisenbewehrtes Schlachtschiff des 19. Jh., und das *Royal Naval Museum* zu besichtigen, das zahlreiche Exponate aus der 800-jährigen Geschichte der englischen Marine versammelt, wie Seekarten, Uniformen, Galionsfiguren, Schiffsmodelle.

Emblem einer triumphalen Vergangenheit …

Im Zweiten Weltkrieg wurde Portsmouth von der deutschen Luftwaffe schwer bombardiert. Das nüchterne Stadtbild, von nach Kriegsende in aller Schnelle errichteten Bauten bestimmt, gemahnt an jene schreckliche Zeit.

Die Krise der Werftindustrie ging auch an Portsmouth nicht spurlos vorüber, doch der Hafen selbst hat sich inzwischen zu einer wichtigen Anlaufstation für den Fährverkehr entwickelt. Und auch *Badegästen* hat Portsmouth einiges zu bieten. Mit seinen Piers und Pensionen, Grünanlagen und viktorianischen Häusern ist der südwestliche Stadtteil **Southsea** ein charmanter Ferienort.

Als einziger historischer Sakralbau ist in **Southampton** (204 000 Einw.), ebenso wie Portsmouth im Zweiten Weltkrieg von deutschen Luftangriffen schwer in Mitleidenschaft gezogen, die *St. Michael's Church* (11. Jh.) in der French Street erhalten. Mit seinen bunt bemalten Möbeln und farbkräftigen Wandbespannungen lockt in der selben Straße das restaurierte **Medieval Merchant's House** (EH, Tel. 023/80 22 15 03, April–Sept. Sa/So 10–17 Uhr) aus dem 13. Jh. Unweit davon, in der Bugle Street, präsentiert das **Tudor House Museum** (Tel. 023/80 63 59 04, zurzeit wegen Renovierung geschl.) in einem Gebäude des 16. Jh. eine Ausstellung zur Geschichte der Stadt.

... die lange zurückliegt: Lord Nelsons ›Victory‹ im Hafen von Portsmouth

Die Namen dreier berühmter Schiffe verbinden sich mit Southampton. Von hier und von Plymouth aus brachen die *Pilgrim Fathers* an Bord der *Mayflower* 1620 nach Nordamerika auf und am 10. April 1912 stach von hier aus die *Titanic* zu ihrer unglückseligen Jungfernfahrt nach New York in See. Heute ist Southampton Heimat der Reederei *Cunard* (www.cunardline.com), zu deren Flotte das größte Passagierschiff der Welt, die *Queen Mary 2 (QM2)*, gehört, die im Januar 2004 ihre Jungfernfahrt antrat.

Das **Southampton Maritime Museum** (Bugle Street, Tel. 023/8 02 22 39 41, April–Okt. Di–Fr 10–13 und 14–17, Sa 10–13 und 14–16, So 14–17, Nov.–März Di–Fr 10–16, Sa 10–13 und 14–16, So 13–16 Uhr) ist im Wool House, dem einzigen erhaltenen mittelalterlichen Lagerhaus (um 1400) untergebracht. Es dokumentiert vor allem Geschichte und Schicksal der Titanic, aber auch die Historie des Hafens und seiner anderen berühmten Schiffe, wie der *Queen Elizabeth 2* der Cunard Line.

i Praktische Hinweise

Information

TIC, The Hard, Portsmouth, Tel. 023/92 82 67 22, Fax 023/92 82 75 19, www.visitportsmouth. co.uk

TIC, 9 Civic Centre Road, Southampton, Tel. 023/80 83 33 33, Fax 023/80833381, www.southampton.gov.uk

Hotels

♔♔♔♔ **Seacrest**, 11–12 South Parade, Southsea, Portsmouth, Tel. 023/ 92 73 31 92, Fax 023/92 83 25 23, www.seacresthotel.co.uk. Elegantes mittelgroßes Hotel (28 Zi.). Vernünftige Preise.

♔♔♔♔ **Woodlands Lodge**, Bartley Road, Woodlands, New Forest, Southampton, Tel. 023/80 29 22 57, Fax 023/80 29 30 90, www.woodlands-lodge.co.uk. Luxuriöses Hotel im Landhausstil mit Restaurant am Waldrand.

Restaurants

Allerton's, im De Vere Grand Harbour Hotel, West Quay Road, Southampton, Tel. 023/80 63 30 33. Elegantes Spitzenrestaurant mit englisch-französischer Küche.

Lemon Sole, 123 High Street, Old Portsmouth, Tel. 023/92 81 13 03. In gemütlicher Umgebung gibt es hier nachmittags *Cream teas* und am Abend Fisch und Meeresfrüchte.

23 Isle of Wight

TOP TIPP *Zufluchtsort und schöne Urlaubsinsel.*

Wegen ihres milden Klimas, in dem subtropische Pflanzen gedeihen, der vielen sandigen Badebuchten und des dichten Netzes von Rad- und Wanderwegen, das sie durchzieht, ist die Isle of Wight bei Feriengästen äußerst beliebt. In der ersten Augustwoche erblüht der Solent rund um die Kleinstadt *Cowes* an der Nordspitze der Insel mit den weißen Segeln der Jachten, die an den alljährlich Ende Juli/Anfang August stattfindenden Regatten der **Cowes Week** (www.cowesweek.co.uk) teilnehmen. In **Cowes Castle** 1, einer zum Clubhaus umgebauten Küstenfestung Henrys VIII. an der Victoria Parade, ist die 1812 gegründete *Royal Yacht Squadron*, Veranstalterin der Regatten, standesgemäß untergebracht.

In **Osborne House** 2 (EH, Tel. 019 83/20 00 22, April–Okt. tgl. 10–16 Uhr, Nov.–März nur nach Voranmeldung), gut 1 km südöstlich von Cowes jenseits des Flusses Medina gelegen, residierten, ganz

Das Land's End der Isle of Wight: die Kalkklippen von The Needles an der Westspitze der Insel

Es ist nicht immer der Sandstrand, der ein Bad zum besonderen Vergnügen macht – die bunten Sandklippen der Alum Bay

der Isle of Wight übrigens tatsächlich gefunden.

In 22 Farben leuchten die Sandklippen der im Norden der Needles gelegenen **Alum Bay** 8, ein buntes Kaleidoskop der Erdgeschichte. Von den Mauern des **Yarmouth Castle** 9 (EH, Tel. 019 83/76 06 78, April–Sept. Mo–Do/So 11–16 Uhr), eines Küstenforts Henrys VIII., schweift der Blick schon hinüber in die grüne Weite des *New Forest* jenseits des Solent.

Praktische Hinweise

Information

TIC, Westridge Centre, Brading Road, Ryde, Isle of Wight, Tel. 019 83/81 38 00, Fax 019 83/82 30 31, www.islandbreaks.co.uk,

Fähren

Hovertravel,Quay Road, Ryde, Tel. 019 83/81 10 00, Fax 019 83/56 22 16, www.hovertravel.co.uk. Zwischen Portsmouth/Southsea und Ryde verkehren in der Saison etwa alle 60 Min. Hovercrafts.

Red Funnel Services, Buggle Street, Southampton, Tel. 08 70/4 44 88 98, Fax 08 70/4 44 88 97, www.redfunnel.co.uk. Verbindung Southampton–Cowes mit Personen- und Autofähren.

Wightlink Isle of Wight Ferries, Portsmouth, Tel. 023/92 85 52 30, Fax 023/92 85 52 57, www.wightlink.co.uk. Autofähren Portsmouth–Fishbourne und Lymington–Yarmouth sowie Personenfähren Portsmouth–Ryde alle etwa im 60-Min.-Takt.

Hotels

♔♔♔♔♔ **The Royal**, Belgrave Road, Ventnor, Tel. 019 83/85 21 86, Fax 019 83/85 53 95, www.royalhoteliow.co. uk. Dieses Hotel mit sehr gutem Restaurant diente schon Queen Victoria als Gästehaus.

♔♔♔♔ **Seaview**, High Street, Seaview, Tel. 019 83/61 27 11, Fax 019 83/61 37 29, www.seaviewhotel.co.uk. Kleines (16 Zi.) Hotel in dem ruhigen Örtchen Seaview nahe am Meer. Sehr gutes Restaurant und modernes Bistro.

♔♔♔ **Sandpipers**, Coastguard Lane, Freshwater Bay, Tel. 019 83/75 85 00, Fax 019 83/75 43 64, www.sandpipershotel.com. Nur 50 m vom Strand in schöner Umgebung gelegenes Haus.

Restaurants und Pubs

The Chequers Inn, Rookley, Tel. 0 19 83/84 03 14. *Das* Traditionspub im Zentrum der Insel mit umfangreicher Speisekarte.

Fox's, High Street, Bembridge, Tel. 019 83/87 26 26. Wohletabliertes Restaurant an der Ostspitze der Insel, das besonders auf seine Lammgerichte und Meeresfrüchte wie Krabben und Hummer stolz ist (Mo geschl.).

The Spyglass Inn, Esplanade, Ventnor, Tel. 019 83/85 53 38. Charaktervolles Pub mit außergewöhnlicher Speisekarte, auf der auch Krebse und Hummer zu finden sind.

The Wight Mouse Inn, Chale, Tel. 019 83/73 04 31. Das Landgasthaus aus dem 17. Jh. hat viel Atmosphäre zu bieten mit allabentlicher Livemusik. Ferner gibt es sechs *Real ales* und 365 Sorten Whisky.

24 New Forest

TOP TIPP *Idyllisches Gebiet für Wanderer, Radler und Reiter.*

William the Conqueror erklärte das 375 km² große Gebiet des New Forest, zwischen dem Fluss Avon und Southampton gelegen, zum Jagdgebiet des Königs. Mit dem Begriff *Forest* bezeichnete man zu jener Zeit noch Jagdreservate der Krone und nicht Waldgebiete. Auch heute trifft die Bezeichnung Wald nur in eingeschränktem Maße auf den New Forest zu, denn sein Baumbestand wurde seit dem Mittelalter arg dezimiert. Für den Bau von Häusern, Burgen und Schiffen benötigte man Holz in großer Menge. Die ausgedehnten Heide- und Weideflächen, die so entstanden, werden nun vor allem von Schafen und den berühmten *New Forest Ponies* bevölkert, in den abgelegeneren Regionen sind Rotwild und Wildschweine zu finden.

Der New Forest ist eines der großen **Wandergebiete** Südenglands, auch Radler und Pferdefreunde kommen hier natürlich auf ihre Kosten. Verwaltungszentrum ist die Kleinstadt **Lyndhurst** im nördlichen Teil. Im *Visitor Centre* des Ortes kann man sich mit dem nötigen Kartenmaterial versorgen. Ausgangspunkt besonders schöner Touren sind das südlich von Lyndhurst an der A 337 gelegene *Brockenhurst* sowie **Bucklers Hard** in der Südostecke des New Forest. In den Ziegelreihenhäusern dieses Städtchens lebten einst die Arbeiter, die hier zur großen Zeit des Segelschiffbaus vom ersten Drittel des 18. Jh. bis Mitte des 19. Jh. auf einer der bedeutendsten *Werften* des Landes beschäftigt waren.

Entlang des Beaulieu River kann man 4 km weit durch Eichenwälder bis zur Ortschaft **Beaulieu** spazieren: Hier ist der Forest auch tatsächlich ein Wald im üblichen Sinn. Am ›schönen Ort‹ gründeten Zisterzienser 1204 eine Abtei, die jedoch die Wirren der Reformation nicht überstand. Und bis heute sind Ruhe und Besinnlichkeit noch nicht wieder eingekehrt, denn wo Henry VIII. einst abreißen ließ, gründete Lord Montagu 1951 das **National Motor Museum** (Tel. 015 90/ 61 23 45, Mai–Sept. tgl. 10–18, Okt.–April bis 17 Uhr), eine der zwanzig touristischen Hauptattraktionen Großbritanniens – wenn man die Besucherzahlen zum Maßstab nimmt. Mehr als 250 Oldtimer, Rennwagen, berühmte Filmautos, Motorräder und Lastwagen sind hier ausgestellt und locken Jahr für Jahr etwa 400 000 Menschen nach Beaulieu – wenn auch zum Glück nicht in ganz so vielen Autos.

The Lord of the Wheels: Lord Montagu, der Gründer des National Motor Museum in Beaulieu

Praktische Hinweise

Information

Lyndhurst and New Forest Visitor Centre, Main Car Park, Lyndhurst, Tel. 023/80 28 22 69, Fax 023/80 28 44 04, www.thenewforest.co.uk

Hotels

♕♕♕♕ **The Master Builder's House**, Buckler's Hard, Beaulieu, Tel. 015 90/61 62 53, Fax 015 90/61 62 97, www.themasterbuilders.co.uk. Das Haus (25 Zi.) mit Gartenrestaurant liegt herrlich am Beaulieu River.

♕♕♕♕ **Whitley Ridge**, Beaulieu Road, Brockenhurst, Tel. 015 90/62 23 54, Fax 015 90/62 28 56, www.whitleyridge.co.uk. Mit einem hervorragenden Restaurant und Tennisplätzen im schönen Garten wartet das Hotel (14 Zi.) auf, im späten 18. Jh. war es eine Jagdhütte.

♕♕♕ **Cloud**, Meerut Road, Brockenhurst, Tel. 015 90/62 21 65, Fax 015 90/62 28 18, www.cloudhotel.co.uk. Man braucht nur einen Fuß vor die Tür des leuchtend weißen Hauses (16 Zi.) zu setzen, schon befindet man sich auf dem Wanderpfad.

♕♕ **Reepham House**, 12 Romsey Road, Lyndhurst, Tel./Fax 023/80 28 30 91. Große Zimmer in einem attraktiven viktorianischen Haus am Ortsrand.

Restaurant

Gordleton Mill, Silver Street, Hordle, Tel. 015 90/68 22 19. In einer ehem. Mühle aus dem 17. Jh. mit prachtvollem Garten 5,5 km nordwestlich von Lymington ist ein vorzügliches Restaurant mit kleinem Hotel (6 Zi.) zu finden. Provenzalische Küche auf höchstem Niveau, z. B. geräuchertes Rinderfilet mit Kressepürree oder Jakobsmuschelsalat mit Tomatensorbet und Zitronenvinaigrette (So abend/Mo sowie 1. Nov.-Hälfte geschl.).

Pub

The Green Dragon, Brook, Tel. 023/80 81 33 59. Strohgedecktes, urtümliches Pub aus dem 15. Jh. mit Garten in einem kleinen Ort an der B 3078 im Nordteil des New Forest.

25 Winchester

Plan Seite 60

Die Kathedrale in König Alfreds Hauptstadt.

Winchester, die Hauptstadt der Grafschaft Hampshire, war vom 9. bis 13. Jh. Kapitale von ganz England. Ihre Blütezeit erlebte die Stadt unter *Alfred dem Großen*, König der Angelsachsen, der 871–899 herrschte. Mit der normannischen Herrschaft über England begann der Niedergang Winchesters. Als im 13. Jh. die Münze an die Themse verlegt wurde, hatte das größere London der alten Hauptstadt endgültig den Rang abgelaufen.

Auf den Wiesen der parkähnlichen Domfreiheit im Zentrum der Stadt erhebt sich **Winchester Cathedral** (TOP TIPP) ① (Tel. 019 62/85 72 00, www.winchester-cathedral.org.uk, tgl. 8.30–18 Uhr). Im Vergleich zu den großen Gotteshäusern von Canterbury oder Wells wirkt die **Westfassade** [1] (zweite Hälfte 14. Jh.) der Kathedrale mit dem neunbahnigen Fenster und den achteckigen Türmchen zu beiden Seiten des Hauptschiffs eher schlicht. Der **Vierungsturm** [2] ist niedrig und stumpf. Die Kathedrale in ihrer heutigen Form wurde ab dem Jahr 1079 auf kreuzförmigem Grundriss errichtet. Der Bau, der erst in der zweiten Hälfte des 15. Jh. abgeschlossen wurde, betont die

◁ *Schlicht und ergreifend schön – auf den Wiesen der Domfreiheit*

Auf beinahe 170 m Länge fächert sich das Gewölbe der Kathedrale von Winchester auf

Horizontale. Der feuchte Untergrund ließ die Errichtung hoher Türme oder Kirchenschiffe ohnehin nicht zu.

So kunstlos Winchester Cathedral auf den ersten Blick erscheint, so sehr wird der Besucher von der Wirkung des **Innenraums** ergriffen. Wie das Rückgrat eines riesigen Fisches zieht sich das **Perpendicular-Gewölbe** über zwölf Joche durch das Langhaus – mit ihren 170 m ist die Kathedrale die längste mittelalterliche Kirche in Europa. Im **nördlichen Seitenschiff** [3] befinden sich Grab und Gedenkfenster *Jane Austens* (1775–1817), der Autorin so berühmter Romane wie *Emma*, *Sense and Sensibility* oder *Pride and Prejudice*, die in Winchester starb. Südlich des sechsten Joches der Nordwand ist eine Kostbarkeit hochmittelalterlicher Steinmetzkunst zu bewundern. Das **Taufbecken** [4] aus schwarzem Tournai-Marmor zeigt Szenen aus dem Leben des hl. Nikolaus. Am **Chor** [5] entlang geht es ins **nördliche Querschiff** [6], mit seinen Rundbögen und Würfelkapitellen ebenso wie das südliche noch aus frühnormannischer Zeit stammend. Die Fenster der **Dreikönigskapelle** [7] wurden 1909 von William Morris gestaltet. Die Wandmalereien (um 1230) der **Kapelle des hl. Grabes** [8] zeigen u. a. die *Verkündigung Mariä*, *Christi Geburt* und *Grablegung*. Zeugnis von der Holzschnitzkunst vergangener Jahrhunderte legen das prachtvolle

Der hl. Nikolaus stand Pate für das Taufbecken von Winchester Cathedral

Fächergewölbe des Vierungsturms (1635–40, Entwurf von Inigo Jones) und die *Miserikordien* des Chorgestühls (ca. 1308) ab, die Stützen an der Unterseite der Klappsitze. In bunt bemalten Holzsarkophagen auf dem **Lettner** [9] im Chor ruhen die Gebeine sächsischer Monarchen, der Könige von Wessex, deren Grablege ab dem 7. Jh. zwei Vorgängerbauten der heutigen Kathedrale waren, die nördlich des heutigen Langhauses standen. Im **Retrochor** [10], ebenso wie die **Marienkapelle** [11] vom Ende des 12. bis zur Mitte des 13. Jh. im Early English Style errichtet, ist die größte erhaltene Fläche mittelalterlicher *Fußbodenkacheln* zu sehen.

Zu Beginn des 20. Jh. musste Winchester Cathedral durch ein neues Fundament aus Beton und Ziegeln abgestützt werden. Aus der Not – die **Krypta** [12] wird auch heute noch von Wassereinbrüchen heimgesucht – machte der Bildhauer Antony Gormley 1992 schließlich eine ästhetische Tugend. Seitdem steht unter dem normannischen Gewölbe *Sound II*, eine lebensgroße Bleifigur, in ihr Spiegelbild und die Stille eines Ortes versunken, an dem kein Schritt hallt.

Im Mittelalter war Winchester eines der Zentren der europäischen *Buchmalerei* – und mit der Bibel, deren Gestaltung Bischof Henry of Blois um die Mitte des 12. Jh. in Auftrag gab, erreichte diese Kunst ihren Höhepunkt. In Pflanzenfarben und Blattgold erstrahlen die Initialen der **Winchester Bible** in der **Dombibliothek** [13] mit ihren 3000 wertvollen Büchern im südlichen Querschiff.

Die College Street trennt den Cathedral Precinct vom südlich gelegenen Gelände des von einer hohen Feuersteinmauer umgebenen **Winchester College** 2 (Tel. 019 62/62 12 09, www.winchestercollege.org, Führungen: Mo/Mi/Fr/Sa 10.45, 12, 14.15, 15.30, Di/Do 10.45, 12, So 14.15 und 15.30 Uhr). Diese älteste *Public School* (Privatschule) Englands wurde 1384 von Bischof William of Wykeham gestiftet. Die meisten Gebäude auf dem Campus sind jüngeren Datums, der Komplex wurde z. B. ab Ende des 19. Jh. nach Süden hin erweitert. Bis auf den heutigen Tag ist Winchester College eine der prestige-

Winchester Cathedral

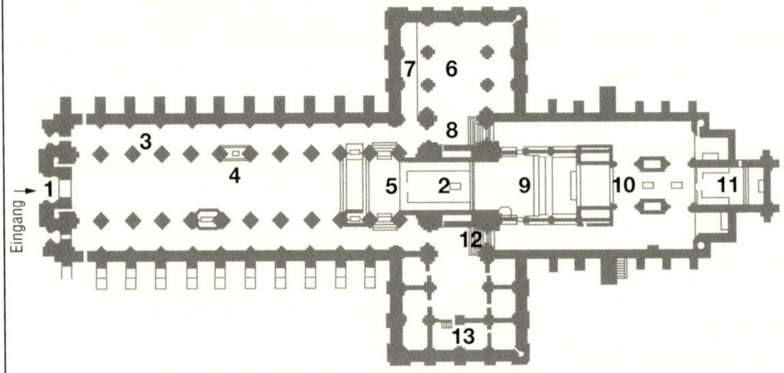

1 Westfassade
2 Vierungsturm
3 Nördl. Seitenschiff
4 Taufbecken
5 Chor
6 Nördl. Querschiff
7 Dreikönigskapelle
8 Kapelle des hl. Grabes
9 Lettner
10 Retrochor
11 Marienkapelle
12 Krypta
13 Dombibliothek

Durch die Kirchenfenster leuchtet das Licht der alten Dame und ihrem geistlichen Beistand

trächtigsten Bildungseinrichtungen des Landes geblieben – und erhalten hat sich auch die Sitte der Schüler, ihre Namen in die Säulen des *Kreuzganges* zu ritzen.

In östlicher Richtung führt die College Street an **Wolvesey Palace & Castle** 3 (EH, Tel. 014 24/77 57 05, April–Sept. tgl. 10–17 Uhr) vorbei, den Ruinen zweier befestigter Bischofsresidenzen des 12. bzw. 17. Jh. Wolvesey Palace wurde von *Chris-topher Wren* aus den Steinen des benachbarten mittelalterlichen Castle errichtet – und im 19. Jh., nachdem der Bischofssitz nach Farnham südwestlich von London verlegt worden war, weitgehend abgerissen.

Die Straße überquert den *Itchen*, an dem entlang ein schöner Spazierweg zum etwa 1 km südlich gelegenen **Hospital St. Cross** 4 (Tel. 019 62/87 82 18, April–Okt. Mo–Sa 9.30–17, Nov.–März Mo–Sa 10.30–15.30 Uhr) führt. Bischof Henry of Blois gründete dieses älteste Armenhaus Englands 1136. 1446 wurde die Einrichtung um den *Order of Noble Poverty* erweitert, einen Orden für verarmte Adlige, dem 25 Mitglieder beitraten. Den mittellosen Aristokraten oblag die Speisung der Ärmsten der Armen, die an der Tür des Hospitals um ›a horn of beer and a crust of bread‹ ersuchen konnten, ein Almosen, das auch heutigen Besuchern von *Kirche* (zweite Hälfte des 12. Jh.) und *Speisesaal* zusteht. Der Wohntrakt der Ordensbrüder, nunmehr Altersheim, ist nicht zugänglich.

Auf gleichem Weg geht es in die Stadt zurück, ein Stück weiter am Fluss entlang bis zur City Bridge. Hier überspannt die **City Mill** 5 (NT, Tel. 019 62/87 00 57, April/Juli–Dez. tgl. 11–17, Juni Mi–So 11–17, März Sa/So 11–17 Uhr) den Itchen. An dieser Stelle ist bereits im 11. Jh. eine Mühle des Benediktinerinnenklosters Wherwell erwähnt. Die jetzige Wassermühle wurde nach Plänen von 1743 aufwendig restauriert und arbeitet seit März 2004 wieder. Eine interessante Ausstellung informiert sowohl über Geschichte und Technik der Mühle als auch über den Fluss. Bevor es weitergeht, kann man sich im Garten auf der Flussinsel etwas ausruhen.

Neben der Mühle steht die **Bronzestatue Alfreds des Großen** 6, der – in würdevoller Pose, mit erhobenem Schwert, eine Hand auf dem Schild –, seit 1901 Broadway und High Street hinaufschaut. Vorbei an der viktorianischen **Guildhall** 7, dem früheren Rathaus, in dessen Erdgeschoss sich nun die Touristeninforma-

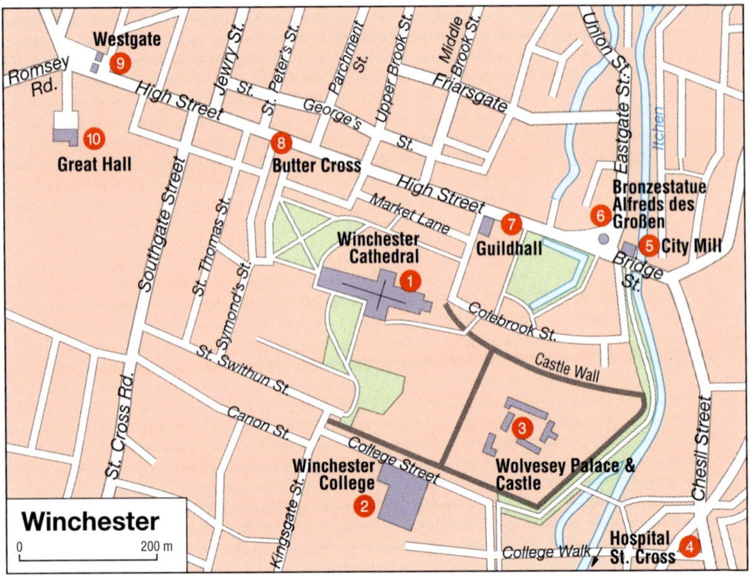

tion befindet, gelangt man zum **Butter Cross** 8, einem gotischen Marktkreuz aus dem 15. Jh., zu dessen Figurenprogramm u. a. Bischof Wykeham und König Alfred gehören. Ein Stück weiter die High Street hinauf kommt schon das **Westgate** 9 in Sicht, ein Stadttor aus dem 13. Jh., das im 17. Jh. als Schuldturm diente und heute ein kleines *Museum* (Tel. 0 19 62/ 84 82 69, April–Okt. Mo–Sa 10–17, So 12–17 Uhr, Febr./März Di–Sa 10–16, So 12–16 Uhr) zum Thema *Maße und Gewichte* beherbergt. Hier wendet man sich nach links. Wo heute die modernen Bauten der Grafschaftsverwaltung stehen, befand sich einst *Winchester Castle*, eine Burg, die Henry III. im 13. Jh. errichten und Oliver Cromwell nach dem Bürgerkrieg zerstören ließ, da sie der Belagerung der Parlamentstruppen für seinen Geschmack zu lange standgehalten hatte. Verschont blieb nur die **Great Hall** 10 (Tel. 019 62/ 84 64 76, Mitte Febr.–Mitte Okt. tgl. 10–17, sonst bis 16 Uhr) ein *Double cube room* (55 Fuß breit, 55 Fuß hoch und 110 Fuß lang), der nun wieder dem Andenken eines Königs gewidmet ist. An der westlichen Stirnwand hängt *King Arthur's Round Table*, angeblich der Tisch der Ritter der Tafelrunde, doch wissenschaftliche Analysen haben ergeben, dass er höchstens 600 Jahre alt ist. *Queen Eleanor's Garden*, ein 1986 nach mittelalterlichen Vorbildern angelegter stimmungsvoller Kräutergarten, schließt sich im Süden an.

i Praktische Hinweise

Information

TIC, Guildhall, The Broadway, Winchester, Tel. 019 62/84 05 00, Fax 019 62/ 85 03 48, www.visitwinchester.co.uk

Hotels

♔♔♔♔♔ **Winchester Royal**, St. Peter Street, Winchester, Tel. 019 62/84 08 40, Fax 019 62/84 15 82, www.forestdale.com. Die ehem. Bischofsresidenz ist seit fast 150 Jahren Hotel (75 Zi.). Wenige Schritte von High Street und Kathedrale entfernt, in einer ruhigen Seitenstraße. Exzellentes Restaurant, britische Küche, französischer Einschlag.

♔♔ **Dawn Cottage**, 99 Romsey Road, Winchester, Tel. 019 62/86 99 56, dawncottage@hotmail.com. Hübsches kleines Bed & Breakfast (4 Zi.) über dem Tal des Itchen. Nur für Nichtraucher.

Wykeham Arms, 75 Kingsgate Street, Winchester, Tel. 019 62/85 38 34, Fax 019 62/85 44 11. Kleines (14 Zi.) traditionelles *Inn* aus dem 18. Jh., ganz im Stil jener Zeit ausgestattet. Mit Sauna, schönem Garten und sehr gutem Restaurant.

Restaurants

Hotel du Vin & Bistro, 14 Southgate Street, Winchester, Tel. 019 62/84 14 14. Beliebtes, stimmungsvolles Weinbistro, hervorragende Gerichte; mit Hotel.

Le Café de Paris, 5 Jewry Street, Winchester, Tel. 019 62/86 00 06. Die Brasserie bietet französisches Flair und entsprechende Gerichte.

Reflections, 9 Great Minster Street, Winchester, Tel. 019 62/86 40 04. Bar und Restaurant mit britischer und moderner internationaler Küche, auch Frühstück.

26 Salisbury

Die zum Himmel strebende Kathedrale.

Die Keimzelle der Besiedlung der weiten Ebene, Salisbury Plain, bildete ursprünglich nicht Salisbury selbst, sondern das 3 km nordwestlich der heutigen Hauptstadt von Wiltshire gelegene **Old Sarum Castle** (Tel. 017 22/33 53 98, April–Juni/ Sept. tgl. 10–18, Juli/Aug. tgl. 9–18, Okt. tgl. 10–17, Nov.–März tgl. 10–16 Uhr), eine eisenzeitliche Hügelfestung. Römer und Sachsen nutzten sie in späteren Jahrhunderten, die Normannen errichteten innerhalb ihres doppelten Erdwalls, der den Wikingern getrotzt hatte, eine Burg und 1078 eine Kathedrale – die eine als Ruine, die andere in ihren Fundamenten heute noch zu sehen. Doch die Enge der alten Siedlung wurde immer bedrückender, die Wasserversorgung der Bewohner konnte nicht sichergestellt werden, und geistliche Herren und Garnisonskommandanten kamen nicht miteinander aus – so befahl Bischof Richard Poore 1220 schließlich die Errichtung einer neuen Stadt am Fuß des Hügels.

Salisburys schachbrettartiger Grundriss des 13. Jh. ist vor allem östlich des großen **Marktplatzes** noch gut erhalten, den zahlreiche Geschäfte und Cafés säumen. Einige Schritte von seiner Südostecke entfernt steht das gotische **Poultry Cross**, das einzig erhaltene der ursprünglich vier Marktkreuze, an dem früher Geflügel verkauft wurde. Auch heute noch ziehen die traditionsreichen *Wochenmärkte* Salisburys, das durch Tuch- und Wollhandel zu Wohlstand kam, jeden Dienstag und Samstag viele Besucher an.

Durch die High Street gelangt man zu dem im Perpendicular Style errichteten **North Gate**, dem wichtigsten der vier Tore zum *Cathedral Close*, der größten Domfreiheit Englands.

Ein Rechteck aus Häusern des 14.–18. Jh. umgibt in gemessenem Abstand **Salisbury Cathedral** (Tel. 017 22/55 51 21, www.salisburycathedral.co.uk, Juli/Aug. Mo–Sa 7.15–19.15, So 7.15–18.15, sonst tgl. 7.15–18.15 Uhr). Aus hellem Chilmark-Kalkstein in einer Bauzeit von nur 60 Jahren errichtet, ist die Kathedrale mit ihrer skulpturengeschmückten Westfassade das reinste Zeugnis des *Early English Style* – allein der Vierungsturm, mit 123 m der höchste Kirchturm Englands, kam 1330 hinzu. Im **Inneren** – das Hauptschiff ist mit 25 m ebenso hoch wie breit – herrschen klarste frühgotische Harmonie und eine einzigartige Einheit von Raum und Zeit: 8760 schlanke *Säulen* aus schwarzem Purbeck-Marmor, für jede Stunde des Jahres eine, ragen auf. Eine der ältesten *Uhren* Europas, 1386 im

Top Tipp

Hotels und Cafés säumen den großzügigen Marktplatz von Salisbury

Early English in Vollendung: im Langhaus von Salisbury Cathedral

Eroberung der Vertikalen

Die normannische Eroberung des Jahres 1066 bedeutete für England auch einen gewaltigen kulturellen Umbruch. Den Soldaten folgte der Klerus, und die normannischen Bischöfe ließen angelsächsische Kirchen abreißen und von ihren eigenen Baumeistern neue errichten. Was in England als **Norman Style** bezeichnet wird, entspricht also größtenteils dem romanischen Baustil des Kontinents.

Die Machtverhältnisse stabilisierten sich im Laufe der nächsten Jahrzehnte, Architektur brauchte nicht mehr als Ausdruck von Differenz und Überlegenheit herzuhalten. Man riss nicht mehr ab, sondern baute an und aus, sodass die meisten gotischen Kathedralen Englands normannische Reste bewahren.

Mit der Verbesserung der Steinbearbeitungstechnik sah man sich zu Beginn des 12. Jh. in der Lage, die althergebrachten Elemente des **Norman** zu variieren. Die großen Rundbögen wurden gebrochen, liefen spitz zu, und Strebebögen nahmen den nun schlankeren Säulen das Gewicht der in die Höhe strebenden Gewölbe ab. Diese frühe Epoche der Gotik nennt man **Early English**.

Vor allem die Stabilität des dunklen, glänzenden Purbeck-Marmors [s. S. 67] kam der Linienführung der Gotik entgegen. Man konstruierte kunstvolle Scheitelgewölbe, deren Rippen an Zahl immer mehr zunahmen. Die Kapitelle der Säulen wurden von den Steinmetzen mit besonderer Sorgfalt gestaltet und häufig mit üppigen Pflanzenornamenten verziert. Dementsprechend wird die zweite Phase der Gotik **Decorated Style** (um 1300–1350) genannt. In jener Epoche wurden an die meisten Kathedralen im Osten Marienkapellen angebaut, die Kirchenschiffe zweigeschossig aufgeführt, mit größeren Fenstern auch in den Obergaden, wodurch die wunderschön bemalten Schlusssteine der Gewölbe gut zur Wirkung kamen.

Die Stilepoche des **Perpendicular** ist als Reaktion auf die Verspieltheit des **Decorated** zu verstehen. Klare senkrechte Linien herrschen jetzt vor, Säulenbündel ragen auf und setzen sich in Fächergewölben fort. In den Seitenschiffen entstehen große rechteckige Kapellen. Dieser Stil lässt sich in Reinform vor allem in den Pfarrkirchen des späten 14. Jh. erkennen, die von wohlhabenden Kaufleuten und Händlern finanziert wurden, so etwa in den zahlreichen **Wool churches** des Südens. Üppige Verzierungen finden sich meist an Bänken und Chorgestühl.

Diese große Blütezeit des englischen Kathedralenbaus sollte im ersten Drittel des 16. Jh. zuende gehen.

Glockenturm installiert, den man 1790 wieder abriss, zeigt nun im nördlichen Seitenschiff die Zeit an, funktionstüchtig wie eh und je.

Der an der Südwestseite der Kathedrale anschließende **Kreuzgang** wurde ebenso wie das benachbarte **Kapitelhaus** (Juli/Aug. Mo–Sa 9.30–18.45, So 12–17.30 März–Juni/Sept./Okt. Mo–Sa 9.30–17.30, So 12–17.30, Nov.–Febr. 10–16.30, So 12–17.30 Uhr), nach dem Vorbild von Westminster Abbey in London gestaltet. Im Kapitelhaus wird eines der vier Originale der *Magna Charta* aufbewahrt, des Vertrages, mit dem König John 1215 Adelsprivilegien schriftlich garantierte.

Mit seinen vierbahnigen Fenstern, der Mittelsäule und der Rosette des Fächergewölbes wirkt das achteckige Gebäude wie ein steinernes Juwel, der kostbarste Ausdruck des großen Gedankens, der Salisbury Cathedral zugrundeliegt.

i Praktische Hinweise

Information

TIC, Fish Row, Salisbury, Tel. 01722/334956, Fax 01722/422059, www.visitsalisbury.com

Hotels

♔♔♔♔ **Red Lion**, 4 Milford Street, Salisbury, Tel. 01722/323334, Fax 01722/325756, www.the-redlion.co.uk. Seit 1230 wohnen hier im Zentrum von Salisbury Gäste – im ältesten als Hotel (54 Zi.) gebauten Haus des Landes.

♔♔♔ **Old Mill Hotel**, Town Path, Harnham, Tel. 01722/327517, Fax 01722/333367. Die Mühle (11 Zi.) aus dem 12. Jh. liegt in idyllischer Umgebung am Fluss Nadder 2 km südwestlich von Salisbury und bietet ihren Gästen ein eigenes Angelrevier.

Howard's House Hotel, Teffont Evias, Teffont, Tel. 01722/716392, Fax 01722/716820, www.howardshousehotel. com. Ruhiges, über 300 Jahre altes Hotel (9 Zi.) in einem Dorf 17 km westlich von Salisbury. Der Garten und vor allem das ausgezeichnete Restaurant (außer So nur *Dinner*) lohnen den Umweg.

Eine palladianische Brücke über einem englischen Flüsschen: im Park von Wilton House

Restaurants

Coach and Horses, 39 Winchester Street, Salisbury, Tel. 01722/414319. Das traditionsreichste Gasthaus der Stadt, das nicht mehr nur mit typisch englischen Gerichten aufwartet.

Refectory Restaurant, Salisbury Cathedral, Salisbury, Tel. 01722/555175. Vom Frühstück bis zur Teatime kann man im einstigen Referktorium den fantastischen Blick durch das Glasdach auf die Kathedrale genießen, dazu frische Speisen und hausgebackenen Kuchen (tgl. 9.30–17.30 Uhr).

White Hart Hotel, 1 St. John's Street, Tel. 01722/327476. Das Restaurant bietet moderne britische Küche auf hohem Niveau in stilvollem Rahmen.

27 Wilton House

Große Kunst in prachtvollem barockem Rahmen.

Mitte des 17. Jh. errichtete Inigo Jones für seinen Auftraggeber, den 4. Earl of Pembroke, 5 km westlich von Salisbury auf den Fundamenten eines Tudor-Hauses, das einem Brand zum Opfer gefallen war, Wilton House (Tel. 01722/746720, www.wiltonhouse.com, April–Sept. So–Fr 10.30–17.30 Uhr, Gärten tgl.). Hinter der recht schlichten Fassade des Hauses erwartet den Besucher die Verbindung von barocker Üppigkeit der *Ausstattung* mit geradezu exemplarisch vorexerziertem Gespür für Maß und Zahl, Raum und Proportion. So schmücken Gemälde von

Anthonis van Dyck (1599–1641) die weißlackierten, fichtenholzgetäfelten Wände des **Double Cube Room** (30 Fuß hoch und breit, 60 Fuß lang). Blattgold schimmert auf Möbeln und den Früchte- und Blumengirlanden, die sich bis unter die Decke mit ihren mythologischen Gemälden ranken – ein barockes Arkadien, bestehend aus sieben Staatsgemächern. Zum Idealbild einer Zeit schaut man im **Single Cube Room** auf, einem Zimmer mit 30 Fuß Seitenlänge. Das Deckengemälde zeigt Szenen aus Sir Philip Sidneys Romanze ›*Arcadia*‹, 1580 im Tudor-Haus von Wilton begonnen, in dem die größten *Dichter* ihrer Zeit ein und aus gingen: Ben Jonson, John Donne und vermutlich auch Shakespeare, dessen erste Folio-Werkausgabe William und Philip, den Söhnen des Earl of Pembroke, gewidmet ist.

Die Familie wurde nicht nur mit literarischen Werken bedacht, sie sammelte auch **Gemälde**. So sind in Wilton House u. a. Bilder von Rembrandt, Frans Hals, Rubens und Sir Joshua Reynolds zu sehen sowie die 55 Gouachen der Pferde der Spanischen Hofreitschule, 1755 vom Reitlehrer Kaiser Franz' I., Baron Reis von Eisenberg, gemalt.

Doch auch die Pembrokes selbst haben der Nachwelt ein Kunstwerk hinterlassen, eine **Brücke** im palladianischen Stil, 1737 vom 9. Earl entworfen. Klassizistisch-wohlproportioniert überspannt sie den Fluss Nadder im Park von Wilton House.

28 Stonehenge

TOP TIPP *Der berühmteste Steinkreis der Welt.*

Spekulationen, Fantasien und Sehnsüchte ranken sich um Stonehenge (EH, Tel. 017 22/34 38 34, 16. März–Mai/Sept.–15. Okt. tgl. 9.30–18, Juni–Aug. 9–19, 16. Okt.–15. März 9.30–16 Uhr), die rund 5000 Jahre alte *neolithische Kultstätte* unweit der vielbefahrenen A 303 nördlich von Salisbury. Über ihre Baugeschichte konnten die Wissenschaftler inzwischen einiges in Erfahrung bringen, die Bedeutung der Monolithen bleibt aber umstritten.

In einer ersten Bauphase vor rund 5000 Jahren wurde ein äußerer Wall aufgeschüttet, dahinter ein Graben ausgehoben und im Inneren der Anlage ein Kreis von 56 Löchern angelegt, in denen man Holzreste und menschliche Asche fand. Vor den nordöstlichen Zugang des Walles wurde der **Heel Stone**, der Sonnenstein (griech. *helios*), gesetzt.

Vor etwa 4500 Jahren begann man innerhalb des Walls mit der Aufstellung einer Doppelreihe von etwa 2 m hohen und 4 t schweren **Bluestones**, Basaltsteinen, die man vermutlich auf Schlitten aus den 350 km entfernten walisischen *Preseli Hills* herbeischaffte – oder hatte ein Gletscher der letzten Eiszeit die gewaltigen Monolithe hierher transportiert?

Etwa 200 bis 300 Jahre später richtete man – vermutlich mit Hilfe langer Stangen – die 30 (heute stehen noch 17) im Schnitt 4 m aufragenden und 25 t schweren **Sarsens** des äußeren Rings auf, Sandsteinfindlinge aus den *Marlborough Downs*, 30 km nördlich von Stonehenge. 7 t schwere **Hanging Stones**, Decksteine, denen Stonehenge seinen Namen verdankt und die man mit Hilfe von Holzgerüsten zentimeterweise in die Höhe wuchtete, plazierte man auf den Sarsen.

Im Inneren der beiden Steinkreise sind in Hufeisenform fünf **Trilithen** angeordnet, jeweils zwei stehende Steine mit einem

Hanging Stones und schwere Wolken: die Geschichte von Stonehenge liegt zu einem beträchtlichen Teil noch im dunkeln ▷

Deckstein. Im Zentrum der Anlage befindet sich schließlich ein großer **Altarstein**.

Von Nordosten führt der sog. **Prozessionsweg** in den Kreis, ursprünglich durch den Heel Stone sowie drei Portalsteine markiert, von denen nur noch einer, der **Slaughter Stone**, Opferstein, erhalten ist.

Außerhalb des Walles fand man über 300 *Hügelgräber* aus der Mitte des 2. Jt. v. Chr., deren Beigaben darauf schließen lassen, dass Stonehenge zu jener Zeit die Grabstätte der Fürsten der sog. Wessex-Kultur war.

Am Morgen des **21. Juni** geht die Sonne, vom Altarstein aus gesehen, genau über dem Heel Stone auf. Der Prozessionsweg folgt dieser Achse. Die Position des Sonnenaufgangs zur Wintersonnenwende wird vom zentralen Trilithen markiert – Stonehenge diente also wohl als präziser **astronomischer Kalender** und war wahrscheinlich Zentrum eines *Sonnenkultes*. Alles andere sind Spekulationen, die freilich auch 3600 Jahre, nachdem der Niedergang der Stätte einsetzte, um die Steine wallen und wabern wie die Gewänder verzückter New-Age-Druiden, deren keltische Vorgänger mit diesem Ort ganz sicher nichts zu tun hatten.

Wegen rigoroser Absperrungen können Besucher (es sind etwa 800 000 im Jahr) das alte Kunstwerk nur noch aus der Ferne betrachten. Die britische Regierung rief 2004 mit ihren Plänen, einen Straßentunnel unter der Kultstätte hindurchzuführen auf heftige Proteste. Die derzeitigen Pläne sehen vor, die stark frequentierten Straßen A 303 und A 344 in Tunneln an der Kultstätte vorbeizuführen. Außerdem soll 3 km entfernt, bei Countess East, ein modernes Visitor Centre gebaut werden.

29 Wimborne Minster

Eine diebstahlsichere Bibliothek.

So stolz ist die hübsche Kleinstadt nordwestlich von Bournemouth auf ihre Kirche, dass sie sich nach ihr benannte. Über vier Jahrhunderte, vom frühen 12. bis ins späte 15. Jh., und vier Stilepochen erstreckt sich die Baugeschichte des Wimborne Minster (Tel. 012 02/88 47 53, www.wimborneminster.org.uk, Mo-Sa 9.30–17.30, So 14.30–17.30 Uhr). Das Hauptschiff wird von normannischen Säulen getragen, die Fenster des Chores entstanden im Early English Style, Seitenschiffe und Krypta im Decorated Style, Obergaden und Westturm schließlich im Perpendicular.

Oberhalb der Sakristei befindet sich die *Chained Library* (s. o., im Winter nur Sa 10–12.30 Uhr), deren 450 Bände in Vitrinen

Hoffentlich hat niemand das Sonnenöl vergessen – Sommer in Bournemouth

oder mit Hilfe der Ketten, denen die Bibliothek ihren Namen verdankt, gegen allzu forsche Ausleiher geschützt sind. Herausragende Stücke der Sammlung sind ein Exemplar von Sir Walter Raleighs *Weltgeschichte*, wertvolle *Bibelausgaben* sowie griechische und römische Klassiker.

30 Christchurch, Bournemouth und Poole

Typisch britische Badevergnügungen am kilometerlangen Sandstrand.

Mit Bournemouth, der größten Stadt Dorsets, ist **Christchurch** schon fast zusammengewachsen. Die Pfarrkirche **Christchurch Priory** (Tel. 012 02/48 86 45, www.christchurchpriory.org, Mo–Sa 9.30 –17, So 14–17 Uhr), 1094 begonnen, verfügt über kathedralenähnliche Ausmaße. Wie auf einer riesigen Schautafel lässt sich vor allem in den kunstvollen Verzierungen der *nördlichen Seitenfassade* normannische Baukunst studieren – und im Kircheninneren erwartet den Besucher mit dem großen *Altarretabel* eines der schönsten Bildwerke des Decorated Style.

Bournemouth, erst 1810 gegründet, liegt an einer auf beinahe 5 km Länge von *Sandstrand* gesäumten Bucht und ist daher seit langem eine Hochburg sommerlichen Badevergnügens. Für Zerstreuung sorgen Spielhallen, Frittenbuden, Souvenirläden und die abendlichen Musik- und Comedy-Shows. Die Straßen dieses urbritischen Urlaubsorts bevölkern junge Leute aus aller Herren Länder, denn Bournemouth ist eines der *Sprachschulzentren* des Landes.

Am Stadtrand der westlichen Nachbarstadt **Poole** liegt der **Compton Acres Garden** (März–Okt. tgl. 10–18 Uhr), der aus zehn unterschiedlich gestalteten Einzelgärten besteht, von denen niemals zwei zur gleichen Zeit eingesehen werden können. Der *Italienische Garten* besticht durch seine Symmetrie, der Fels- und Wassergarten durch rustikale Brücken und Seerosenteiche, der *Japanische Garten* durch kleine Bachläufe, originale Steinlaternen und ein Teehaus.

Wer dem Ferientrubel entgehen will, sollte **Brownsea Island** im großen Naturhafen von Poole aufsuchen. Die Insel wird vom National Trust verwaltet, der *Exkursionen* (NT, Tel. 012 02/70 77 44, Aug. 10–18, April–Juli/Sept. 10–17, Okt. 10–16 Uhr; Fähren von Poole Quay, Sandbanks oder Bournemouth Pier) durch den unter Naturschutz stehenden Teil anbietet. Er dient *Seevögeln* als Lebensraum und Brutgebiet.

i Praktische Hinweise

Information

TIC, Westover Road, Bournemouth, Tel. 09 06/8 02 02 34, Fax 012 02/45 47 99, www.bournemouth.co.uk

TIC, 23 High Street, Christchurch, Tel. 012 02/47 17 80, Fax 012 02/47 68 16, www.christchurchtourism.info

Poole Welcome Centre, The Quai, Poole, Tel. 012 02/25 32 53, Fax 012 02/68 45 31, www.pooletourism.com

Hotels

♔♔♔♔ **Langtry Manor**, 26 Derby Road, East Cliff, Bournemouth, Tel. 012 02/ 55 38 87, Fax 012 02/29 01 15, www.langtrymanor.com. Das traditionsreiche, elegante Haus mit Garten bietet luxuriöse Zimmer und hervorragendes Essen.

♔♔♔♔ **The Connaught**, West Hill Road, West Cliff, Bournemouth, Tel. 012 02/ 29 80 20, Fax 012 02/29 80 28, www.theconnaught.co.uk. Mittelgroßes (56 Zi.), in Qualität und Preis gleichermaßen empfehlenswertes Hotel mit Sport- und Fitnessangeboten.

♔♔♔ **Bay View**, Southbourne Overcliff Drive, Bournemouth, Tel. 012 02/42 93 15, Fax 012 02/42 96 15. Preiswertes kleines Hotel auf den Klippen über der Bucht.

♔♔ **Viewpoint**, 11 Constitution Hill, Parkstone, Poole, Tel. 012 02/73 35 86, www.viewpoint-gh.co.uk. Sehr hübsches kleines Gästehaus.

Restaurants

Bistro On The Beach, Solent Promenade, Southbourne Coast Road, Bournemouth, Tel. 012 02/43 14 73. Stilvolles Café in schöner Lage am Wasser, das sich abends in ein preisgeköntes Bistro verhandelt.

Bournemouth Tandoori, 8 Holdenhurst Road, Bournemouth, Tel. 012 02/29 62 04. Alteingesessenes und preisgekröntes indisches Restaurant, dessen Spezialitäten, darunter die cremigen, milden Curries, sehr zu empfehlen sind.

Harry Ramsdens, East Beach, Undercliff Drive, Bournemouth,Tel. 012 02/29 58 18. Köstliche Fish & Chips, gute Vorspeisen und verführerische Desserts – alles mit Meeresblick – bietet dieses beliebte Lokal.

The Mansion House, Thames Street, Poole, Tel. 012 02/68 66 66. Klassische englische Küche mit modernen Tendenzen in angenehmem Ambiente machen dieses ausgezeichnete Restaurant zu einem Genusserlebnis – nicht zu vergessen, Fisch, Meeresfrüchte und Hummer.

31 Isle of Purbeck

Fruchtbares Land und die Heimat eines Wüstenhelden.

Der Beiname ›Insel‹ bezieht sich nicht auf die geographischen Gegebenheiten der vor allem für die Weidewirtschaft genutzten Landschaft jenseits der Bucht von Poole, sondern auf die politischen Verhältnisse, die auf der Isle of Purbeck zur Zeit des mittelalterlichen Kathedralenbaus herrschten.

Der muscheldurchsetzte Kalkstein der Gegend wurde damals durch Polieren in den dunklen **Purbeck-Marmor** verwandelt, aus dem etwa die Säulen von Salisbury Cathedral [s. S. 61] bestehen. Und die begehrten Steinbrüche waren nur über eine einzige Straße zu erreichen, die durch *Corfe Castle* führte, wo beim Burgkommandanten Wegezoll für das Betreten der Insel abzuliefern war.

Heute zieht es vor allem Wanderer, Radlfahrer und Badeurlauber auf die abwechslungsreiche (Halb-)Insel, deren sanfte Hügel, von Wald, Heide und üppigen Wiesen bedeckt, an Kreideklippen und Sandstränden enden.

Die kleine Marktgemeinde von **Wareham** im Nordwesten der Isle of Purbeck steht ganz im Zeichen von **Thomas Ed-**

Aus der großen wüsten Welt zurück ins friedliche Städtchen: in der Dorfkirche von Wareham wurde Lawrence von Arabien ein Grabdenkmal gesetzt

Ein Tor für Wind und Meer – Durdle Door auf der Isle of Purbeck

ward Lawrence (1888–1935), besser bekannt als *Lawrence von Arabien*. Der studierte Archäologe und Orientalist avancierte im Ersten Weltkrieg zum berühmtesten Agenten des Britischen Geheimdienstes. Lawrence gelang es, die bis dahin heillos zerstrittenen Araberstämme für den Kampf gegen die türkischen Besatzer zu einen, die Verbündeten des Deutschen Reiches und Kriegsgegner Englands. In der schlichten Dorfkirche **St. Martin** mit ihren Wandmalereien aus dem 12. Jh. findet man Lawrences *Steinsarkophag* mit einer Liegefigur in arabischem Gewand, den Kopf auf einen Kamelsattel gebettet – das Grabdenkmal wurde 1935 von Eric Kennington geschaffen. Doch die Gebeine des Wüstenhelden ruhten nie hier. Näher kommt man ihnen bei einem Nachmittagskaffee im *Anglebury House* (Tel. 019 29/55 29 88), einem kleinen Hotel in der North Street, das den Besucher passenderweise mit einem Skelett im Parterrefenster empfängt. Im Coffee Shop steht immer noch der Tisch, an dem Lawrence im Sommer 1923 oft an ›*The Seven Pillars of Wisdom*‹ schrieb, dem ebenso spannenden wie literarisch reizvollen Bericht der Ereignisse der Kriegsjahre im Nahen Osten.

Lawrences tatsächliches Grab findet man auf dem Friedhof von **Moreton**, einem Dorf 15 km westlich von Wareham. Nach dem Ersten Weltkrieg diente der Colonel auf eigenen Wunsch, enttäuscht von der britischen Hegemonialpolitik – der es nur insoweit um die Selbstbestimmung der Araber ging, als sie den Interessen des Empire dienlich war –, als einfacher Soldat in der Royal Air Force. Die letzten Jahre seines Lebens verbrachte er in **Clouds Hill** (NT, Tel. 019 29/40 56 16, April–Okt. Do–So 12–17 Uhr), einem spartanisch eingerichteten Cottage einige Kilometer nördlich. Er lebte in Abgeschie-

Wie ein Steinbruch thront die Ruine von Corfe Castle über der gleichnamigen Ortschaft

Wanderlust

Ein Netz gut ausgeschilderter **Fernwanderwege**, in bequem zu bewältigende Tagesetappen von 15 bis 35 km aufgeteilt, durchzieht die Grafschaften Südenglands. Vor allem Somerset, Dorset, Cornwall und Devon bieten sich für einen Wanderurlaub an, denn an ihren Küsten verläuft auf 962 km Länge von Minehead am Rande des Exmoor über Land's End im äußersten Südwesten bis nach Poole westlich von Bournemouth der **South West Coast Path** (South West Coast Path Association, Tel. 017 52/89 62 37, Fax 017 52/89 36 54 www.swcp.org.uk). Der bekannteste Fernwanderweg des zentralen Südens ist der 170 km lange **South Downs Way**, der von Winchester zu den Klippen von Beachy Head bei Eastbourne führt. Der **Exe Valley Walk**, durch ein beschauliches Flusstal verlaufend, verbindet Exeter mit dem 72 km nördlich gelegenen Hawkridge. Die Tourist Information Centres von Winchester und Exeter halten Kartenmaterial zu den jeweiligen Routen bereit und sind bei der Unterkunftsuche behilflich.

Verschiedene alte Wanderwege verbindet der **Tarka Trail** (North Devon Marketing Bureau, Tel. 012 71/32 30 30, Fax 012 71/32 32 21, www.northdevon.com) in Devon. Insgesamt 280 km lang ist der Weg, dessen nördliche Schleife von Barnstaple über Ilfracombe und Lynton zurück nach Barnstaple führt, von wo aus man in südlicher Richtung über Bideford und Okehampton nach Eggesford wandern kann. Hier nimmt man dann den Zug zurück nach Barnstaple. Ein 65 km langer Abschnitt des Tarka Trail ist auch als Radwanderweg sehr beliebt, und entlang der Route können allenthalben Räder gemietet werden.

Wanderer sollten einige Grundregeln beachten: Der **Country Code** schreibt z. B. vor, kein Feuer zu entzünden, alle Gatter nach dem Durchqueren wieder zu schließen, Hunde an der Leine zu führen, auf den Wegen zu bleiben und sich von weidenden Tieren fernzuhalten, Zäune und Hecken nur an den Übersteigen zu passieren und Abfälle mit nach Hause zu nehmen.

denheit und innerer Emigration, ein britischer Beduine in den grünen Hügeln der Isle of Purbeck, der am 13. Mai 1935 mit seinem Motorrad in der Nähe von Clouds Hill tödlich verunglückte.

8 km südöstlich von Wareham befindet sich die romantische Burgruine von **Corfe Castle** (NT, Tel. 019 29/48 12 94, April–Sept. tgl. 10–18, März/Okt. tgl. 10–17, Nov.–Febr. 10–16 Uhr). Die große normannische Befestigungsanlage, König Charles I. unterstehend, wurde im Bürgerkrieg belagert und fiel 1645 durch Verrat in die Hände der Parlamentstruppen. Anschließend wurde sie gesprengt.

Mit ihren schiefergrauen Dächern ducken sich die Häuser des gleichnamigen *Ortes* der Steinbrucharbeiter und Steinmetzen am Fuße des Hügels von Corfe Castle.

Der beliebte Badeort **Swanage**, mit rund 8000 Einwohnern die größte Gemeinde der Region, bietet sich als Ausgangspunkt für Wanderungen durch die Heide- und Dünenlandschaft von *Studland Heath* im Osten der Isle of Purbeck an. In der anderen Richtung, etwa 15 km südwestlich von Swanage, erreicht man die – leider von militärischem Sperrgebiet umgebene – Bucht von **Lulworth Cove**. Wie auf der Freiluftgalerie eines botanischen Museums ist hier mitten in den Klippen der **Fossil Forest** zu bewundern, ein versteinerter Wald tropischer Pflanzen, die vor Millionen von Jahren hier wuchsen. Etwa 1 km westlich davon ragt am sandigen Badestrand das Kreidefelsentor **Durdle Door** aus dem Meer.

i Praktische Hinweise

Information

TIC, The White House, Shore Road, Swanage, Tel. 019 29/42 28 85, Fax 019 29/42 34 23, www.swanage.gov.uk

TIC, Trinity Church, South Street, Wareham, Tel. 019 29/55 27 40, Fax 019 29/55 44 91, www.purbeck.gov.uk

Hotels

♔♔♔♔ **Mortons House**, 45 East Street, Corfe Castle, Tel. 019 29/48 09 88, Fax 019 29/48 08 20, www.mortonshouse.co.uk. Prachtvolles, 400 Jahre altes Haus (16 Zi.), zu Ehren Elizabeths I. in E-Form gebaut. Gehobene einheimische Küche. Service und Atmosphäre sind im besten englischen Sinne *formal*.

♔♔♔ **Cromwell House**, Lulworth Cove, Tel. 019 29/40 02 53, Fax 019 29/40 05 66, www.lulworthcove.co.uk. Kleines Hotel an der Bucht. Mit Garten, Pool und Restaurant, in dem man frischen Fisch, Hummer und Krebse sowie traditionellen *Dorset cream tea* genießt.

♔♔♔ **Purbeck House**, 91 High Street, Swanage, Tel. 019 29/42 28 72, Fax 019 29/ 42 11 94, www.purbeckhousehotel.co.uk. Ehem. Konvent (38 Zi.) nur ein paar Schritte vom Meer entfernt mit großem Garten und zwei Restaurants.

Restaurant

The Galley, 9 High Street, Swanage, Tel. 019 29/42 72 99. Breites Angebot an fantasievoll zubereitetem Fisch und Meeresfrüchten, aber auch Fleisch und Wild; ordentliche Weinkarte.

32 Dorchester

Im Thomas Hardy Country.

Dorchester (15 000 Einw.), die kleine Hauptstadt der Grafschaft Dorset, und seine Umgebung sind Thomas Hardy (1840–1928) Country, die Landschaft, in der einer der bedeutendsten englischen Schriftsteller des 19. und frühen 20. Jh. den größten Teil seines Lebens verbrachte und in der die Schauplätze seiner Romane zu finden sind. Gelassen, als alter Mann, die Beine übereinandergeschlagen, blickt Hardys **Bronzefigur**, von Eric Kennington geschaffen, die High West Street der Stadt hinab, die unter dem Namen *Casterbridge* zu literarischem Weltruhm gelangte. Im Alter hatte sich Hardy ganz der Lyrik zugewandt – vorbei waren die Jahre, in denen Romane wie ›*The Mayor of Casterbridge*‹, ›*Jude the Obscure*‹ und ›*Tess of the D'Urbervilles*‹ entstanden, deren Hauptfiguren in ihrem leidenschaftlichen Kampf gegen ein unbarmherziges, übermächtiges Schicksal so typisch sind für Hardys Weltsicht und Werk.

Ebenfalls in der High West Street vermittelt das interessante **Dorset County Museum** (Tel. 013 05/26 27 35, www.dorsetcountymuseum.org, Juli–Sept. tgl. 10–17 Uhr, sonst Mo–Sa 10–17 Uhr) einen Überblick über die Geschichte der Grafschaft seit der Jungsteinzeit und widmet dem berühmtesten Sohn der Stadt eine eigene Abteilung. So sind Manuskripte des Autors zu sehen und sogar sein Arbeitszimmer, in dem das Originalmobiliar so arrangiert ist, wie Thomas Hardy es zurückließ.

Mit Ausnahme einiger Jahre in London und Weymouth verbrachte Hardy sein ganzes Leben in Dorchester und Umgebung. In Higher Bockhampton, 2,5 km nordöstlich von Dorchester gelegen, ist **Hardy's Cottage** (NT, Tel. 013 05/26 23 66, April–Okt. So–Do 11–17 Uhr) zu besichtigen, ein strohgedecktes Häuschen am Waldrand, in dem der Autor geboren wurde. Möbel aus jener Zeit sind erhalten, und im verwilderten Garten fühlt man sich mitten in Hardys halb realem, halb traumhaftem *Wessex*, zu dem Dorset in seinen Romanen wurde.

Ein Backsteinbau in der Alington Avenue am südöstlichen Stadtrand von Dorchester, **Max Gate** (NT, Tel. 013 05/ 26 25 38, April–Sept. So/Mo/Mi 14–17 Uhr), war Thomas Hardys Alterswohnsitz. Er entwarf das Gebäude 1885 selbst, die Befähigung dazu hatte er bei seiner Architekturausbildung erworben. Einer testamentarischen Verfügung von Hardys Witwe zufolge ist das Haus weiterhin vermietet, sodass nur Ess- und Wohnzimmer zu sehen sind – mit wenigen persönlichen Gegenständen des Dichters. In der Heimaterde des Gartens ist übrigens Hardys bissiger Terrier *Wessex* begraben.

Die Asche des Dichters fand ihre letzte Ruhestätte in der *Poets' Corner* der Londoner Westminster Abbey, sein Herz wurde auf dem Friedhof von **Stinsford** zwischen Dorchester und Higher Bockhampton beigesetzt.

»Bedeckt mit einem dünnen grünen Tuch«, wie Hardy schrieb, erstreckt sich südlich von Dorchester die rund 5000 Jahre alte Hügelfestung von **Maiden Castle**. Die bis zu 27 m hohen, einst palisadenbewehrten Erdwälle der 800 m langen und knapp 400 m breiten Anlage hielten der römischen Militärmaschinerie nicht stand.

i Praktische Hinweise

Information

TIC, Antelope Walk, Dorchester, Tel. 013 05/26 79 92, Fax 013 05/26 60 79, www.westdorset.com

Hotels

♔♔♔ **Yalbury Cottage**, Lower Bockhampton, Dorchester, Tel. 013 05/

Wo das Meer Tag und Nacht mit Kieseln und Steinen spielt – Chesil Beach vor der Isle of Portland

26 23 82, Fax 013 05/26 64 12, www.yalburycottage.com. Reetgedecktes Hotel (8 Zi.) aus dem 17. Jh. in ruhiger Umgebung. Sehr gutes Restaurant.

♔♔ **The Casterbridge**, 49 High East Street, Dorchester, Tel. 013 05/26 40 43, Fax 013 05/26 08 84, www.casterbridgehotel. co.uk. Georgianisches Stadthaus mit 14 individuell eingerichteten Zimmern, Bibliothek und Wintergarten.

Restaurants

Judge Jeffreys, 6 High West Street, Dorchester, Tel. 013 05/26 43 69. Im 17. Jh. das Haus eines wegen seiner Blutrünstigkeit berüchtigten Richters, heute traditionell englisch in Einrichtung und Kochstil.

Rajpoot Tandoori, 43 High West Street, Dorchester, Tel. 013 05/25 74 92. In angenehmem Rahmen werden superbe indische Gerichte kredenzt.

33 Isle of Portland

Steinexport in die ganze Welt.

Südlich des kleinen Seebades *Weymouth*, das durch die Urlaubsaufenthalte Georges III. Ende des 18. Jh. ähnlich populär wurde wie Brighton zwei Jahrzehnte später durch die Besuche seines Sohnes, ragt die Isle of Portland ins Meer hinaus. Die 9 km lange und bis zu 3 km breite **Halbinsel** ist seit Beginn des 17. Jh. ein einziger gewaltiger *Steinbruch*, in dem der silbrigweiße **Portland-Kalkstein** für St. Paul's Cathedral und Banqueting House in London gewonnen wurde. Auch die Fassadenverkleidung des New Yorker UN-Gebäudes stammt von der englischen Südküste.

Nordwestlich der Isle of Portland erstreckt sich auf einer Länge von fast 30 km **Chesil Beach**, kein Badestrand, wie der Name vermuten lässt, sondern eine gewaltige Kiesbank. Donnernd brandet das Meer an die 9 m hohe und bis zu 200 m breite steinerne Barriere, seufzend ziehen die Wellen wieder ab.

Nordwestlich der Isle of Portland, kurz vor *Beaminster*, erreicht man **Parnham House** (Privatbesitz, nicht öffentl. zugänglich), 1540 errichtet und ab 1976 von seinem Eigentümer *John Makepeace*, Englands führendem Möbeldesigner, restauriert. In der Neugestaltung seiner Wohn- und Arbeitsstätte gelang Makepeace das Kunststück, historische Vorgaben mit modernem Design zu kombinieren. So schmückte er die elisabethanischen Gemächer des Hauses mit erlesenen Stühlen und Tischen, Schränken und Kabinetten, Klassikern der Moderne.

Praktische Hinweise

Information

TIC, King's Statue, The Esplanade, Weymouth, Tel. 013 05/78 57 47, Fax 013 05/78 80 92

Hotels

♔♔♔♔ **Rex**, 29 The Esplanade, Weymouth, Tel. 013 05/76 04 00, Fax 013 05/76 05 00, www.kingshotels.co.uk. Mittelgroßes Hotel (31 Zi.) mit preisgünstigem Restaurant im Zentrum der Stadt (in der Nachweihnachtswoche geschl.).

♔♔♔ **Bay Lodge**, 27 Greenhill, Weymouth, Tel. 013 05/78 78 15, Fax 013 05/78 28 28, www.baylodge.co.uk. Kleines, gut ausgestattetes und dennoch sehr preiswertes Hotel mit Meerblick am Ende der Esplanade.

♔♔ **Linton Cottage**, Abbotsbury, Tel. 013 05/87 13 39, www.lintoncottage.co.uk. Gemütliches Gästehaus im ruhigen Dorf auf halbem Weg zwischen Weymouth und Bridport. Zum Frühstück gibt's selbstgemachten Honig.

Restaurant

Riverside, West Bay, Bridport, Tel. 013 08/42 20 11. Ebenso berühmt für seine malerische Lage wie für die gute Küche: Fisch, Meeresfrüchte und vegetarische Speisen. Reservierung erforderlich (So abend und Mo geschl.).

34 Shaftesbury

Den goldenen Hügel hinan.

Der kleine Marktflecken kurz vor der nordwestlichen Grenze Dorsets zu Wiltshire war ab dem 9. Jh. Heimat einer Benediktinerinnenabtei, deren Grundbesitz einer der größten des ganzen Landes war. Alfred der Große hatte sie gegründet und seine Tochter *Elviga* als erste Äbtissin eingesetzt. Von **Shaftesbury Abbey** sind nur noch die Fundamente erhalten, denn nach der Schließung des Ordens im 16. Jh. verfiel die Anlage. Heute dokumentiert ein kleines interaktives *Museum* (Tel. 017 47/85 29 10, www.shaftesburyabbey.co.uk, April–Okt. tgl. 10–17 Uhr) die Geschichte. Auch von den zwölf mittelalterlichen Kirchen des Ortes ist nur eine einzige übriggeblieben – *St. Peter*, im Perpendicular-Stil erbaut. Neben ihr beginnt die kopfsteingepflasterte Straße namens **Gold Hill**, ein Inbegriff südenglischer Dorfromantik. Grün leuchten die Wiesen des *Blackmoor Vale* über die Dächer der alten Steinhäuser, die sich am steilen Hügel aneinanderlehnen. Nicht dem Edelmetall verdankt Gold Hill seinen Namen – der ursprüngliche, *Guildhall Hill*, Rathaushügel, brach einfach zu viele Zungen.

Praktische Hinweise

Information

TIC, 8 Bell Street, Shaftesbury, Tel. 017 47/85 35 14, Fax 017 47/85 05 93

Der kopfsteingepflasterte Gold Hill ist nicht der einzige goldene Hügel Dorsets – Abendstimmung in Shaftesbury

Hotels

♔♔♔ **Coppleridge Inn**, Motcombe, Shaftesbury, Tel. 017 47/85 19 80, Fax 017 47/85 18 58, www.coppleridge.com. 2 km nördlich von Shaftesbury. 10 schöne Zimmer auf einem umgebauten Bauernhof aus dem 17. Jh.

♔♔ **The Knoll**, Bleke Street, Shaftesbury, Tel. 017 47/85 52 43, Fax 017 47/85 05 59, www.pick-art.org.uk. Geräumiges viktorianisches Haus, das die Besitzer mit eigenen Kunstwerken dekoriert haben. Vom großen Garten aus genießt man schöne Blicke über die ländliche Umgebung.

Restaurant

La Fleur de Lys, Bleke Street, Shaftesbury, Tel. 017 47/85 37 17. Traditionelle englische Küche in Vollendung (So Abend geschl., Lunch auf Vorbestellung Mi–So ab 12 Uhr). Das Haus verfügt auch über 7 liebevoll gestaltete Zimmer.

35 Longleat House and Safari Park

TOP TIPP *Löwen und Elefanten jenseits von Afrika.*

Mit seinen 118 Zimmern ist **Longleat House** (Tel. 019 85/84 44 00, www.longleat.co.uk, April–Nov. tgl. 10–17.30, sonst tgl. 10–16.30 Uhr), etwa 20 km nordwestlich von Shaftesbury gelegen, eines der größten Landschlösser, die in frühelisabethanischer Zeit (zweite Hälfte 16. Jh.) gebaut wurden. Die *Fassade* des dreistöckigen, zwei Innenhöfe umschließenden Hauses aus hellem *Bath-Stein* ist durch horizontale Bänder, große Fenster und dezent hervorstehende Erker klar und streng gegliedert. Mit Ausnahme der *Great Hall* wurden die Räume im 19. Jh. einer umfassenden Renovierung unterzogen. Neben französischen Möbeln des 18. Jh. sind nun flämische Gobelins sowie *Gemälde* von Jacopo Tintoretto, Jacob van Ruisdael u. a. zu sehen.

1966 brüllten die ersten Löwen im **Safaripark** (April–Nov. tgl. 10–16, sonst Sa/So 10–15 Uhr) unter den Eichen des 1757 von Lancelot ›Capability‹ Brown angelegten Parks. Längst sind Tiger, Elefanten, Giraffen, Wasserbüffel, Antilopen, Wölfe etc. hinzugekommen – und für die Kleinen ein Streichelzoo. Jedes Jahr werden neue Attraktionen, ein neuer Irrgarten

Im Landschaftspark von Longleat House trifft man …

oder Spielplatz, eröffnet und Ballonfahrten veranstaltet – Longleat House ist ein Ausflugsziel für die ganze Familie.

36 Stourhead

TOP TIPP *Ein Landschaftsgarten als Ergebnis einer Bildungsreise.*

Engländer, die etwas auf sich hielten und es sich leisten konnten, unternahmen im 18. Jh. eine ausgedehnte Bildungsreise auf den Kontinent, eine *Grand Tour*, um

… so manchen exotischen Bewohner des früheren Empire

die klassischen Kulturstätten im Herzen Europas kennen zu lernen. So auch der Londoner Bankier *Henry Hoare II.*, der von seinem Vater das Anwesen von Stourhead etwa 10 km südwestlich von Longleat House übernommen hatte. Das Herrenhaus (NT, Tel. 017 47/84 11 52, April–Okt. Fr–Di 11.30–16.30 Uhr) war 1721 als ländliches Refugium errichtet worden – inspiriert von den Villen, die der italienische Architekt *Andrea Palladio* (1508–1580), antiken Vorbildern folgend, in der Umgebung Venedigs erbaut hatte. **King Alfred's Tower** (April–Okt. tgl. 11.30–16.30 Uhr), ein 1772 von Henry Flitcroftroter errichteter 50 m hoher Backsteinturm, gewährt eine herrliche Aussicht über den Besitz.

Den **Landschaftspark** (tgl. 9–19 Uhr bzw. Sonnenuntergang) von Stourhead gestaltete Henry Hoare II. ab 1741 ganz im Geiste seines Vaters, – und schuf damit ein Kunstwerk, das seiner vollendeten Komposition wegen selbst zum Klassiker geworden ist. Bevor er richtig zur Tat schreiten konnte, machte Henry Hoare II. erst einmal *Tabula rasa*. Das halbe Dorf Stourton musste einem großen See weichen, um den Grotten angelegt und neoklassizistische Tempel errichtet wurden. Ein Zitat aus Vergils *Aeneis* prangt über dem **Tempel der Flora**: »Be gone you who are uninitiated! be gone« – nur die alte Dorfkirche durfte bleiben, ein gotisches *Marktkreuz* wurde aus Bristol herbeigeschafft, stilvolle Versatzstücke, dem künstlerischen Konzept Hoares würdig, der die Landschaftsmalerei des 17. Jh., Ideen und Werke von *Claude Lorrain* und *Nicolas Poussin*, gartenarchitektonisch umsetzte. Zarte, blasse Blüten, sanfte Farbabstufungen bestimmten ursprüng-

Wohin man heutzutage reist, um klassizistische Landschaftsgestaltung zu bewundern: der Park von Stourhead

Ein steinerner Himmel auf Erden – das Fächergewölbe von Sherborne Abbey

lich die Szenerie, die heute von den kräftigen Farben des *Rhododendron* beherrscht wird, dessen Büsche mit dem Ende des 19. Jh. in großer Zahl gepflanzt wurden, expressionistische Tupfer vor klassischer Kulisse.

37 Sherborne

Ein architektonischer Meilenstein und ein idyllischer Park.

Die geschäftige kleine Marktstadt 28 km nördlich von Dorchester war in angelsächsischer Zeit Hauptstadt der Diözese von Wessex. 1075 wurde der Bischofssitz nach *Old Sarum* [s. S. 61] verlegt, doch **Sherborne Abbey** (Tel. 01935/812452, Mo–Sa 9–18 Uhr), im warmen Gelbbraun des im benachbarten Somerset gebrochenen *Ham-Hill-Steins* leuchtend, ist auch heute noch Zeugnis der großen mittelalterlichen Vergangenheit des Ortes. Noch um die Mitte des 15. Jh. stattete man die in sächsischer Zeit begonnene und in den Jahren der Normannenherrschaft ausgebaute Abteikirche mit dem größten und prachtvollsten *Fächergewölbe* seiner Zeit aus. Wie ein kostbar geknüpfter, hauchzarter Baldachin spannt es sich an der Scheitelrippe entlang durchs Kirchenschiff, gekrönt von rund 100, teilweise heraldischen Schlusssteinen.

Auf einem Hügel westlich der Stadt erbaute 1109–39 Bischof Roger von Salisbury, der Lordkanzler Henrys I., **Sherborne Old Castle** (EH, Tel. 01935/813730, April–Juni/Sept. Di–So 10–17, Juli/Aug. Di–So 10–18, Okt. Di–So 10–16 Uhr). Henry VIII. konfiszierte den kirchlichen Besitz, seine Tochter Elizabeth I. schenkte ihn 1592 ihrem damaligen Favoriten, dem Entdeckungsreisenden und Schriftsteller *Sir Walter Raleigh* (1552–1618).

Der fand das alte Gebäude zu unbequem, ließ jedoch auf den dazugehörigen Ländereien jenseits des Flüsschens Yeo 1594 ein neues Schloss bauen: **Sherborne Castle** (www.sherbornecastle.com, April–Okt. Di–Do/So 11–16.30, Sa 14.30–16.30 Uhr). 1603 fiel Raleigh bei der Königin in Ungnade und verlor sein neues Haus, das James I. im Jahr 1617 schließlich seinem Botschafter in Spanien, Sir John Digby, zusprach. Der neue Besitzer

Am Brunnen vor dem Tore der Abteikirche von Sherborne

erweiterte das Gebäude, das zu Raleighs Zeiten noch ein *Lodge house*, ein kleines Wochenendschloss gewesen war, zu einer stattlichen Residenz auf H-förmigem Grundriss – wohl James' Sohn, Prinz Henry, zu Ehren.

Mit der Gestaltung des neuen **Landschaftsgartens** stellte im 18. Jh. Lancelot ›Capability‹ Brown seine Fähigkeiten – und vor allem Behutsamkeit – unter Beweis. Er staute den Yeo zu einem künstlichen See, einem Spiegel der Vergangenheit zu Füßen der romantischen Ruine des Old Castle, das im Bürgerkrieg stark zerstört worden war – und der Zedern, die noch ein halbes Jahrhundert davor der glückliche Sir Walter gepflanzt hatte.

i Praktische Hinweise

Information

TIC, 3 Tilton Court, Digby Road, Sherborne , Tel. 019 35/81 53 41, Fax 019 35/ 81 72 10, www.sherbornetown.co.uk

Hotels

♔♔♔ **The Old Vicarage**, Sherborne Road, Milborne Port, Tel. 019 63/25 11 17, Fax 019 63/25 15 15, www.milborneport.freeserve.co.uk. In herrlicher Umgebung liegt dieses historische Landhaus (6 Zi.) 5 km nordöstlich von Sherborne. Preiswert; auch das Restaurant ist sehr zu empfehlen (Jan. geschl.).

♔ **Bridleways**, Oborne Road, Sherborne, Tel./Fax 019 35/81 47 16. Preisgünstiges Gästehaus am Ortsrand mit Blick auf die Schlösser. Reitmöglichkeit.

Café

The Three Wishes, 78 Cheap Street, Sherborne, Tel. 019 35/81 77 77.
Bäckerei und Café, für ausgezeichneten Kuchen und *Cream tea* bekannt, mittags auch einfache, ländliche Küche (Mo–Sa bis 17 Uhr, So geschl.).

38 Lyme Regis und Beer

Fischer, Fossilien und Steinbruch.

In großer Zahl kommen Badegäste jeden Sommer nach Lyme Regis. Dennoch hat sich die westlichste Stadt Dorsets mit ihren 3500 Einwohnern den Charme eines Fischerdorfes bewahrt. Im Schutz der Hafenmole **The Cobb** ankern seit dem 13. Jh. die Boote, zu jener Zeit setzte man auch schon Wellenbrecher aus Eichenholz in die Bucht.

Lyme Regis ist ein friedliches Städtchen, Schauplatz epischer Gefühlsaufwallungen nur in zwei berühmten Romanen, die es zur Kulisse haben: Jane Austens ›*Persuasion*‹ (1818) und John Fowles' ›*The French Lieutenant's Woman*‹ (1969), letzterer 1980 mit Meryl Streep und Jeremy Irons in den Hauptrollen auch an den Originalschauplätzen der Stadt verfilmt.

Schon im 18. Jh. kamen Feriengäste an die Grenze zur Grafschaft Devon – der eindrucksvollen Küstenlandschaft wegen mit der 191 m hohen Klippe von **Golden Cape** (10 km östlich von Lyme Regis), der höchsten am englischen Kanal, und schließlich seit Beginn des 19. Jh. auch wegen einer geologischen Besonderheit der Region. Der häufig abrutschende, knapp 200 Mio. Jahre alte Mergel und Kalkstein der Steilküste bewahrt die Abdrücke prähistorischer Tiere. Den bis dato spektakulärsten Fund machte 1811 die zwölfjährige *Mary Anning*, später eine der renommiertesten Paläontologinnen des Landes: Sie fand die Versteinerung

◁ *Kleines Städtchen, große Beschaulichkeit – im Hafen von Lyme Regis*

Urzeit zu verkaufen – in vielen Läden der Stadt sind Fossilien erhältlich

des Fischsauriers *Ichthyosaurus* (heute im British Museum, London). Den Fossilien und der jüngeren Ortsgeschichte widmet sich das **Philpot Museum** (Tel. 012 97/44 33 70, www.lymeregismuseum.co.uk, April–Okt. Mo–Sa 10–17, So 11–17 Uhr, Nov.–März Sa/So 11–17 Uhr) in der Bridge Street. Seit 2001 steht die gesamte *Jurassic Coast*, die bis heute Fossilien freigibt, auf der Naturerbeliste der UNESCO.

Eines der hübschesten und dabei am wenigsten bekannten Küstenstädtchen der Region ist **Beer**, wenige Kilometer östlich in Devon gelegen. Mit dem Getränk hat der Ortsname nichts zu tun, er leitet sich wahrscheinlich vom altenglischen *Bearu* (Wäldchen) ab. Zu Bedeutung verhalfen Beer die Römer, die den Sandstein seiner Klippen zum Festungsbau verwendeten. Auch Sachsen und Normannen und später die Erbauer von *Windsor Castle* wussten die Qualität des südenglischen Baumaterials zu schätzen. Die kathedralengroßen Aushöhlungen in der Klippenlandschaft, die **Beer Quarry Caves** (Tel. 012 97/68 02 82, Führungen April–Sept. tgl. 10–17, Okt. tgl. 11–16 Uhr), sind 2 km westlich des Ortes zu besichtigen.

Beer selbst ist ein gemütliches, zum Meer hin abfallendes Städtchen, auf dessen Kieselstrand Fischerboote liegen. Es riecht nach Arbeit, wenn die Männer ihre Netze und Körbe flicken – und nach Fisch und Krebsen, wenn sie die Kisten mit ihrem Fang durch die steilen Treppengassen schleppen.

i Praktische Hinweise

Information

TIC, Guildhall Cottage, Church Street, Lyme Regis, Tel. 012 97/44 21 38, Fax 012 97/44 46 68, www.lymeregistourism.com

Charmouth Heritage Coast Centre, Lower Sea Lane, Charmouth, Tel. 012 97/56 07 72, www.charmouth.org. Größtes Informationszentrum der Region, Wissenswertes zur Geologie sowie zur Planung von Wanderungen.

Hotels

♔♔♔♔ **Alexandra**, Pound Street, Lyme Regis, Tel. 012 97/44 20 10, Fax 012 97/44 32 29, www.hotelalexandra.co.uk. Das 1735 errichtete Haus wurde Anfang des 20. Jh. zum Hotel (26 Zi.) umgebaut. Mit Wintergarten und gutem Restaurant.

♔♔ **Ilex Cottage Guest House**, View Road, Lyme Regis, Tel. 012 97/44 59 19. Gemütliches, ruhiges Gästehaus, preisgünstig, nur ein paar Schritte vom Meer.

Restaurants

Cliff Cottage, Cobb Road, Lyme Regis, Tel. 012 97/44 33 34. Hier steht frisch gefangener Fisch ganz oben auf der Speisekarte (Okt.–April geschl.).

The Mariners, Silver Street, Lyme Regis, Tel. 012 97/44 27 53. Das Hotelrestaurant im alten Fachwerkhaus bietet englische und kontinental-europäische Spezialitäten.

Süd-Devon – das ›tropische‹ Britannien und seine Heide

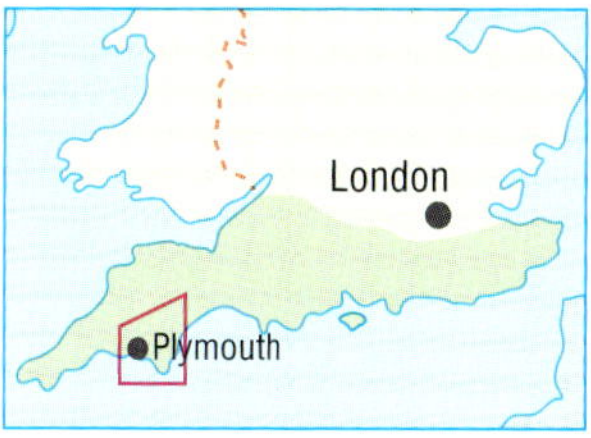

Zwei Städte sind die Zentren der Region, **Exeter** mit seiner gotischen Kathedrale und das an einer wunderschönen Bucht gelegene **Plymouth**, Heimathafen Sir Francis Drakes, des berühmten Seehelden. Einsamkeit und Ruhe findet man auf den weiten Heide- und Moorflächen des **Dartmoor National Park**, einer rauen Landschaft, in deren Nachbarschaft man alles andere vermuten würde als die *Englische Riviera*, wie die **Torbay**, die Bucht mit den Seebädern **Torquay**, **Paignton** und **Brixham**, ihres milden Klimas und der tropischen Vegetation wegen auch genannt wird.

39 Exeter

Ein Höhepunkt gotischer Architektur.

Exeter, die Hauptstadt der Grafschaft Devon, ist eine Gründung der Römer, die um das Jahr 200 ihr *Isca Dumnoniorum* mit einer Mauer umgaben, deren Reste noch im Osten der Stadt, um Southernhay West und East Street, zu sehen sind. Vom mittelalterlichen Gebäudebestand der wohlhabenden Handelsmetropole des 13. Jh. sind nach den deutschen Luftangriffen des 5. Mai 1942 nur mehr Reste erhalten – verschont blieben unweit der High Street die **Underground Passages** (Tel. 013 92/66 58 87, bis Herbst 2007 geschl.), die gemauerten Tunnel der unterirdischen Wasserleitung. In der High Street lohnt vor allem die **Guildhall** (Tel. 013 92/66 55 00, Öffnungszeiten auf Anfrage) aus dem Jahre 1468 einen Besuch, mit deren prachtvoller Ausstattung die Kaufmannsgilden der Stadt ihren Reichtum zur Schau stellten. Das Gebäude dient bis heute als Zentrum der Bürgerschaft und Verwaltung Exeters – ist deshalb auch nicht immer zu besichtigen.

In der Queen Street wartet das seit Mitte des 19. Jh. bestehende **Royal Albert Memorial Museum** (Tel. 013 92/ 66 58 58, Mo–Sa 10–17 Uhr) mit interessanten Exponaten zur Stadt- und Regionalgeschichte von der Frühzeit bis in die Gegenwart auf. Die dazugehörige *Art Gallery* zeigt Wechselausstellungen.

◁ *Ihn bringt keine Armada aus der Ruhe: von The Hoe blickt Sir Francis Drake über das Meer vor Plymouth*

Weitgehend unbeschadet überstand auch die dem hl. Peter geweihte **Exeter Cathedral** (Tel. 013 92/28 59 83, www.exeter-cathedral.org.uk, tgl. 9.30–17 Uhr, Führungen März–Okt. Mo–Fr 11, 14.30, Sa 11, So 13.30, Juli–Sept. zusätzl. Mo–Sa 12.30 Uhr) die Kriegszeiten. So wie Salisbury Cathedral frühgotische Baukunst demonstriert, steht ihr hiesiges Pendant für die Vollendung der englischen Hochgotik, des *Decorated Style*. Auf die Ursprünge der Kathedrale in normannischer Zeit – den ersten Dekaden des 12. Jh. – weisen nur noch die Türme, die nun das Querschiff bilden, und die Gewölbehöhe von verhältnismäßig bescheidenen 21 m hin. Die **Westfassade** [**1**], in warmem Sandsteingelb leuchtend, 1480 vollendet, ist mit ihren drei *Skulpturenreihen* ein Kompendium hochgotischer Steinmetzkunst. Die Statuen von Aposteln und Engeln, sächsischen und normannischen Königen, ursprünglich bemalt, rahmen die kleinen Portale. Darüber erblüht die große *Fensterrose*, die, zwischen Skulpturenwand und kleinem Giebel mit einem weiteren, wesentlich kleineren Fenster, die mittlere Schicht der Fassade dominiert.

Getragen von mächtigen Pfeilern, Bündeln von jeweils 16 Säulen, erstreckt sich bis jenseits des Chores das längste zusammenhängende gotische **Gewölbe** der Welt, gekrönt von den farbigen Schlusssteinen der Scheitelrippe. Stein für Stein, Bild für Bild, von der ›Krönung Mariens‹ über die ›Ermordung Thomas Beckets‹, erkundet man den Kirchenraum, geht unter dem **Lettner** [**2**] mit der Barockorgel hindurch zu den ältesten **Mi-**

serikordien [3] Englands (1230–70). Meerjungfrauen und Krokodile, Kreuzfahrer und Elefanten zieren das in viktorianischer Zeit erneuerte Chorgestühl. An der Südseite des Chores ragt der mit üppigen Schnitzereien geschmückte **Bischofsthron** [4] (1313–17) aus Eichenholz bis zu 18 m hoch auf. In der **Marienkapelle** [5] am Ostende der Kathedrale sowie im **nördlichen Chorseitenschiff** [6] ruhen die Bischöfe des 11.–14. Jh. Mit einer **astronomischen Uhr** [7] von 1376, die 1760 ein neues Gehäuse erhielt, schlägt im nördlichen Querschiff das Herz einer großen Vergangenheit, der Hochzeit der Gotik, kraftvoll und lebendig bis heute.

Sehenswert ist auch die **Dombibliothek** [8] (Mo–Fr 14–17 Uhr) im Bischofspalast südlich der Kathedrale. Hier ist eine Sammlung mittelalterlicher Bücher zu sehen, deren Glanzstück der *Codex Exoniensis* aus dem 10. Jh. darstellt, eine der wesentlichen Handschriften früher englischer Versdichtung. Schließlich lädt der **Cathedral Close** mit Fachwerk- und Sandsteinhäusern zum Verweilen ein. Die kleine intime Domfreiheit hat den Weltkrieg ebenfalls gut überstanden – in vielen der historischen Gebäude befinden sich Restaurants und Cafés.

i Praktische Hinweise

Information

TIC, Civic Centre, Paris Street, Exeter, Tel. 013 92/26 57 00, Fax 013 92/26 52 60, www.exeter.gov.uk/tourism

Hotels

♔♔♔ **Buckerell Lodge**, Topsham Road, Exeter, Tel. 013 92/22 11 11, Fax 013 92/42 43 33, www.corushotels.com. Herrliches Regency-Gebäude (53 Zi.) am Stadtrand mit Garten und gutem Restaurant.

♔♔♔ **Queens Court Hotel**, 6–8 Bystock Terrace, Exeter, Tel. 013 92/27 27 09, Fax 013 92/49 13 90, www.queenscourt-hotel.co.uk. Hübsches Hotel nicht weit vom Zentrum mit ausgezeichnetem mediterranem Restaurant The Olive Tree.

♔♔ **Park View**, 8 Howell Road, Exeter, Tel. 013 92/27 17 72, Fax 013 92/25 30 47. Kleines Hotel in einem historischen Haus nördlich des Zentrums gelegen.

Restaurants

TOP TIPP **Michael Caines**, The Royal Clarence Hotel, Cathedral Yard, Exeter, Tel. 013 92/22 36 38. Restaurant, Café, Pub und Bar mit stilvollem, modernem Ambiente und frischer, innovativer Küche gegenüber der Kathedrale.

St. Olaves, im St. Olaves Court Hotel, Mary Arches Street, Exeter, Tel. 013 92/21 77 36. Das gediegene Restaurant ist für seine traditionelle Küche mit modernen Akzenten bereits mehrmals mit Preisen ausgezeichnet worden.

Exeter Cathedral

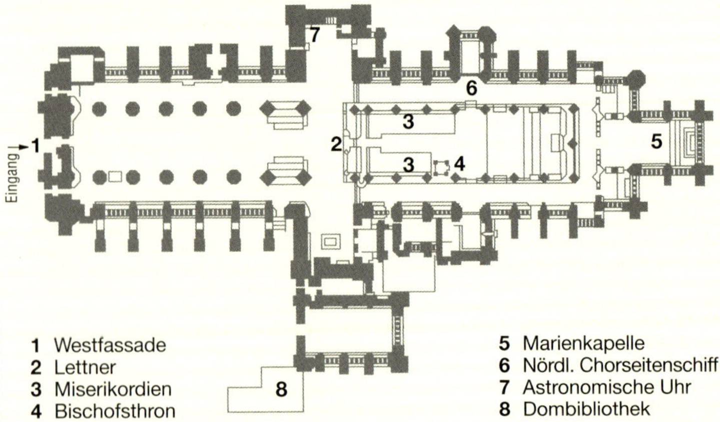

1 Westfassade
2 Lettner
3 Miserikordien
4 Bischofsthron
5 Marienkapelle
6 Nördl. Chorseitenschiff
7 Astronomische Uhr
8 Dombibliothek

The Dame of Crime

Torquay ist die Geburtsstadt der bekanntesten und erfolgreichsten Krimiautorin des 20. Jh: Hier wurde am 15. September 1890 **Agatha Mary Clarissa Miller** geboren. Ihr Vater war ein reicher Kaufmann, Mitglied des Kricket- und Jachtclubs – Agatha verlebte die unbeschwerten Jugendjahre einer Tochter aus großbürgerlichem Haus, tanzte auf Abendgesellschaften, flanierte am Strand und lief mit Hut und wehendem Kleid Rollschuh auf dem langen Princess Pier von Torquay.

Weihnachten 1914 heiratete sie den Luftwaffenoffizier **Archibald Christie**. Im Grand Hotel am Strand verbrachten die beiden ihren Honeymoon, der tatsächlich nicht länger als eine Nacht dauerte. Noch am 25. Dezember musste Archie zurück an die Front nach Frankreich. Seine junge Frau arbeitete bis zum Herbst 1915 in der Heimat als Krankenschwester. Nachdem sie in die Medikamentenausgabe versetzt worden war, begann sie in den langen Nächten des Bereitschaftsdienstes erste Geschichten zu schreiben, zaghafte Anfänge, aus denen ein **Gesamtwerk** von 79 Kriminalromanen, 19 Theaterstücken und einer Autobiographie werden sollte.

Ihre berühmtesten Kriminalromane um den belgischen Detektiv **Hercule Poirot** oder die alte **Miss Marple** haben bis heute eine Gesamtauflage von weltweit mehr als 400 Mio. Exemplaren erreicht.

Ein freundlicher Blick auf das Böse unter der Sonne: Agatha Christie

Originalmanuskripte und persönliche Gegenstände Christies befinden sich in der einstigen Prämonstratenserabtei **Torre Abbey** (Abbey Gardens, wegen Renovierung bis 2008 geschl.). Eine umfassende Dokumentation über das Leben der 1971 in den Adelsstand erhobenen Schriftstellerin präsentiert das **Torquay Museum** (Torwood Street, Tel. 018 03/29 39 75, www.torquaymuseum.org, Mo–Fr 10–17, Sa 10–16, Juli/Aug. zusätzl. So 13.30–16 Uhr). Dame Agatha, für viele Leser zweifellos die Königin der Kriminalliteratur, starb am 12. Januar 1976 in Wallingford in der Nähe von Oxford.

40 Torbay

Badevergnügen an der englischen Riviera.

Ihres milden, mediterranen Klimas wegen entwickelte sich Torbay, die Bucht mit den drei Städten Torquay, Paignton und Brixham, zu einer der beliebtesten Baderegionen Großbritanniens.

Vor allem das auf sieben Hügeln errichtete Torquay ist eine recht grüne Stadt. Palmen zieren Uferpromenaden und Gärten, die makellosen Teppiche der Golfplätze erstrecken sich in Richtung Meer. Für den internationalen Hoch- und Geldadel des 19. Jh. führten (fast) alle Ferienwege an die damals noch sehr mondäne *Englische Riviera*. **Paignton**, mit Torquay zusammengewachsen, ist bodenständiger und bietet Strand und Wohnviertel, während sich **Brixham** den Charakter eines lebhaften Fischerhafens erhalten hat.

i Praktische Hinweise

Information

TIC, Apollo Cinema, Esplanade Road, Paignton, Tel. 018 03/55 83 83, Fax 018 03/55 19 59

TIC, Vaughan Parade, Torquay, Tel. 018 03/29 74 28, Fax 018 03/21 48 85, www.theenglishriviera.co.uk

Hotels

♔♔♔♔ **Belgrave**, Sea Front, Torquay, Tel. 018 03/29 66 66, Fax 018 03/21 13 08,

Zeit zuzubereiten, was man tagsüber gefangen hat – Boote im Fischerhafen von Brixham

www.belgrave-hotel.co.uk. Das alteingesessene Hotel mit beheiztem Schwimmbad und Tanzsaal befindet sich nahe der Torre Abbey Gardens.

♔♔♔♔ **The Palace**, Babbacombe Road, Torquay, Tel. 018 03/20 02 00, Fax 018 03/29 98 99, www.palacetorquay.co.uk. Das große Haus (141 Zi.), 1841 für den Bischof von Exeter gebaut, von einem riesigen Garten umgeben, zeichnet sich durch Schwimmbäder, Tennis- und Squashplätze sowie einen 9-Loch-Golfplatz aus.

♔♔♔ **Frognel Hall**, Higher Woodfield Road, Torquay, Tel. 018 03/29 83 39, Fax 018 03/21 51 15, www.frognel.co.uk. Ruhiges Hotel in einem großen Garten in der Nähe des Meadfoot Beach mit hervorragend geführtem Restaurant.

Restaurants

Chandlers, 39 Fore Street, Brixham, Tel. 018 03/85 44 68. Britische Küche mit viel frischem Fisch in allen Variationen.

Shores Family Restaurant, 13 The Quay, Brixham, Tel. 018 03/85 31 31. In diesem familienorientierten Restaurant gibt es garantiert frischen Fisch und andere traditionelle britische Gerichte.

Restaurant 2–18, 135 Babbacombe Road, Torquay, Tel./Fax 018 03/32 26 64. Traditionelle englische Küche mit jahreszeitlich wechselnden Menüs. Spezialitäten sind Wild, Fisch und Garnelen.

41 Dartmouth

Eine Flussmündung und eine Landschaft wie aus dem Bilderbuch.

Fährt man von Brixham nach Südwesten, erblickt man schon von ferne die breite Mündung des *Dart*. Bunte Boote liegen vor Anker, und jenseits des Flusses zieht sich die Kleinstadt **Dartmouth** den Hügel hinauf – ein außerordentlich idyllisches Bild. Früher jedoch, schon seit dem 12. Jh., sammelten sich hier die *Kriegsflotten*, um in anderer Herren Länder aufzubrechen, zu den Kreuzzügen, zur Belagerung von Calais (1347) im Hundertjährigen Krieg und zur Befreiung der Normandie am D-Day des Jahres 1944.

Zum Schutz des Mündungsgebiets wurde bereits im 15. Jh. etwa 2 km südlich des Ortes **Dartmouth Castle** (EH, Tel. 018 03/83 35 88, Juli/Aug. tgl. 10–18, April–Juni/Sept. tgl. 10–17, Okt. tgl. 10–16, Nov.–März Sa/So 10–16 Uhr) errichtet. Es ist auch mit einem kleinen Fährboot zu erreichen, das am Pier der Stadt ablegt. Das Panorama der Flusslandschaft entfaltet sich am schönsten vom Turm des kanonenbewehrten Castle.

Aus der Nähe besehen ist Dartmouth ein friedliches Städtchen mit säulengestützen Fachwerkhäusern des 17. Jh. am *Butterwalk*. In den hübschen *Royal Avenue Gardens* nördlich des tidenabhängigen Bootshafens errichtete man das *Newcomen Engine House* zu Ehren des Schmieds Thomas Newcomen, der bereits 1712, 60 Jahre vor James Watt, eine Dampfmaschine baute. Über King's Quay und Undercliff gelangt man dann zur

Foss Street, einer blumengeschmückten Gasse mit kleinen Läden. Hier steht **St. Saviour's Church** aus dem Jahr 1372, auch *The Wine Merchants' Church* genannt, da die Weinhändler des Ortes, die mit Importen aus Bordeaux gute Gewinne erzielten, für ihre Restaurierung im 17. Jh. aufkamen. Die schmiedeeisernen Beschläge der Eichentür zeigen zwei Leoparden und den Lebensbaum. Im *Inneren* sind die reichverzierte Kanzel (um 1500) und ein Chorgitter mit filigranen Schnitzereien bemerkenswert.

Die A 379 führt südlich von Dartmouth die Küste entlang. Hinter **Strete** zieht sich ein breiter Sand- und Kieselstrand rund 8 km weit fast bis *Start Point*. Hier übte die US-Armee 1943 die Landung in der Normandie. In Torcross biegt die Straße landeinwärts Richtung **Kingsbridge** ab, an einer weit aufgefächerten Flussmündung gelegen, die fast wie eine Seenplatte wirkt: grüne Hügel und kleine Wälder, ein paar Boote – ländliches Devon.

Schmale, hecken- und mauerngesäumte Stichstraßen, alle paar hundert Meter eine Wartebucht, führen immer wieder ans Meer. Ein Abstecher lohnt sich besonders für Art-déco-Freunde: **Burgh Island** (s. u.), ein Inselhotel vor der Mündung des Avon. Seine 15 Suiten, 1986 mit großem finanziellem Aufwand und sicherem Stilgefühl auf die Höhe der vergangenen Zeit gebracht, sind natürlich nicht ganz billig – aber man kann sich ja auch – bei Ebbe zu Fuß, bei Flut getragen von einem *Sea tractor* – nur auf einen Aperitif auf die Insel begeben. Und sich dabei zumindest Appetit machen lassen auf Agatha Christies Krimi ›*Zehn kleine Negerlein*‹, der in diesem Hotel spielt.

Einladung zum Spazieren und Verweilen – am Hafen von Dartmouth

Praktische Hinweise

Information

TIC, The Engine House, Mayor's Avenue, Dartmouth, Tel. 018 03/83 42 24, Fax 018 03/83 56 31, www.discoverdartmouth.com

Hotels

TOP TIPP ♔♔♔♔ **Burgh Island**, Bigbury-on-Sea, Tel. 015 48/81 05 14, Fax 015 48/81 02 43, www.burghisland.com. Ein Jugendstilhotel als Gesamtkunstwerk. Eine der außergewöhnlichsten Herbergen des Südens.

♔♔♔ **The Dart Marina**, Sandquay, Dartmouth, Tel. 018 03/83 25 80, Fax 018 03/83 50 40, www.dartmarinahotel.com. Von den 49 Zimmern und dem hervorragenden Restaurant aus hat man einen wunderschönen Blick über den Fluss.

♔♔ **Burton Farmhouse**, Galmpton, Kingsbridge, Tel. 015 48/56 12 10, Fax 015 48/56 22 57www.burtonfarm.co.uk. Auf dem Bauernhof wird man sehr freundlich aufgenommen. Abendessen auf Bestellung. Große Wiese mit Kinderspielplatz.

♔♔ **Woodside Cottage**, Blackawton, Tel. 018 03/89 23 75, www.woodsidedartmouth.co.uk. Familiäres, hübsches B & B mitten im Grünen mit schönem Garten etwa 6 km westlich von Dartmouth. Bester Ausgangspunkt für Spaziergänge.

Restaurants

The Carved Angel Café, 7 Foss Street, Dartmouth, Tel. 018 03/83 4842. Gemütliches Lokal mit qualitätvollen Speisen vom Frühstück bis zum Dinner.

Cranfords, 29 Fairfax Place, Dartmouth, Tel. 018 03/83 23 28. Typisch englisches Lokal mit *Lunch*, nachmittags gibt es *Cream tea* und abends frische Meeresfrüchte.

42 Dartmoor National Park

TOP TIPP *Die Einsamkeit des weiten Hochmoors.*

Nebelschwaden und das Heulen des Windes über heidebedeckten Hügeln, die sich bis zum Horizont erstrecken, Granitfelsen, sumpfige Senken, kleine graue Dörfer – oder heult da mit dem Wind noch etwas anderes? So kennt man Dartmoor aus Sir Arthur Conan Doyles Sherlock-Holmes-Roman ›*The Hound of the Baskervilles*‹ (1902).

Nüchtern betrachtet ist der 1951 gegründete Dartmoor National Park mit 945 km^2 die größte geschützte Fläche offener Landschaft in Südengland. Sie entstand vor 295 Mio. Jahren, als Magma durch die Erdkruste brach und zu Granit erstarrte. Der ursprüngliche *Baumbestand* ist seit der Besiedlung des Gebietes vor rund 4000 Jahren weitgehend verschwunden. Im Laufe der Zeit bildeten sich die weiten, spärlich bewachsenen *Moor- und Heideflächen*, über denen sich auf bis zu 620 m hohen Hügeln bizarre Felsformationen, *Tors* genannt, erheben.

Überall im Dartmoor findet man noch frühgeschichtliche Grabkammern, Reste von Steinkreisen, Fundamente von Rundhäusern und Unterstände aus Granitplatten, die, innen mit fluoreszierendem Moos bewachsen, den Hirten in stürmischen Nächten Schutz boten.

Heute wird das Dartmoor vor allem landwirtschaftlich genutzt, als **Weideland** für Schafe, Rinder und Ponys. Letztere wurden im Moor bereits mit dem Beginn der menschlichen Besiedlung domestiziert und als Lasttiere gehalten. Für sie baute man die *Clapper bridges*, einfache Brücken aus großen Granitplatten – die bekannteste, die bronzezeitliche **Postbridge**, ist in der Nähe des gleichnamigen Ortes in der Nordhälfte des Nationalparks zu sehen. Die kräftigen, reinrassigen *Dartmoor-Ponys* sind jedoch selten geworden. Von 30 000 Tieren (1950) sind heute nur 3000 übrig.

Das Dartmoor hat auch eine industrielle Vergangenheit. Ab dem 12. Jh. wurde in den damals ergiebigsten **Minen** Europas Zinn gewonnen. Während des 19. Jh. wurden neben Kaolin für die Porzellanherstellung auch Kupfer, Blei und Silber abgebaut. Mit der Schließung der letzten Zinnmine Ende der 1930er-Jahre haben die Tors und Grabkammern nun in Gestalt der verlassenen *Maschinenhäuser* und Fördertürme mit ihren hohen Schornsteinen jüngere stumme, steinerne Gesellschaft bekommen.

Die vielen Feriengäste, die heute ins Moor kommen, um hier einen **Wander- oder Radurlaub** zu verbringen, erleben die Unwirtlichkeit und Rauheit von Landschaft und Witterung als Ursprünglichkeit, als ganz eigentümliches Faszinosum. Der Wechselhaftigkeit des Wetters wegen ist detailliertes Kartenmaterial, in den Touristeninformationen erhältlich, zur Planung einer jeden Wanderung unerlässlich.

Auch eine Weiße Frau hat das Dartmoor zu bieten, eine besonders vehemente, fast 30 m hohe noch dazu: den

Einst klapperten Ponyhufe über die Granitplatten der Postbridge, heute überqueren rucksackbepackte Wanderer an dieser Stelle den Dart

Wasserfall **The White Lady** (April–Okt. tgl. 10–17.30, Nov.–März 10.30–15 Uhr) in der waldreichen Schlucht des *Lyd* am westlichen Rand des Moores.

In der nahe gelegenen Ortschaft **Lydford** ist die Ruine von *Lydford Castle* schaudernd zu bewundern, ein Burgfried aus dem späten 12. Jh., der den Statthaltern des Königs als Gerichtsgebäude und Gefängnis diente – wenn ausnahmsweise einmal eine Zelle vonnöten war, denn die Prozesse von Lydford waren als bemerkenswert kurz berüchtigt. »First hang and draw, then hear the cause, is Lydford law«, formulierte der Volksmund sarkastisch.

Hauptstadt des Moores ist **Princetown**, grau und eintönig, Kulisse für das berüchtigte **Dartmoor Prison**. 1806 bauten französische Kriegsgefangene das Zuchthaus in der Ödnis des Moores, später wurde es um einen Hochsicherheitstrakt erweitert. Heute sitzt hier niemand mehr lebenslänglich ein – doch spielt das Gefängnis noch immer eine Hauptrolle in den zahlreichen Schauergeschichten ums Moor.

Am nördlichen Rand des Nationalparks steht hoch über der Waldschlucht des Flusses Teign **Castle Drogo** (NT, Tel. 016 47/43 33 06, Mitte März–Okt. Mi–Mo 11–17, Nov.–Mitte Dez. Sa/So 12–16 Uhr). Das Schloss wirkt mittelalterlich, stellt mit seinen zinnengekrönten Granitmauern jedoch in erster Linie eine Bastion gegen die Architektur des 20. Jh. dar. *Sir Edwin Lutyens*, der bekannteste dem Historismus verpflichtete Architekt seiner Zeit, baute es 1910–30 für den durch Kolonialwarenhandel reich gewordenen Julius Drewe und legte, zusammen mit seiner ebenso berühmten Partnerin *Gertrude Jekyll* [s. S. 110], auch den **Garten** (Mitte März–Okt tgl. 10.30–17.30, Nov.–Mitte Dez. Fr–So 11–16 Uhr) des Castle an. Bei der Ausgestaltung der Räume des Schlosses, in denen eine kleine *Antiquitätensammlung* und Familienporträts der Familie Drewe zu sehen sind, ließ Lutyens bis ins kleinste Detail, bis zum Lichtschalter und Türgriff, äußerste Sorgfalt walten.

Praktische Hinweise

Information

The High Moorland Visitor Centre, The Duchy Building, Tavistock Road, Princetown, Tel. 018 22/89 04 14, Fax 016 26/83 60 01, www.dartmoor-npa.gov.uk

Wie Trümmer prähistorischer Befestigungswälle wirken die Tors auf den einsamen Höhen des Dartmoor

Hotels

♔♔♔ **The Two Bridges**, Two Bridges, Tel. 018 22/89 05 81, Fax 018 22/61 80 34, www.twobridges.co.uk. Landhotel aus dem 18. Jh., im Herzen des Nationalparks einsam in einer Senke gelegen. Traditionelle Atmosphäre, gutes Restaurant und berühmte *Cream teas*.

Castle Inn, Lydford, Tel. 018 22/82 02 41, Fax 018 22/82 04 54, www.castleinnlydford. co.uk. 9 romantische Zimmer und ein großartiges Restaurant im Landgasthof aus dem 16. Jh. neben der Burgruine.

Lydgate House, Postbridge, 16 km von Yelverton, Tel. 018 22/88 02 09, Fax 018 22/88 02 02, www.lydgatehouse. co.uk. Idyllisch mitten im Moor am Ufer des Dart gelegenes Hotel (7 Zi.). Das Restaurant bietet u. a. fünfgängige Menüs, neben Fleisch auch Fisch und frisches Gemüse. Die Wanderwege beginnen direkt am Gartenzaun (Jan. geschl.).

Restaurants

Gidleigh Park, 3 km nordwestlich von Chagford, Tel. 016 47/43 23 67 (bis voraussichtl. Aug. 2006 geschl.) Das für seine innovative Küche mit zwei Michelin-Sternen ausgezeichnete, exquisite Hotelrestaurant zählt zu den besten in ganz Großbritannien. Eine der Spezialitäten des Hauses sind gegrillte Wachteln mit Spinat- und Parmesanraviolo. Auch die Weinkarte ist superb. Reservierung erforderlich.

TOP TIPP **Holne Chase**, bei Ashburton, Tel. 013 64/63 14 71. Einsam in einem riesigen Park am Fluss Dart gelegenes einstiges Jagdhaus aus dem 11. Jh. Die traditionelle englische Küche des

Ein Schleier, hinter dem sich keine Dame verbirgt: der Wasserfall White Lady

Hotels bietet große Genüsse, hinzu kommt eine umfangreiche Weinauswahl.

Hunts Tor, Drewsteignton, Tel. 016 47/28 12 28. Wie aus dem Bilderbuch muten das Dorf und das 300 Jahre alte Haus (3 Zi.) in der Nähe des Castle Drogo an. Das ausgezeichnete kleine Restaurant bietet täglich ein Menü. Reservierung mindestens 24 Std. im voraus (Nov.–Febr. geschl.).

43 Plymouth

Die Stadt der Seehelden.

Devons größte Stadt (240 000 Einw.), im Jahre 1231 erstmals urkundlich erwähnt, ging aus dem kleinen Fischerdorf **Sutton** hervor, dessen Namen auch heute noch der Hafen von Plymouth trägt. Mit ihm ist der Aufstieg Englands zur führenden europäischen Seemacht des 16. Jh. eng verbunden.

Sir Francis Drake (um 1540–1596), ›Pirat der Königin‹ Elizabeth I., stach mit der *Golden Hind* 1577 von Plymouth aus zu seiner Weltumsegelung in See und lief drei Jahre später, mit dem Gold spanischer Schiffe beladen, die er auf dem Heimweg von Peru gekapert hatte, wieder in Sutton Harbour ein. 1588 tauchte die *Spanische Armada* vor der Küste auf – und wurde von der viel kleineren englischen Flotte unter dem Kommando von Francis Drake vernichtet. 1620 brachen die Pilgerväter, von Southampton kommend, von hier gen Westen auf, und im 18. Jh. war Plymouth der Heimathafen für James Cook, den Erforscher des Südpazifik.

Der einstige Charakter Plymouths lässt sich nur noch erahnen. Mehrere heftige deutsche Bombenangriffe zerstörten 1941 die gesamte Innenstadt, sodass man nach dem Krieg einen völligen Neuaufbau rund um die begrünte Nord-Süd-Achse des *Armada Way* in Angriff nahm, die sich vom Stadtzentrum bis zum Hügel **The Hoe** zieht. Hier oben steht in Bronze Sir Francis Drake, an dem Ort, an dem er – mit den Strömungs- und Windverhältnissen vor der Küste bestens vertraut – in aller Seelenruhe erst eine Bowls-Partie beendet haben soll, als die Armada bereits in Sichtweite war. Gekrönt wird der ›hohe Platz‹ von der Aussichtsplattform am Ende der 93 Stufen von *Smeaton's Tower* (Ostern–Okt. tgl. 10–16 Uhr), dem früheren Leuchtturm, von dem aus man einen herrlichen Blick über Stadt und Bucht genießt.

TOP TIPP

Am Hügel The Hoe ist auch der **Plymouth Dome** (Tel. 017 52/60 33 00, www.plymouthdome.info, Ostern–Okt. tgl. 10–17, sonst bis 16 Uhr) zu finden, das Stadtmuseum, dessen audiovisuelle Präsentationen über Plymouths Seehelden und die Zerstörung der Stadt im Zweiten Weltkrieg informieren.

Das Hafenbecken von *Sutton Harbour*, das man über Hoe Road und New Street erreicht, wird von einer schwenkbaren Fußgängerbrücke überspannt, die in den Stadtteil *Coxside* führt. Hier hat 1998 das sich für den Erhalt der Unterwasserwelt engagierende **National Marine Aquarium** (www.national-aquarium.co.uk, Tel. 017 52/22 00 84, April–Okt. tgl. 10–18 Uhr, sonst bis 17 Uhr) eröffnet, in dem Besuchern auf eindrucksvolle Weise u.a. die Welt der Korallenriffe und das Leben der Haie nahegebracht wird.

i Praktische Hinweise

Information

TIC, Plymouth Mayflower, 3–5 The Barbican, Plymouth, Tel. 017 52/30 48 49, Fax 017 52/25 79 55

The Discovery Centre, Crabtree, Plymouth, Tel. 017 52/26 60 30, Fax 017 52/26 60 33, www.visitplymouth.co.uk

Hotels

♔♔♔♔ **The Langdon Court**, Down Thomas, Plymouth, Tel. 017 52/86 23 58, Fax 017 52/86 34 28, www.langdoncourt.co.uk. Das historische Tudor-Landhaus liegt inmitten eines kleinen Parks etwa 10 km außerhalb von Plymouth. Das Restaurant bietet exzellente britische Küche, Spezialitäten sind frischer Fisch und Meeresfrüchte.

♔♔ **Bowling Green**, 9–10 Osborne Place, Lockyer Street, The Hoe, Plymouth, Tel. 017 52/20 90 90, Fax 017 52/20 90 92, www.bowlingreenhotel.com. Kleines (12 Zi.), modern ausgestattetes viktorianisches Gebäude unmittelbar am Hügel.

Athenaeum Lodge, 4 Athenaeum Street, The Hoe, Plymouth, Tel./Fax 017 52/66 50 05, www.athenaeumlodge.com. Preisgünstiges Bed & Breakfast (10 Zi.) zwischen Meer und Stadt.

Restaurants

Kubes Restaurant, 13 Frankfort Gate, Plymouth, Tel./Fax 017 52/26 67 93. Moderne britische Küche und guter Wein in hübscher Kulisse locken zahlreiche Gäste an (So Abend und Mo geschl.).

The Horn of Plenty, Gulworthy, Tel./Fax 018 22/83 25 28. Das preisgekrönte Restaurant des zwischen Plymouth und Tavistock gelegenen Hotels (10 Zi.) mit Blick ins Tamar-Tal bietet traditionelle britische Küche.

44 Saltram House

Ein klassizistisches Haus der Kunst.

Der Landsitz Saltram House (NT, Tel. 017 52/33 35 00, *Haus*: April–Okt. Sa–Do 12–16.30 Uhr), 6 km östlich von Plymouth gelegen, ist das prachtvolle Endprodukt wunderbarer Bekanntschaften. John Parker II., Mitte des 18. Jh. Eigentümer des Tudor-Hauses, war ein früher Gönner von **Sir Joshua Reynolds** (1723–1792), des bevorzugten Porträtmalers der englischen High Society, späteren Präsidenten der Londoner *Royal Academy of Arts* und Hofmalers Georges III. Reynolds malte die Familie des Hausherrn, Parker selbst, die Jagdflinte im Arm, an ein Gatter gelehnt, Ausdruck der Sorglosigkeit noblen Landlebens – und beriet Parker auch bei der Auswahl der Gemälde für die **Kunstsammlung** von Saltram House. *Angelika Kauffmann* (1741–1807), geschätztes Mitglied der Akademie und von Reynolds nicht nur als Künstlerin verehrt, lieferte elf mythologische Gemälde und ein Porträt von Sir Joshua, der seit 1767 im Treppenhaus mit aufgestütztem Kopf freundlich auf die Besucher des Hauses blickt – und von hier vermutlich ebenso wohlwollend die Umgestaltung des **Interieurs** verfolgte, mit der 1768 *Robert Adam* beauftragt wurde. Chippendale-Möbel, Chinoiserien, edles Porzellan, Seidentapeten, Spiegel, dezente Stuckverzierungen – alle Gestaltungselemente stimmte Adam zu einem neoklassizistischen Gesamtbild ab.

In aller Seelenruhe badet man heute, wo vor 400 Jahren die Spanische Armada kreuzte: am Fuße von The Hoe in Plymouth

Cornwall – Land der Mythen im fernen Westen

Als die Angeln, Sachsen und Jüten die britische Hauptinsel eroberten, wurden die *keltischen Stämme* in den fernen Westen abgedrängt – ihre Legenden aber blieben gegenwärtig und faszinieren noch heute Menschen in aller Welt. *Artus*, der sagenhafte König der Briten, soll in **Tintagel Castle** an der Nordküste Cornwalls geboren worden sein. Ihre strategisch wichtige Burg mit Rittern und Soldaten teilen mussten die Benediktinermönche des **St. Michael's Mount**, der mittelalterlichen Klosterfestung auf einer Insel vor Penzance.

Ein Märchen unserer Zeit wurde wahr, als in den Hügeln über **Mevagissey** eine einst fast vergessene Gartenanlage, **The Lost Gardens of Heligan**, in all ihrer subtropischen Verwunschenheit wieder eröffnet wurde.

Des besonderen Lichtes wegen kamen Maler und Bildhauer von jeher in den äußersten Westen. Viele von ihnen ließen sich in **St. Ives** nieder. Und Küstenpanoramen wie die **Bedruthan Steps** oder **Land's End** sind für viele Besucher auch heute noch der Anfang einer ganz speziellen Liebe zu diesem ganz speziellen Land.

45 Polperro und Mevagissey

Von Fischern, Schmugglern und Gartenenthusiasten.

Etwa 30 km westlich von Plymouth liegt **Polperro**, ein kornisches Fischerdorf, durch dessen enge Gassen früher die Schmuggler schlichen, deren jahrhundertealte Geschichte im *Polperro Heritage Museum* (Tel. 015 03/27 24 23, März–Okt. tgl. 10.30–17.30 Uhr) dokumentiert wird. Heute schieben sich Besucherscharen durch den Ort – und die Möwen schreien es von den Dächern der weißgetünchten Fischerhäuser, dass Cornwall hier so ist und dank der Bemühungen seiner ebenso traditionsbewussten wie geschäftstüchtigen Bewohner so bleibt, wie man es am liebsten hat. Autos werden außerhalb des Dorfes abgestellt, Pferde- und Elektrokarren pendeln zwischen Parkplatz und Ort, der für den sommerlichen Besucherandrang mit reichlich Souvenirläden, Cafés und einfachen Restaurants bestens gewappnet ist.

◁ *Eine Landschaft, sagenhaft genug für Könige und Heilsbringer: die nordkornische Küste bei den Bedruthan Steps*

Nicht weniger idyllisch, da ruhiger, geht es in den Dörfern **Polruan** und **Bodinnick** zu, die man westlich von Polperro an der Mündung des *Fowey* erreicht. Rund 6000 Segeljachten liegen hier vor Anker. In den Geschäften am Hafen des Ortes **Fowey** kaufen die Kapitäne ihren Reisebedarf.

Bei *Pentewan* in den Hügeln über dem Küstenstädtchen **Mevagissey** lockt ein verwunschener Ort, der gar nichts mit Schmugglern und Schwarzhändlern zu tun hat: **The Lost Gardens of Heligan** (Tel. 017 26/84 51 00, www.heligan.com, März–Okt. tgl. 10–18, sonst bis 17 Uhr), ein Landschaftsgarten, der 1780–90 von der Familie Tremayne angelegt wurde, in der Zeit nach dem Ers-ten Weltkrieg vollkommen verwilderte – und deshalb der ›verlorene Garten‹ genannt wird. Der Initiative eines Archäologen, vormals Popmusiker und Plattenproduzent, ist es zu verdanken, dass Heligan im Frühjahr 1991 zu neuem Leben erweckt wurde. Der Anblick der Wildnis brachte den Holländer **Tim Smit** dazu, die Ärmel hoch- und sein Leben umzukrempeln. Er konsultierte Gartenhistoriker und Botaniker, mit Hilfe von Metalldetektoren spürte man die historischen, in Laub und Erde begrabenen Pflanzenetiketten wieder auf und bestückte den Garten entsprechend neu. Nun sind u. a. wieder ein originalgetreu restaurierter *Ananasgraben*, *Nutzgärten* und *Dschungelanpflanzungen* zu sehen.

Einen ›Garten für das 21. Jahrhundert‹ schuf Smit in einer riesigen Kaolingrube abseits der A 391 einige Kilometer östlich von St. Austell mit dem **Eden Project** (Tel. 017 26/81 19 11, www.edenproject.com, April–Okt. tgl. 9.30–18, Nov.–März 10–16.30 Uhr). In zwei großen Glashäusern für tropisches und gemäßigt warmes Klima sowie einer ausgedehnten Außenanlage soll den Besuchern die Natur als ihr ureigenster Lebensraum wieder nahegebracht werden, Informations- und Schulungsprogramme rund um die Pflanzenwelt helfen, die Eindrücke zu vertiefen.

Endpunkt der kleinen Küstenfahrt ist **Mevagissey**. Hier ankern die Boote im Schutz einer doppelten Hafenmole, auf der sich am Abend die Angler versammeln. Hier lässt man es gerne Nacht werden – um am nächsten Morgen vielleicht auf dem *Küstenwanderweg*, über den südlichen Hügel am Hafen, an den letzten Häusern des Ortes vorbei und dann immer die Klippen entlang, eine gemütliche Wanderung in den etwa 4 km entfernten Badeort **Gorran Haven** mit seinem hübschen Strand zu unternehmen.

Praktische Hinweise

Information

TIC, The Post Office, 4 Custom House Hill, Fowey, Tel./Fax 017 26/83 36 16

TIC, Guildhall, Fore Street, Looe, Tel. 015 03/26 20 72, Fax 015 03/26 54 26

Hotels

♔♔♔♔ **Trelaske Country Hotel**, Polperro Road, Looe, Tel. 015 03/26 21 59, Fax 015 03/25 53 60, www.trelaskehotel.net. Das kleine Hotel mit Restaurant in ruhiger Lage ist ausgezeichnet ausgestattet.

♔♔♔ **Coombe Farm**, Widegates, Looe, Tel. 015 03/24 02 23, Fax 015 03/24 08 95, www.coombefarmhotel.co.uk. Freistehender Bauernhof (10 Zi.) mit herrlichem Blick aufs Meer. Schmackhaftes Essen. Beheizter Pool im Garten (Nov.–Febr. geschl.).

♔♔ **Mevagissey House**, Vicarage Hill, Mevagissey, Tel. 017 26/84 25 25, Fax 017 26/84 22 66, www.mevagisseyhouse.co.uk. In dem preisgünstigen, ruhig im Grünen gelegenen Haus mit seinen 2 großzügigen Zimmern und 3 Cottages wird man besonders herzlich aufgenommen (Nov.–März geschl.).

In vielen der alten Fischerhäuser rund um den Hafen von Mevagissey sind heute Pensionen, Hotels und Pubs untergebracht

Grüngraue Felsrücken säumen die kleinen Buchten der Halbinsel von The Lizard

Restaurants

Food for Thought, 4 Town Quay, Fowey, Tel. 017 26/83 22 21. In dem historischen Gebäude der Küstenwache am Kai werden preisgünstige, erstklassige Menüs serviert (außerhalb der Saison So geschl.).

Mr. Bistro, am Hafen, Mevagissey, Tel. 017 26/84 24 32. Exzellente Fischgerichte. Der Sohn bereitet zu, was der Vater einige Stunden zuvor vor Mevagissey gefangen hat.

The School House, West End, Pentewan, St. Austell, Tel. 017 26/84 24 74. Von weither pilgern Feinschmecker in das frühere Schulhaus. Die köstlichen Speisen werden aus frischen Zutaten zubereitet. Allein das Käsesoufflé ist eine Reise wert. Reservierung erforderlich (So geschl., im Winter So–Di geschl.).

46 Falmouth und The Lizard

Ein wahres Segel- und Wanderparadies.

An der engen Bucht *Carrick Roads*, in der die Fischerboote und die Jachten der Freizeitkapitäne ankern, liegt **Falmouth**. Henry VIII. ließ die Bucht Mitte des 16. Jh. durch zwei kleine Burgen sichern, **St. Mawes Castle** (EH, Tel. 013 26/27 05 26, Juli/Aug. tgl. 10–18, April–Juni/Sept. So–Fr 10–17, Sa 10–16, Okt.–März tgl. 10–16 Uhr) und gegenüber, auf Ortsseite, **Pendennis Castle** (EH, Tel. 013 26/31 65 94, Juli/Aug. tgl. 10–18, April–Juni/Sept. So–Fr 10–17, Sa 10–16, Okt.–März tgl. 10–16 Uhr). Beide Burgen dienten noch im Zweiten Weltkrieg als Beobachtungsstationen, heute aber genießt man von ihren Wehrtürmen in Frieden das Panorama der Bucht.

Das Hinterland von St. Mawes nennt sich *The Roseland*: Kleine, einsame Badeplätze, Dörfer mit historischen Häusern und sanfte Hügel warten darauf, entdeckt zu werden.

Etwa 10 km südlich von Falmouth beginnt **The Lizard Peninsula**. Die gesamte Halbinsel kann man auf einem Klippenpfad umwandern. Im Landesinneren unterhält die Luftwaffe den größten Hubschrauberlandeplatz in Großbritannien. Kleine Buchten und Strände locken vor allem im westlichen Teil, zwischen *Lizard Point*, dem südlichsten Punkt Großbritanniens, *Mullion* und *Porthleven*.

i Praktische Hinweise

Information

TIC, 28 Killigrew Street, Falmouth, Tel. 013 26/31 23 00, Fax 013 26/31 34 57

Im Grundton grau und beinah demütig ducken sich die Häuser zu Füßen der Klosterburg von St. Michael's Mount

Hotels

♔♔♔♔ **Green Lawns**, Western Terrace, Falmouth, Tel. 013 26/31 27 34, Fax 013 26/ 21 14 27, www.greenlawnshotel.com. Die Eigentümer vergleichen ihr von einem großem Garten umgebenes Haus gerne mit einem französischen Château, schließlich verfügt es auch über luxuriöse Suiten.

♔♔♔ **Penmorvah Manor**, Budock Water, 4 km westlich von Falmouth, Tel. 013 26/25 02 77, Fax 013 26/25 05 09, www.penmorvah.co.uk. Ruhig gelegenes viktorianisches Haus (27 Zi.). Abendessen mit frischen lokalen Zutaten gibt es auf Vorbestellung.

Restaurants

Bolitho's, im Penmere Manor Hotel, Mongleath Road, Falmouth, Tel. 013 26/ 21 14 11. Das exzellente, elegante Hotelrestaurant bietet neue englische Küche und eine umfangreiche Weinkarte.

The Hutches, im Trelawne Hotel, Maenporth Road, Mawnan Smith, Tel. 013 26/25 02 26. Das preisgekröntes Hotelrestaurant am Meer bietet vor allem Meeresfrüchte (nur Dinner, Ende Dez.–Mitte Febr. geschl.).

Pennypots, Maenporth Beach, Mawnan Smith, Tel./Fax 013 26/25 02 51. 6 km südlich von Falmouth. In dem stilvollen Restaurant mit herrlichem Blick über Falmouth Bay werden Zwei- und Drei-Gänge-Menüs angeboten, so etwa sautierte Gänseleber, Barschfilet in Hummersauce und Brotpudding mit *Clotted cream* (März–Dez. So/Mo geschl., Jan./Febr. So–Mi geschl.).

47 St. Michael's Mount

TOP TIPP *Berg der Mönche und Soldaten.*

Vor der Küste des Städtchens *Marazion* ragt 70 m hoch der Inselberg St. Michael's Mount (NT, Tel. 017 36/71 05 07, www.stmichaelsmount.co.uk, Mai–Sept. So–Fr 10.30–17.30, April/Okt. So–Fr 10.30–17 Uhr, sonst je nach Wetter und Tide) aus dem Meer. Ein Granitdamm, bei Ebbe begehbar, verbindet Festland und Insel, die an sonnigen Tagen über dem Wasser zu schweben scheint wie eine Luftspiegelung des berühmten *Mont St. Michel* der Normandie.

Tatsächlich wurde der Mount kurz nach Williams Eroberung den Benediktinern des französischen Mont als Tochterhaus unterstellt. Zu großer Bedeutung gelangte die Abtei jedoch nicht, dazu war die strategische Lage des Inselbergs für die weltlichen Herren stets viel zu interessant. Daher mussten die Mönche ihren St. Michael's Mount mit profanen Schwertträgern teilen, bis die Klosterfestung im 17. Jh. in den Besitz der Familie *St. Aubyn* gelangte, die die Abtei wohnlicher gestalten ließ, ohne sie äußerlich entscheidend zu verändern. So ist unter der alten Holzbalkendecke des **Refektoriums** nun ein Stuckfries mit Jagdszenen (1641) zu sehen, und die **Marienkapelle** des 15. Jh. wurde in ein elegantes Boudoir der Rokoko-Gotik verwandelt.

St. Michael's Mount blieb seiner Tradition als Ort der Gegensätze treu – und im 8 ha großen **Felsengarten** des 18. Jh. wachsen, von kalten englischen Nebeln umhüllt und von wilden Atlantikstürmen zerzaust, Yucca-Palmen und Mimosen, zarte Pflänzchen der südlichen Halbkugel, dem hl. Michael, dem Golfstrom und dem Sachverstand der St. Aubyns sei Dank.

48 Südwestspitze Cornwalls

Ans Ende des Landes.

An der Mount's Bay liegt **Penzance**, einst Exporthafen für die Bodenschätze Cornwalls (Zinn, Kupfer, Wolfram, Kaolin) und heute *Seebad* mit langer Promenade am Sandstrand westlich des Hafenbeckens.

Von dort gelangt man durch die Morrab Road zu den *Morrab Gardens* mit ihren exotischen Blumen und einem viktorianischen Orchesterpavillon. Westlich der Gärten ist das **Penlee House Gallery & Museum** (Tel. 01736/363625, www.penleehouse.org.uk, Ostern–Sept. Mo–Sa 10–17, sonst Mo–Sa 10.30–16.30 Uhr) zu finden, das Haus eines reichen Kaufmanns, in dem die Städtischen Sammlungen untergebracht sind, u. a. archäologische Funde, Kunsthandwerk und Fotografie. Den Schwerpunkt aber bildet die Malerei, insbesondere die Werke der *Newlyn School*, eine 1882 auf Initiative von Walter Langley gegründete Malergruppe, die sich nach Penzances Nachbarstadt benannte und sich zum Ziel setzte, das harte Leben der Fischer, Bauern und Zechenarbeiter Cornwalls künstlerisch zu verarbeiten. Realistische Maltechnik und romantisierte Sujets verbinden sich in den Werken der Gruppe, die bis 1930 bestand.

Das Nordende der Morrab Gardens umrundend, erreicht man die *Chapel Street* mit dem extravagantesten Gebäude der Stadt. 1830 schossen hier im warmen Süden Britanniens die architektonischen Fantasien einer Epoche ins Kraut. Im Geiste war man 1798 mit Napoleon, dem Erzfeind, nach Ägypten gezogen und hatte sich von den Bauten am Nil zu Bibliotheken ohne Papyri (1823 in Devonport errichtet), Hallen ohne Pharaonen (am Londoner Piccadilly, 1812) und eben jenem **Egyptian House** in Penzance inspirieren lassen. Hinter seiner Fassade mit trapezförmigen Fenstern, Karyatiden, Papyrusbündelsäulen und Palmblattkapitellen geht es weniger fantastisch als handfest britisch zu – Napoleon hin, Ägypten her.

Doch damit nicht genug der Attraktionen. In der Wharf Road in Hafennähe rollt das **Trinity House National Lighthouse Museum** (Tel. 01736/360077, Ostern–Okt. tgl. 10.30–16.30 Uhr) die Geschichte britischer Leuchttürme auf.

Der Tradition der Newlyn School verpflichtet sieht sich die **Newlyn Art Gallery** (Tel. 01736/363715, www.newlynartgallery.co.uk, Mo–Sa 9.30–17 Uhr) in der

Wie ein Gedenkstein neuzeitlicher Sehnsüchte nach dem Reich der Pharaonen ragt die Fassade des Egyptian House in Penzance auf

New Road von Penzances Nachbarstadt **Newlyn**. Zeitgenössische Künstler Cornwalls finden in diesem Museum ein Forum. Der Ort ist Englands größter Fischereihafen – etwa 200 hochmoderne Trawler sind hier registriert. Nicht einmal 2 km südlich der Stadt liegt in einer winzigen Bucht **Mousehole**, Fischernest, Mäuseloch mit grauen Häusern aus Granit, die Straßen zu eng für jedes Auto.

Etwa 10 km weiter südwestlich, mitten in den Klippen bei *Porthcurno*, erreicht man das **Minack Theatre** (Tel. 017 36/ 81 01 81, www.minack.com, Besichtigung Ostern–Okt. tgl. 9.30–17.30, sonst 10–16 Uhr, bei Nachmittagsvorstellungen ab 14 Uhr nicht zugänglich). 1932 wurde das Amphitheater mit Shakespeares *›Der Sturm‹* eröffnet – und im Sommer, auch bei Wind und Regen, wenn Prospero wieder einmal schlechte Laune hat, wird den bis zu 800 Zuschauern von Amateuren wie Berufsschauspielern ein buntes Programm geboten, dessen Spektrum von Klassikern bis zu Musicals reicht.

TOP TIPP Nur ein paar Kilometer sind es nun noch bis **Land's End**. Auf Englands Westspitze hat sich ein extrem kommerzielles Erlebniszentrum breitgemacht. Noch ganz ursprünglich lässt sich das Ende des Landes erleben, wenn man das Auto in dem kleinen Ort *Sennen* stehenlässt und das letzte Stück bis zum Aussichtspunkt zu Fuß läuft. Der Spaziergang dauert nicht einmal 20 Min., führt direkt über die Klippen – und man umgeht auf diese Weise die ›Erlebnisse‹ der marktschreierischen Art, die Land's End sonst für den ahnungslosen Ankömmling bereithält. Tosend brechen sich die Wellen an den Granitfelsen, der Blick streift den *Leuchtturm* vor der Küste und wandert darüber hinaus – man glaubt die Gefühle der Seefahrer vergangener, unsicherer Jahrhunderte verstehen zu können: kein Land mehr von hier bis Amerika (wenn man Irland rechts liegen lässt).

Als donnerten sie Minute für Minute gegen die Felswände einer uneinnehmbaren Festung: die Wellen des Atlantik bei Land's End

Cape Cornwall, von **St. Just** aus auf einem kurzen Spaziergang zur Küste zu erreichen, ist zwar nicht der Westzipfel der Insel, doch wer fragt angesichts schönster, ungetrübter Ausblicke noch nach geographischen Extremitäten?

In St. Just selbst haben sich zahlreiche Maler und Keramikkünstler niedergelassen, die ihre Werke in *Galerien* und *Töpfereien* zum Verkauf anbieten.

Ebenso typisch wie Klippen und Felsnadeln sind für die Landschaft nördlich von Land's End die aus Granitbruchsteinen gemauerten Maschinenhäuser, *Jinjies* genannt, und hohen Schornsteine der einst florierenden **Bergwerke** der Grafschaft. Schon im 15. Jh. wurde in Cornwall Bergbau betrieben; bis zur Entdeckung ergiebigerer Vorkommen außerhalb Europas gewann man vor allem Zinn und Kupfer. 1998 wurde auch die letzte Mine, South Crofty bei Redruth, geschlossen. Die Arbeitsabläufe unter Tage lassen sich aber noch bei einem Besuch der **Levant Beam Engine** (Tel. 017 36/78 61 56, Ostern – Okt. tgl. 11 – 17 Uhr) bei *Pendeen* studieren. Ehemalige Bergleute erläutern das System der Schächte und Stollen, und meist steht auch die Maschine unter Dampf, mit deren Hilfe einst das erzhaltige Gestein zutage gefördert wurde.

Das Alltagsleben in diesem Landstrich lässt sich am besten im **Wayside Folk Museum** (Tel. 017 36/79 69 45, ab Ostern tgl. 11–16, Mai–Okt. tgl. 10.30–17.30 Uhr) von **Zennor** in Augenschein nehmen. Eine Mühle und ein Schweinestall sind in das Museum integriert, für das Colonel Freddie Hurst 60 Jahre lang Gegenstände aller Art und aus allen Lebensbereiche zusammentrug. Manche Gegenstände scheinen direkt aus dem Aquarell eines Künstlers der Newlyn School zu stammen.

Dramatische Schauspiele werden hier stets geboten – und immer, wenn das Wetter mitspielt, nicht nur von Klippen und Meer: das Minack Open Air Theatre

i Praktische Hinweise

Information

TIC, Station Road, Penzance, Tel. 01736/362207, Fax 01736/363600, www.penzance.co.uk

Hotels

♔♔♔♔ **Mount Haven**, Turnpike Road, Marazion, Tel. 01736/710249, Fax 01736/711658, www.mounthaven.co.uk. Die meisten der 18 Zimmer bieten einen herrlichen Blick auf St. Michael's Mount. Traditionelle eingerichtetes Haus mit gutem Restaurant.

♔♔♔ **Tarbert**, 11 Clarence Street, Penzance, Tel. 01736/363758, Fax 01736/331336, www.tarbert-hotel.co.uk. Georgianisches Stadthaus (12 Zi.) mit freundlichem Charme. Bar und ausgezeichnetes Restaurant mit Fischspezialitäten.

♔♔ **Tregurnow Farm**, St. Buryan, Tel./Fax 01736/810255, www.lamorna.biz. Geschmackvoll eingerichtetes Farmhaus oberhalb der Bucht von Lamorna südlich von Penzance.

Restaurants

Harris's, 46 New Street, Penzance, Tel. 01736/364408. Alteingesessenes, elegantes Restaurant an der Hauptstraße (außerhalb der Saison Mo geschl.).

Old Coastguard Hotel, The Parade, Mousehole, Tel. 01736/731222. In den Loomchairs des Wintergartens über der Bucht genießt man den gemütlichen britischen Touch dieses Hotelrestaurants, das zudem über einen Biergarten verfügt.

The Summer House, Cornwall Terrace, Penzance, Tel. 01736/363744. Unweit der Promenade werden in einem denkmalgeschützten Haus beste Mittelmeerküche und italienische Weine angeboten. Im Sommer sitzt man auch schön im Garten (So/Mo geschl., Okt.–Mai So–Di geschl.).

49 Isles of Scilly

Das wirkliche Ende Englands.

Mehr als 140 Inseln und Felsklippen bilden etwa 40 km südwestlich von Land's End den Archipel der Isles of Scilly, Besitz des Herzogtums Cornwall und beinahe zur Gänze unter Naturschutz stehend. Nur die fünf größten sind bewohnt: St. Mary's, Tresco, St. Martin's, St. Agnes und Bryher. **St. Mary's** mit der Hauptstadt *Hugh Town* ist die größte Insel der Scillies. Auf ihr leben drei Viertel der insgesamt 2000 Bewohner.

Der Archipel ist eine Oase der Ruhe. Bizarre *Felsformationen* säumen vor allem die Küsten von St. Mary's und Bryher, sandige *Buchten* St. Agnes und den Süden von Tresco. Etwa 150 jungsteinzeit-

Das Meer leuchtet noch in ihren Augen: die Galionsfiguren der Valhalla

liche Grabstätten sind über die Inseln verteilt; aus den Wracks von Havaristen versorgten sich die Bewohner früherer Tage. Die *Valhalla* der **Tresco Abbey Gardens** (Tel. 017 20/42 41 05, tgl. 10–16 Uhr), des Gartens einer unter Henry VIII. aufgelösten Benediktinerabtei, versammelt mehr als 70 Galionsfiguren gestrandeter Schiffe. Die Samen vieler der subtropischen Pflanzen brachten Britanniens Seehelden von ihren Weltumsegelungen mit. Hier gedeihen, vom Golfstrom umspült, Bananen und Zitronen, und die Pflanzenzucht ist nun neben dem Tourismus Haupterwerbszweig der Inseln.

i Praktische Hinweise

Information

TIC, Hugh Town, St. Mary's, Tel. 017 20/42 25 36, Fax 017 20/42 37 82, www.simplyscilly.co.uk

Schiff

Isles of Scilly Steamships, Quay Street, Penzance,Tel. 017 36/33 42 20, www.islesofscilly-travel.co.uk. Fähren verkehren zwischen Penzance und St. Mary's.

Helikopter

British International, The Heliport, Penzance, Tel. 017 36/36 38 71, www.islesofscillyhelicopter.com. Mit dem Hubschrauber von Penzance nach St. Mary's und Tresco.

Flugzeug

Isles of Scilly Travel Centre, Quay Street, Penzance, Tel. 017 36/33 42 20, www.islesofscilly-travel.co.uk. Mit dem *Skybus* kommt man von Southampton, Bristol, Exeter, Newquay und Land's End nach St. Mary's.

Hotels

♔♔♔♔ **The Island Hotel**, Old Grimsby, Tresco, Tel. 017 20/42 28 83, Fax 017 20/42 30 08, www.tresco.co.uk. Luxuriöses Hotel mit Swimmingpool, subtropischem Park, Tennisplätzen und sehr gutem Restaurant auf der 3 km² großen Blumeninsel (Nov.–Febr. geschl.).

♔♔♔♔ **Star Castle**, The Garrison, St. Mary's, Tel. 017 20/42 23 17, Fax 017 20/42 23 43, www.star-castle.co.uk. Eine kleine, von einer sternförmigen Mauer umgebene Festung aus dem Jahr 1593 ist heute eines der besten Hotels (31 Zi.) der Inseln. Gutes Restaurant, Hallenbad, Tennisplätze, schöner Garten (Okt.–Febr. geschl.)

♔♔♔ **Godolphin**, Church Street, Hugh Town, St. Mary's, Tel. 017 20/42 23 16, Fax 017 20/42 22 52. Kleines Hotel am Ortsrand mit Garten, freundlichem Service und gutem Restaurant.

♔♔ **April Cottage**, Church Road, Hugh Town, St. Mary's, Tel. 017 20/

Im kleinen botanischen Weltreich der Tresco Abbey Gardens

Wenn der Kunstgenuss vorüber ist, lockt ein Bad an einem der Strände von St. Ives

42 22 79, Fax 017 20/42 32 47. In dem kleinen Bed & Breakfast am Ortsrand wird man herzlich aufgenommen.

Restaurants

The Galley, St. Mary's, Tel. 017 20/ 42 26 02. Im Erdgeschoss Fish'n'Chips, oben Restaurant. Sämtlicher Fisch wird vom Bruder des Inhabers in den Gewässern um die Insel gefangen.

Juliet's Garden, Seaways Farm,St. Mary's, Tel. 017 20/42 22 28. Das Restaurant in einer umgebauten Scheune verwendet regionale Zutaten. Vom Garten aus hat man einen herrlichen Blick über den Hafen.

The Mermaid, Hugh Town, St. Mary's, Tel. 017 20/42 27 01. Charaktervolles, lebhaftes Pub, in dem sich die jüngere Generation trifft. Im Obergeschoss gibt es ein einfaches Fischrestaurant.

50 St. Ives

Künstler auf der Suche nach dem Licht.

Das Städtchen auf einer Halbinsel 11 km nördlich von Penzance ist nach der *hl. Ia*, einer keltischen Missionarin des 5. Jh., benannt. Bergbau und Sardinenfischerei bildeten viele Jahrhunderte lang die Lebensgrundlage der Bewohner. Anfang des 20. Jh. kamen dann erstmals Erholungsuchende des milden Klimas wegen hierher. Auch heute noch tummeln sich Badegäste und Surfer an den langen **Sandstränden** der geschützten St. Ives Bay, vor allem am Porthmeor Beach an der Hafenpromenade, die von einem strahlend weißen, aus Kuben und Zylindern zusammengesetzten Gebäude beherrscht wird, der **Tate St. Ives** (Tel. 017 36/79 61 26, www.tate.org.uk/stives, März–Okt. tgl. 10–17.30, Nov.–Febr. Di–So 10–16.30 Uhr). Wo sich früher das Gaswerk der Stadt befand, wurde 1993, architektonisch als Reverenz an das frühere Gebäude konzipiert, diese Dependance der Londoner *Tate Gallery* eröffnet. An Ort und Stelle können nun in wechselnder Zusammenstellung die rund 900 Werke von Künstlern aus St. Ives betrachtet werden, über die das Londoner Mutterhaus verfügt. Schon hundert Jahre bevor die ersten Badeurlauber der Sonne im Westen des Landes entgegenfuhren, hatten Maler und Bildhauer das *besondere Licht* der Bucht entdeckt und in ihren Werken reflektiert. Von der Wasseroberfläche gespiegelt, erscheint es, auch seines hohen UV-Anteils wegen, besonders durchdringend und strahlend. **William Turner** waren die Mitglieder der *Newlyn School* [s. S. 93] gefolgt, nachdem es ihnen in dem südlicher gelegenen Sardinenhafen zu eng geworden war. *James McNeill Whistler* (1843–1903) und sein Schüler *Walter Sickert* sammelten ihre Impressionen hier im Winter 1883.

Wenige Tage vor Ausbruch des Zweiten Weltkriegs schließlich übersiedelte

Ben Nicholson mit seiner Frau *Barbara Hepworth* und den drei Kindern aus dem bedrohten London nach St. Ives. Wie geschaffen scheint das Ambiente der Tate für Nicholsons vom Kubismus geprägte Bilder, für die abstrakten Skulpturen Barbara Hepworths, wie vom Meer ausgespülte Findlinge vor den großen Fensterflächen mit Blick auf Porthmeor Beach. Auch vielen Künstlern der jüngeren Vergangenheit begegnet man bei einem Rundgang durch die Tate des Westens, z. B. *Patrick Heron*, *Terry Frost* und *Peter Lanyon*. Und bei einem Besuch des luftigen, lichtdurchfluteten *Cafés* im obersten Stockwerk des Museums kann sich jeder sein eigenes schönes Bild von Strand und Stadt machen.

Barbara Hepworth ist ein eigenes Museum in der Ayr Lane gewidmet. Hinter hohen Granitmauern fand sie 1949, nach der Trennung von Ben Nicholson, ein eigenes Atelier, später auch Wohnhaus, heute TOP TIPP **Barbara Hepworth Museum & Sculpture Garden** (Tel. 017 36/79 62 26, www.tate.org.uk/stives, März–Okt. tgl. 10–17.30, Nov.–Febr. Di–So 10–16.30 Uhr). Der Kalender im Atelier zeigt unverändert das Datum des 20. Mai 1975, jenes Tages, an dem Barbara Hepworth vor dem Einschlafen vergaß, ihre Zigarette zu löschen und im Bett verbrannte. So wurde aus der Arbeits- eine Erinnerungsstätte. Verteilt über Haus und Garten sind rund *50 Werke* der Künstlerin zu sehen. Zwischen Bambusbüscheln und Kakteen blickt man auf die abstrakten Skulpturen, durchbrochene Steine und Metallplatten, ins Licht von St. Ives.

Spaziergänge von Kunstwerk zu Kunstwerk führen durch die verwinkelten **Gassen** des Städtchens mit ihren schiefergedeckten Fischerhäusern und Bergarbeiter-Cottages. Vor dem *Rathaus* und in der Pfarrkirche *St. Ia* (15. Jh.) in der High Street sind noch einmal Skulpturen von Barbara Hepworth zu sehen. In der Straße The Stennack am südwestlichen Stadtrand hatte *Bernard Leach* (1888–1979), einer der innovativsten Keramikkünstler des 20. Jh., seine Töpferei. In seinen Werken verbinden sich europäische und ostasiatische Techniken und Formensprache. Mit einem letzten Blick ins Licht verlässt man St. Ives nun in Richtung Norden. Den *Leuchtturm* von Godrevy verpflanzte Virginia Woolf, die als Mädchen drei Sommerferien an der Bucht verbrachte, 1927 in ihrem Roman ›*To the Lighthouse*‹ auf die Hebrideninsel Skye.

Praktische Hinweise

Information

TIC, The Guildhall, Street an Pol, St. Ives, Tel. 017 36/79 62 97, Fax 017 36/79 83 09, www.go-cornwall.com

Hotels

♔♔♔♔ **Carbis Bay Hotel**, Carbis Bay, St. Ives, Tel. 017 36/79 53 11, Fax 017 36/79 76 77, www.carbisbayhotel.co.uk. Mittelgroßes Hotel mit Terrasse und Pool direkt am Strand 2,5 km südlich von St. Ives. Gutes Restaurant.

♔♔♔ **Chy-an-Dour**, Trelyon Avenue, St. Ives, Tel. 017 36/79 64 36, Fax 017 36/79 57 72, www.chyandourhotel.co.uk. Vom Garten des Hotels hat man einen schönen Blick auf Meer und Stadt.

♔♔ **The Grey Mullet**, 2 Bunkers Hill, St. Ives, Tel./Fax 017 36/79 66 35, greymulletguesthouse@lineone.net. Liebevoll ausgestattetes Gästehaus aus dem 18. Jh. Im Frühstücksraum des ehem. Fischerhauses wurden früher die Fische getrocknet.

Restaurants

Al Fresco, The Wharf, St. Ives, Tel. 017 36/79 37 37. Das engagierte junge Besitzerpaar verwöhnt seine Gäste mit italienischen Delikatessen, einer hervorragenden Weinauswahl und ausgezeichneten Desserts (Mo geschl.).

The Badger Inn, Fore Street, St. Ives, Tel. 017 36/75 21 81. Inmitten der Pflanzen des Wintergartens genießt man als Spezialitäten des Hauses Kasserollen, Pasta und Pudding, alle Rezepte selbst kreiert.

Pig'n'Fish, Norway Lane, St. Ives, Tel. 017 36/79 42 04. Vor allem Fisch und Meeresfrüchte werden in außergewöhnlicher Qualität zubereitet. Gehobene Preisklasse (im Winter geschl.).

51 Newquay und Bedruthan Steps

Spektakel und Naturschauspiel.

Newquay mit seinen zehn Sandstränden wird *Surf City, UK*, genannt, die Hauptstadt der Wellenreiter des Vereinigten Königreichs. Tagsüber surft man in der Brandung, abends donnert die neueste Musikwelle durch die vielen Discos der Stadt.

Nicht ruhiger, aber natürlicher geht es gut 10 km weiter nördlich zu. Über Treppen zum Meer erreicht man die Felsformation der **Bedruthan Steps**, gewaltige **Klippen** am Sandstrand, der weniger zum Baden als zum Staunen aus gemessenem Abstand einlädt. An den Trittsteinen der Giganten bricht die Flut unvermittelt herein und hat schon viele Unvorsichtige in die Tiefe gerissen.

i Praktische Hinweise

Information

TIC, Marcus Hill, Newquay,
Tel. 016 37/85 40 20, Fax 016 37/85 40 30,
www.newquay.co.uk

Ameisenklein verlieren sich die Spaziergänger zu Füßen der Bedruthan Steps

Hotels

♔♔♔ **Whipsiderry**, Trevelgue Road, Porth, Newquay, Tel./Fax 016 37/87 47 77, www.whipsiderry.co.uk. Knapp 4 km nordöstlich von Newquay gelegenes Hotel (23 Zi.) im modernen Stil mit fantastischem Seeblick, beheiztem Schwimmbad und Sauna. Das Abendmenü besteht in der Regel aus sechs Gängen (Nov.–Ostern geschl.).

♔ **Chichester**, 14 Bay View Terrace, Newquay, Tel./Fax 016 37/87 42 16. Preisgünstiges Hotel über der Watergate Bay von Newquay.

Restaurant

Trenance Lodge, 83 Trenance Road, Newquay, Tel. 016 37/87 67 02. Preisgünstiges Hotelrestaurant über der Bucht, traditionelle englische Küche.

Von daher weht der Wind: sturmgepeitschter Baum im Bodmin Moor

52 Bodmin Moor

Herrenhäuser am Rande, ein Wirtshaus in der Mitte des Moors.

Übereinandergeschichtete Granitplatten krönen Rough Tor und Brown Willy, die mit 400 bzw. 420 m höchsten Erhebungen des Bodmin Moor. Offene Moor- und Heidelandschaft erstreckt sich zu ihren Füßen, ein *Wandergebiet* etwa halb so groß wie das Dartmoor, begrenzt von den Städten Altarnun, Liskeard, Bodmin und Camelford.

Seit 1835 ist **Bodmin** Cornwalls Kapitale. Hauptsehenswürdigkeit des Ortes ist die Kirche *St. Petroc* aus dem 15. Jh. mit einem der schönsten normannischen Taufbecken (12. Jh.) des Landes. Engelsköpfe bilden die vier Ecksäulen, und über das Becken rankt sich filigran der Lebensbaum.

3 km südlich von Bodmin steht inmitten einer herrlichen Parklandschaft über dem Fluss Fowey **Lanhydrock** (NT, Tel. 012 08/26 59 50, *Gebäude*: April–Sept. Di–So 11–17.30, Okt. Di–So 11–17 Uhr, *Garten*: tgl. 10–18 Uhr), ursprünglich eine Augustinerabtei, die ab 1630 zu einem Herrenhaus umgestaltet und 1881 nach einem Brand im viktorianischen Stil wiederaufgebaut wurde. Die stuckverzierte *Galerie* des Nordflügels blieb von den Flammen verschont; die *Deckengemälde* erzählen Geschichten aus der Bibel.

5 km nordwestlich von Bodmin liegt **Pencarrow** (www.pencarrow.co.uk, Tel. 012 08/84 13 69, *Gebäude*: April–Okt. So–Do 11–17 Uhr, *Gärten*: März–Okt. tgl. 9–18 Uhr). Es wurde im 18. Jh. als Stammsitz der Familie Molesworth-St. Aubyn [s. S. 93] errichtet, einer der mächtigsten Familien Cornwalls, die Parlamentsabgeordnete und sogar einen Gouverneur von Jamaika stellte. Piraten und Schmuggler hatte nicht nur die Karibik zu bieten, sondern auch Cornwall mit seinen Küsten und Mooren – im **Jamaica Inn** von *Bolventnor* schrieb Daphne du Maurier (1907–1989) den Roman, den sie nach dem Wirtshaus im Zentrum des Bodmin Moor benannte. Das Jamaica Inn gibt es nach wie vor, das Zimmer der Autorin ist in der Einrichtung der frühen 1930er-Jahre, so wie du Maurier es vorfand, neben einer kleinen Ausstellung zur Geschichte des Schmuggels zu besichtigen.

Im nördlichen Teil des Moores liegt die alte Hauptstadt von Cornwall, **Launceston**, mit der normannischen Burgruine des Earl of Cornwall. Unterhalb davon, am Marktplatz des Ortes, ist ein Schmuckkästchen des frühen 16. Jh. zu bewundern, eines, das man nicht erst zu öffnen braucht, um seiner Pracht teilhaftig zu werden. Die Granitmauern der Pfarrkirche **St. Mary Magdalene** sind über und über mit *Flachreliefs* verziert: Rosen ranken sich die Wände hinauf, Farne wuchern, Palmblätter werfen schmale Schatten auf das Mauerwunderwerk. In einer Nische unter dem Ostfenster ruht die Figur der hl. Maria Magdalena. Über dem Fenster prangt das Wappen Henrys VIII., des großen Kirchenreformators, dessen Wirken und Wüten die prachtvolle hölzerne *Kanzel* im Inneren von St. Mary Magdalene unbeschadet überstanden hat. Die ursprüngliche Bemalung der zarten Schnitzereien wurde restauriert.

Praktische Hinweise

Information

TIC, Shire Hall, Mount Folly Square, Bodmin, Tel./Fax 012 08/7 66 16, www.bodmin.gov.uk

Hotels

♔♔♔♔ **Penhallow Manor**, Altarnun, Tel. 015 66/8 62 06, Fax 015 66/8 61 79, www.penhallow-manor.co.uk. Elegantes Landhaus (6 Zi.) mit großem Garten und eigenem Fischereirevier, 12 km südwestlich von Launceston.

♔♔♔ **Mount Pleasant Farm**, Mount, 12 km östlich von Bodmin, Tel. 012 08/82 13 42, www.peacefulholiday.co.uk. Preisgünstiges kleines Hotel (6 Zi.) mit Restaurant, Pool und Garten in schöner Panoramalage (Okt.–März geschl.).

♔♔♔ **Trehellas House**, Washaway, 5 km nordwestlich von Bodmin, Tel. 012 08/7 27 00, Fax 012 08/7 33 36, www.trehellashouse.co.uk. Eine Postkutschenstation aus dem 18. Jh. mit schweren Balken und Schieferboden sowie eine umgebaute Scheune bieten komfortable Unterkunft. Das Restaurant bietet regionale Spezialitäten. Pool im Garten.

Tregolls Farm, St. Wenn, Tel./Fax 012 08/81 21 54, www.tregollsfarm.co.uk. Preisgünstiges B & B in einem Farmhaus 8 km westlich von Bodmin.

Pub

The Malsters Arms, Wadebridge, Tel. 012 08/81 24 73. 300 Jahre altes Pub nordwestlich von Bodmin mit täglich wechselndem Speisenangebot sowie *Real ales*, darunter das Malsters Special, das nur hier zu bekommen ist.

53 Tintagel, Boscastle und Morwenstow

Von Märchenkönigen, Hexen und Meerjungfrauen.

Ein Torbogen, Mauerreste, vom Gras befreite Fundamente – viel ist nicht übriggeblieben von **Tintagel Castle** (EH, Tel. 018 40/77 03 28, April–Sept. tgl. 10–18, Okt. tgl. 10–17, Nov.–März tgl. 10–16 Uhr), der legendären Burg des sagenhaften König Artus auf einem Felsvorsprung an der

Den Lustgarten in barocker Strenge vor Augen: Abteikirche und Herrenhaus des ehemaligen Augustinerkonvents von Lanhydrock

Küste Cornwalls. Zur Legende passt es jedoch nicht, dass die Ruinen von einer Festung des frühen 13. Jh. stammen, die von Richard, dem Earl of Cornwall und Bruder Henrys III., errichtet worden war. **Artus** hingegen, so er denn wirklich gelebt haben und vielleicht mit jenem keltischen Ritter identisch sein sollte, der das Land, schließlich erfolglos, gegen die Angeln und Sachsen verteidigte, tat dies im 6. Jh. Der Geschichtsschreiber *Geoffrey of Monmouth* allerdings hatte 1136 die kornische Felsnase zur Residenz des friedfertigen und tugendhaften Herrschers erklärt, eine Behauptung, der seither, allen geschichtlichen Fakten zum Trotz, Glauben geschenkt wird. Und traten denn nicht im August 1998 schottische Archäologen mit einem Aufsehen erregenden Fund an die Öffentlichkeit? Einer **Schiefertafel** mit der lateinischen Inschrift »Artognou hat dies errichtet«, entdeckt auf dem Gelände von Tintagel Castle. ›Artognou‹, keltisch für Arthur, Artus – mit einem Wort genug für all jene, deren Glauben Burgen versetzt. Wegen der zerklüfteten Klippenlandschaft lohnt ein Besuch allemal.

Das interessanteste Haus des Ortes hat nur insofern etwas mit König Artus zu tun, als es der Invasion seiner Bewunderer trotzte. Durch den Einsatz einer verehrungswürdigen Dame namens Catherine Johns wurde **The Old Post Office** (NT, Tel. 018 40/77 00 24, Aug. tgl. 11–17.30, April–Juli/Sept. So–Fr 11–17.30, Okt. So–Fr 11–16 Uhr), ein ganz aus Schiefer errichtetes Haus des 14. Jh., als einziges historisches Gebäude gerettet, als man im 19. Jh. beinahe das ganze Dorf neu errichtete, um den vielen Besuchern Unterkunft bieten zu können. 1890 wurde in einem der Räume des windschiefen Häuschens die Dorfpost eingerichtet – daher sein Name. Das Zimmer wurde inzwischen vom National Trust restauriert.

Ein wunderschöner Klippenpfad führt von Tintagel ins 6 km nördlich gelegene **Boscastle**. Von seiner Burg, *Bottreaux Castle* (12. Jh.), ist leider überhaupt nichts mehr zu sehen. Die Gebäude des Dorfes, die Häuser am Hafen aus dem 16. Jh. und die hoch oben auf den Klippen, sollen einst aus den Steinen der Burg errichtet worden sein. Am 16. August 2004 schoss eine Flutwelle durch den Ort, die durch heftige Wolkenbrüche ausgelöst worden war. Viele Gebäude konnten dem Druck nicht standhalten, aber inzwischen sind fast alle Schäden beseitigt.

Über die Steilküste mit den Resten des *Iron Age Fort*, durch die Flusstäler von Valency und Jordan kann man entweder die Wanderung fortsetzen oder aber am Hafen das **Museum of Witchcraft** (Tel. 018 40/25 01 11, www.museumofwitccraft.com, Ostern–Okt. Mo–Sa 10.30–18, So 11.30–18 Uhr) besuchen, das sich mit allen

Die Last der Jahrhunderte scheint schwer auf dem Schieferdach des Old Post Office von Tintagel zu ruhen

Was die Zukunft wohl bringen mag? Eine schweigsame Hexe im Museum of Witchcraft in Boscastle

Spielarten des Aberglaubens und allen möglichen übernatürlichen Phänomenen beschäftigt. Den Schatten einer Hexe konnte man einfangen, Märchenkönige sind bislang immer noch entwischt.

In der äußersten Nordecke der Grafschaft Cornwall liegt **Morwenstow**, Heimatpfarrei des exzentrischen Reverend *Robert Stephen Hawker* (1803–1875), Seelsorger, Retter von Schiffbrüchigen, Dichter und Baumeister. Abseits des Dorfes, mitten in den Klippen, setzte er mit *Hawker's Hut* den Gotteshäusern, in denen er gewirkt hatte, ein eigenwilliges Denkmal. Aus Nachbauten ihrer **Kirchtürme** qualmte einst der Rauch seiner Öfen. Neben dem Haus des fantasievollen Pfarrers steht *St. John Baptist*, eine Kirche aus normannischer Zeit, deren Rundbögen und Portal die bösen Blicke von Bestien aller Abart in Stein bannen – doch auch Delfine und eine Meerjungfrau sind zu sehen, Kreaturen, die man an der Nordküste Cornwalls wohl nur dann zu Gesicht bekommt, wenn man eine kräftige Wolke Opiumrauch eingesogen hat, wie einst der selige Reverend.

i Praktische Hinweise

Information

TIC, Bossiney Road, Tintagel, Tel. 018 40/77 90 84

TIC, Cobweb Car Park, Boscastle, Tel./Fax 018 40/25 00 10

Hotels

♔♔♔ **Polker House**, Trerammett, Tintagel, Tel. 018 40/77 03 82, Fax 087 17/ 50 52 86, www.polkerr.co.uk. Gut ausgestattetes Bed & Breakfast (7 Zi.) mit Restaurant und schönem Garten.

♔♔♔ **St. Christopher's**, High Street, Boscastle, Tel. 018 40/25 04 12, Fax 018 40/ 25 02 82, www.st-christophers-boscastle.co.uk. Gemütliches Bed & Breakfast im oberen alten Teil des Hafenortes.

♔♔♔ **Tolcarne House**, Tintagel Road, Boscastle, Tel./Fax 018 40/25 06 54, www.milford.co.uk/go/tolcarne.html. Spätviktorianisches Hotel im oberen Ortsteil mit Blick über das Valency Valley.

♔♔♔ **Trerosewill Farm**, Paradise, Boscastle, Tel./Fax 018 40/25 05 45, www.trerosewill.co.uk. Südlich des Ortes gelegener Bauernhof mit familiärer Atmosphäre, von großem Garten umgeben.

Restaurant

The Napoleon Inn, Fore Street, Boscastle, Tel. 018 40/25 02 04. Inn im oberen Teil des Ortes mit *Real ale* und gutem, einfachem *Pub food*, im ersten Stock auch kleines Bistro.

Bed
Breakfast
AND POST OFFICE
PLEASE CALL IN
Martins
ICE
CREAM

Nord-Devon und Somerset – wo Heide wächst und Cider fließt

Der **Exmoor National Park** mit seinen lieblichen Flußtälern und heidebewachsenen Hügeln, über die wilde Ponys streifen, ist das landschaftliche Herzstück Nord-Devons und Somersets. Atemberaubende Klippen und spektakuläre Felsformationen wie das **Valley of Rocks** bei Lynton säumen die Küste des Nationalparks.

Einer der schönsten Orte der Region ist **Dunster** mit seiner breiten Hauptstraße und dem mächtig aufragenden Schloß – die Stadt bietet sich als Ausgangspunkt für die Erkundung des Exmoor an. Mit **Clovelly** ist ein originalgetreu erhaltenes Fischerdorf des 18. Jh. zu besichtigen. Und im Herbst fließt aus Fässern der frischvergorene *Cider*, der Apfelwein, der so manchen Pub-Abend feuchtfröhlich enden lässt.

54 Clovelly

Ein Privatbesitz als Vergnügen für alle.

Es ist nicht weiter ungewöhnlich, dass man am Ortsrand eines winzigen südenglischen Fischerdorfes das Auto abstellen muss – ungewöhnlicher ist es schon, wenn der Parkplatz doppelt so groß ist wie das ganze Dorf ist und man Eintritt bezahlen muß, um in den Ort zu gelangen. Clovelly (www.clovelly.co.uk), knapp 10 km östlich der Landspitze von *Hartland Point* gelegen, befindet sich seit gut zweieinhalb Jahrhunderten im Privatbesitz der Familie *Rous* – und die verwendet die Eintrittsgelder dazu, das Dorf vor Spekulanten zu schützen und die Atmosphäre des 18. Jh. zu erhalten. An weißgetünchten, blumengeschmückten Fischerkaten vorbei geht man die steile, 800 m lange High Street hinunter zum *Hafen*, einer einzigen Kaimauer, an der ehemalige Fischer zu Bootsausflügen einladen. Etwa 400 Einwohner hat Clovelly, zahlreiche Cafés und Kunsthandwerkläden. 300 000 Gäste besichtigen Jahr für Jahr das malerische Exempel konservativen Kommerzes.

◁ *Der Rückweg hinauf vom Hafen ist etwas beschwerlich: die steile High Street des Fischerdorfes Clovelly*

i Praktische Hinweise

Hotel

♔♔♔ **Red Lion Hotel**, The Quay, Clovelly, Tel. 012 37/431237, Fax 012 37/ 43 10 44. Der alte Gasthof (11 Zi.) liegt am kleinen Hafen. Luxuriös eingerichtete Zimmer; das Restaurant ist auf Fisch spezialisiert.

55 Lynton, Lynmouth und Valley of Rocks

Das Tal der Romantiker über dem Meer.

›Where Exmoor meets the sea ...‹: Die Küste des *Nationalparks* erstreckt sich entlang des Bristol Channel. Wenige Kilometer vor der Grenze zur Grafschaft Somerset erreicht man den kleinen Ort **Lynton**, 150 m hoch über dem Meer gelegen. Ein steiler Spazierweg führt den bewaldeten Hang hinab nach **Lynmouth**; müde Badegäste und Wanderer trägt die *Cliff Railway* (Juni–Aug. tgl. 9–19 Mai/ Sept./Okt. tgl. 10–18, März/April tgl. 10–17 Uhr), eine Schienenbahn aus dem Jahr 1890, zurück nach Lynton. Die bergab rollende Kabine zieht eine zweite, über ein Stahlseil verbundene, bergauf.

In Lynmouth mündet der *Lyn River*, aus einem westlichen und einem östlichen Arm bestehend, ins Meer. Vom Hafen führt ein etwa einstündiger Spaziergang

Ein Felsturm wie eine Burg: Castle Rock über dem Valley of Rocks bei Lynton

an den von lichtem Eichenwald bestandenen Bänken des East Lyn nach **Watersmeet**. Die ehemalige Anglerunterkunft am Zusammenfluß von East Lyn River und Hoar Oak Water wurde zu einem Café umgebaut.

TOP TIPP Vor 125 000 Jahren flossen East und West Lyn noch durch das **Valley of Rocks** knapp 2 km westlich von Lynton. Die Küste erodierte, vielleicht schmolz nach einer Eiszeit auch ein riesiger Gletscher, und der Lyn River bahnte sich fortan bei Lynmouth seinen Weg ins Meer. Der Austrocknung des Flußbetts verdankt Lynton das Valley of Rocks, ein Tal am Bristol Channel. Der *North Walk*, ein geteerter Pfad, der am Absturz der Klippen entlang ins Valley führt, beginnt am Friedhof im Zentrum von Lynton. Wilde Ziegen balancieren seit Jahrhunderten über die steilen Geröllfelder und inspirierten schon William Wordsworth (1770–1850), Samuel Taylor Coleridge (1772–1834) und Robert Southey (1774–1843) zu Kletterpartien. Die Felstürme *Castle Rock* und *The Devil's Cheesewring* gehörten zum Pflichtkanon romantischer Alpinisten und alpinistischer Romantiker. Und wenn an einem wolkenlosen Sommerabend die Sonne im Bristol Channel versinkt und die ersten Lichter der walisischen Küste aufflackern, ist für alle Zeugen des Schauspiels klar zu erkennen, daß an diesem Abschnitt der englischen Küste die Epoche der Romantik noch lange nicht zu Ende ist.

i Praktische Hinweise

Information

TIC, Town Hall, Lee Road, Lynton, Tel. 015 98/75 22 25, Fax 015 98/75 27 55, www.lyntourism.co.uk

Hotels

♔♔♔♔ **The Rising Sun**, Harbourside, Lynmouth, Tel. 015 98/75 32 23, Fax 015 98/75 34 80, www.specialplace.co.uk. In einem nun zum hervorragenden Hotel (15 Zi.) mit Restaurant gehörigen Cottage verbrachte der Dichter Percy Bysshe Shelley den Sommer des Jahres 1812.

♔♔♔ **Exmoor Manor Hotel & Beggars Roost Inn**, Barbrook, bei Lynton, Tel. 015 98/75 24 04, Fax 015 98/75 36 36, www.exmoormanorhotel.co.uk. Zum luxuriösen Hotel in den grünen Hügeln von Lynton gehören ein Pub aus dem 17. Jh. und ein Restaurant im mittelalterlichen Stil.

Heatherville, Tors Park, Lynmouth, Tel. 015 98/75 23 27, Fax 015 98/75 26 34, www.heatherville.co.uk. Preisgünstiges Gästehaus (6 Zi.) in ruhiger Umgebung (Nov.–Febr. geschl.).

Restaurant

Lynton Cottage, North Walk Hill, Lynton, Tel. 015 98/75 23 42. Das Hotelrestaurant präsentiert traditionelle britische Gerichte (Jan. geschl.).

Café

Watersmeet House, bei Lynmouth, Tel. 015 98/75 33 48. Der *Cream teas* und der idyllischen Lage wegen kommen Gäste von nah und fern (tgl. 10.30–17.30 Uhr).

56 Dunster und Exmoor National Park

Dorf mit Schloss – Tor zum Moor.

Gut 20 km östlich der Grafschaftsgrenze zu Devon, am Rande des Exmoor National Park, liegt **Dunster**. Den Conygar Hill hinauf führt die Straße und verbreitert sich nach einer Kurve zur marktplatzgroßen *High Street* des Ortes. Jenseits der Senke des Platzes ragt aus alten Laubbäumen die Burg auf, am oberen Ende der High Street steht das achteckige Holzhäuschen des *Yarn Market* (um 1589), das Marktkreuz überdachend. Hier wurden seit dem frühen 17. Jh. Stoffe verkauft. An efeuumrankten Häusern, Hotels, Cafés und Andenkenläden vorbei bummelt man nun weiter durch den Ort.

Neben der normannischen Pfarrkirche von *St. George* mit der kunstvoll geschnitzten Chorschranke (1498) in der Church Street befindet sich der alte Dorfgarten von Dunster. Durch ihn gelangt man zum *Dovecote* (1539). Aus den über 500 Gelegen des runden Taubenhauses versorgten sich die Schloßherren einst mit Eiern und Fleisch.

Von **Dunster Castle** (NT, Tel. 016 43/ 82 13 14, April–Okt. Sa–Mi 11–17 Uhr), normannischen Ursprungs und 1617 mit Ausnahme des Torhauses neu errichtet, ist seit dem Bürgerkrieg nur das Wohnhaus erhalten geblieben – seinen festungsartigen Charakter erhielt der Familiensitz der *Luttrells* durch einen Umbau im Jahre 1868. Vorwiegend in der Einrichtung jenes Jahrhunderts sind die Räume der Burg nun zu sehen, älteren Datums ist die prächtige Stuckdecke des *Speisesaals* (1681). Die großflächigen Rinderhäute der *Leather Gallery*, mit Silberfolie belegt und mit Ölfarbe bemalt, erzählen die Geschichte von Antonius und Cleopatra.

Die weitläufigen **Gärten** (April–Okt. tgl. 10–17, Nov.–Mitte März tgl. 11–16 Uhr) können auch unabhängig von der Burg besichtigt werden. Auf der Südterrasse stehen mächtige Palmen; und sogar ein Zitronenbaum, im Winter durch ein Glashaus geschützt, gedeiht hier.

Der 692 km^2 große **Exmoor National Park** erstreckt sich von Combe Martin im Westen bis zu den Brendon Hills im Osten. Der Zusammenfluß von Barle und Exe markiert den südlichsten Punkt des Parks, der sich zu vier Fünfteln in Privatbesitz befindet. Die kleinen, von Hecken abgegrenzten Felder und die weiten, heidebedeckten Hochflächen werden vor

Auf der sonnigen Südterrasse von Dunster Castle dauert der Sommer etwas länger

Mind your step! Hochwasser an den Tarr Steps im südlichen Exmoor

allem für *Weidewirtschaft* genutzt. Die Landschaft des Exmoor ist äußerst abwechslungsreich. Die mit über 400 m höchsten Klippen Englands säumen seine Küste, über die karge Kuppe des *Dunkery Beacon* (519 m) in der nördlichen Hälfte des Parks jagt der Wind, wilde Ponyherden durchstreifen offenes Moorland, auf den sattgrünen Wiesen verträumter Täler döst man nach einem Picknick vor sich hin, leiser und leiser wird das Glucksen des glasklaren Moorbachs.

Nördlich von Hawkridge führen die **Tarr Steps**, die längste (55 m) *Clapper bridge* des Landes, über den River Barle – vermutlich schon seit der Eisenzeit. Das Flußtal bis zum gut 10 km nordwestlich gelegenen *Simonsbath* ist eines der schönsten **Wanderreviere** des Exmoor. Die Visitor Centres des Nationalparks geben Auskunft über das reichhaltige Angebot an *guided walks* durch das Exmoor, auf denen man unter sachkundiger Führung Interessantes über Flora, Fauna und Geschichte der Region erfährt.

i Praktische Hinweise

Information

Exmoor National Park Visitor Centres:
Seacot, 13 Cross Street, Combe Martin, Tel./Fax 012 71/88 33 19

County Gate, an der A 39 bei Countisbury, Tel. 015 98/74 13 21, Fax 015 98/74 11 77

Fore Street, Dulverton, Tel./Fax 013 98/32 38 41

Dunster Steep, Dunster, Tel. 016 43/82 18 35, Fax 016 43/82 17 54

www.exmoor-nationalpark.gov.uk
www.visit-exmoor.info

Frutti di mare mitten im Moor: im Restaurant von John Savery´s at Karslake House

Mit jedem Sonnenstrahl, mit jedem Regenschauer wird das Gras grüner: Schafe im Exmoor

Hotels

♔♔♔♔ **The Luttrell Arms**, 32–36 High Street, Dunster, Tel. 016 43/82 15 55, Fax 016 43/82 15 67, www.luttrellarms.co.uk. Im 15. Jh. bauten die Zisterziensermönche von Cleeve Abbey (8 km südöstlich von Dunster) hier ein Gästehaus, dessen Great Hall noch erhalten ist. Das Hotel (26 Zi.) ist modern ausgestattet und verfügt über ein elegantes Restaurant.

♔♔♔♔ **Simonsbath House Hotel**, Simonsbath, Tel. 016 43/83 12 59, Fax 016 43/83 15 57, www.simonsbathhouse.co.uk. Kleines, gemütliches Landhotel (8 Zi.) aus dem 17. Jh. mitten im Exmoor (Dez./Jan. geschl.).

TOP TIPP ♔♔♔ **Karslake Country Guest House**, Halse Lane, Winsford, Tel./Fax 016 43/85 12 42, www.karslakehouse.co.uk. Das 500 Jahre alte Haus (7 Zi.) in einem der idyllischsten Dörfer im Süden des Nationalparks bietet äußerst komfortable Zimmer und Kochkunst auf höchstem Niveau – Highlights des dreigängigen Dinners sind u. a. Risotto mit Scampi in Sepiatinte und Gloucestershire-Lamm mit Polenta und *Black pudding* (Febr. geschl., keine Kinder unter 12 Jahren).

Restaurant

White House, 11 Lon Street, Williton, Tel. 019 84/63 23 06. Geboten werden hier Fisch und Meeresfrüchte aus Brixham, in der Saison auch Exmoor-Wild mit frischen Kräutern aus dem eigenen Garten, feine lokale Käsesorten und eine große Auswahl an Wein im exklusiven Hotelrestaurant (Nov.–Mai geschl.).

57 Taunton

Die Marktstadt im Apfelland.

Die Grafschaftshauptstadt (59 000 Einw.) von Somerset wurde zu Beginn des 8. Jh. von König Ina von Wessex gegründet und ist heute das Zentrum der *Cider-Herstellung*. Im 17. Jh. flossen in Taunton nicht nur süßer und trockener Apfelwein, sondern auch salzige Tränen und Blut. 1685 hielt der berüchtigte Richter Jeffreys im normannischen Taunton Castle gnadenlos Gericht über die Anhänger des Duke of Monmouth. Der uneheliche Lieblingssohn Charles' II. erhob sich zusammen mit 4000 schlecht bewaffneten Gefolgsleuten gegen den katholischen James II., der seinem Bruder auf dem Thron nachgefolgt war. Nach nur sechs Monaten wurde die Rebellion niedergeschlagen; viele Aufständische wanderten aufs Schafott oder in die Sklaverei in den Kolonien. In **Taunton Castle** (s. u.) wird heute nicht mehr Gericht gehalten, sondern hervorragend gekocht. Das *Hotel* ist berühmt für seine innovative Küche, und in den benachbarten Räumen des **So-**

merset County Museum (Tel. 018 23/ 32 02 00, Di–Sa 10–17 Uhr) erfährt man alles über die Geschichte der Grafschaft und die Cider-Herstellung.

In Sichtweite des Castle erhebt sich der 50 m hohe Westturm der Kirche **St. Mary Magdalene**, einer der schönsten *Wool churches* der Grafschaft, die im 15. Jh. von Woll- und Tuchhändlern gestiftet wurden. Mit einem besonders hohen Kirchturm trachtete jeder Ort danach, den anderen zu übertrumpfen – Taunton ging aus diesem frühneuzeitlichen Wolkenkratzer-Wettbewerb als Sieger hervor.

5 km südwestlich von Taunton produziert **Sheppy's Cider** (Tel. 0 18 23/46 12 33, www.sheppyscider.com, Mo–Sa 8.30–18, Ostern–Weihnachten auch So 11–13 Uhr) den berühmten Apfelwein Somersets. Ein Video erläutert den Herstellungsprozeß, und man kann natürlich Cider probieren und kaufen.

TOP TIPP Die Terrassen von **Hestercombe Gardens** (Tel. 018 23/41 39 23, www.hestercombegardens.com, tgl. 10–18 Uhr) umgeben 6 km nördlich von Taunton ein Herrenhaus, das heute als Verwaltungsgebäude der Feuerwehr von Somerset dient. Angelegt wurden die Gärten 1904–08 von *Gertrude Jekyll* und dem Architekten *Sir Edwin Lutyens*. Hestercombe Gardens sind das schönste Beispiel einer Zusammenarbeit, anhand derer sich studieren lässt, was **Gartenarchitektur im 20. Jh.** vermag. Für die Bepflanzung des *Grey Walk* mit seinen grauen Schiefermauern wählte Jekyll Lavendel, Rosmarin und Disteln, die üppigen Blüten von Iris und Kalla leuchten über den schmalen Wasserkanälen am Rande der Terrassen. Am Ende einer beinahe 70 m langen *Pergola*, umrankt von Geißblatt, Klematis und Kletterrosen, blickt man über das Tal von Taunton. Gartenräume, Gartenträume – Hestercombe, schulmäßig restauriert, steht seit einigen Jahren unter Denkmalschutz.

Immer nur Wasser: Brunnenfigur im Weinlaub der Hestercombe Gardens

Praktische Hinweise

Information

TIC, The Library, Paul Street, Taunton, Tel. 018 23/33 63 44, Fax 018 23/34 03 08, www.heartofsomerset.com

Hotels

TOP TIPP ♔♔♔♔ **The Castle, Castle Green**, Taunton, Tel. 018 23/27 26 71, Fax 018 23/33 60 66, www.the-castle-hotel.com. Luxus und Professionalität herrschen heute in der vor 300 Jahren zum Hotel (44 Zi.) umgebauten Burg. Das exzellente Restaurant verwöhnt mit moderner, von französischer Kochkunst beeinflusster britischer Küche.

♔♔♔♔ **Farthings**, Hatch Beauchamp, Taunton, Tel. 018 23/48 06 64, Fax 018 23/ 48 11 18, www.farthingshotel.com. Ein georgianisches Landhaus gibt den Rahmen für das kleine Hotel (11 Zi.) in einem hübschen Dorf 10 km südöstl. von Taunton. Großer Garten und gutes Restaurant.

♔♔ **Forde House**, 9 Upper High Street, Taunton, Tel./Fax 018 23/27 90 42. Kleines Hotel (5 Zi.) um einen schönenruhigen Innenhof. Ohne Restaurant.

♔♔ **Prockters Farm**, West Monkton, Tel. 018 23/41 22 69. Modernisiertes Bauernhaus aus dem 17. Jh. in einem Dorf unweit von Hestercombe Gardens und 5 km nördlich von Taunton.

Restaurant

TOP TIPP **The Sanctuary**, Middle Street, Taunton, Tel. 018 23/25 77 88. In geschmackvoller Umgebung, bei schönem Wetter auch auf dem Dachgarten, werden leichte Gerichte serviert. Gute Weinauswahl (So geschl.).

Von Wells bis Avebury – römische Bäder und gotische Kathedralen

Die Metropole des Südwestens ist **Bristol**, eine Stadt, in der es neben Kirchen und einer Kathedrale auch Denkmäler des Industriezeitalters zu besichtigen gibt. Die Temple Meads Station, die Clifton Suspension Bridge und die SS Great Britain – Bahnhof, Brücke und Schiff –, konstruierte *Isambard Kingdom Brunel*, Chefingenieur der Great Western Railway.

Mit der Kathedrale von **Wells** ist noch einmal ein herausragendes Zeugnis gotischer Baukunst zu bewundern; die neoklassizistischen Reihenhausensembles von **Bath** stehen für eine der herausragenden Architekturperioden der Neuzeit. Die Rundreise durch den Süden endet inmitten der jungsteinzeitlichen Monolithen von **Avebury**, eines Ortes, an dem die ferne Vergangenheit Britanniens lebendig wird.

58 Glastonbury

Keltisch-christliche Pilgerstätte.

Einst erstreckte sich der Bristol Channel weit ins Landesinnere der Grafschaft Somerset. Ein seltsam regelmäßig geformter Kegelstumpf ragte bei Glastonbury im Zentrum der Grafschaft aus den Fluten, **Avalon**, die heilige Insel der Kelten, jener Ort, an dem der Gralssucher Artus begraben liegen und der Gralsfinder Joseph von Arimathäa den Kelch mit dem Blut Christi vergraben haben soll. Alles reimt sich zusammen zu einer zauberhaften keltisch-christlichen Legende. Die Wasser des Bristol Channel haben sich mittlerweile verzogen, doch an einem Spätsommermorgen nimmt man, vom 150 m hohen kegelförmigen Hügel namens **Glastonbury Tor** über das Nebelmeer von Somerset blickend, die Geschichten gern für bare Münze.

Erfunden haben die christlich geprägte Variante die geschäftstüchtigen Benediktinermönche von Glastonbury Abbey. Zur Finanzierung des Wiederaufbaus ihres 1184 abgebrannten *Klosters* bot sich ein Grabfund an: Artus und Guinevere, wer außer den beiden sollte in den zwei Begräbnisstätten auf dem Gelände der Abtei gelegen haben? Glastonbury wurde zur lukrativen **Pilgerstätte**, ein gewaltiger Kirchenneubau entstand, das größte Gotteshaus, das die Insel je gesehen hatte, 177 m lang. Heute sind leider nur noch Teile der Marienkapelle und des Langhauses zu sehen, denn als reichste Abtei des Landes weckte **Glastonbury Abbey** (Tel. 014 58/83 22 67, www.glastonburyabbey.com, Juni–Aug. tgl. 9–18, April/Mai/Sept. tgl. 9.30–18, sonst tgl. 10–16.30 Uhr) im 16. Jh. das besondere Interesse Henrys VIII. Von einem Zimmer des *George and Pilgrim Hotel* in der High

Glastonbury Tor, der Turm von St. Michael's Chapel, über der heiligen Insel der Kelten

Street aus soll der König 1539 den zweiten großen Brand von Glastonbury verfolgt haben. Die Ruine der auf diese Weise radikal aufgelösten Abtei wurde zum Steinbruch für den privaten Hausbau. Verschont blieb allein **Abbot's Kitchen** (14. Jh.), die Abteiküche mit ihrem achteckigen, laternenbekrönten Pyramidendach, schön, aber profan, wie die historische Wahrheit über Glastonbury. Der Tor mit dem weithin sichtbaren Kirchturm, dem einzig erhaltenen Teil der *St. Michael's Chapel* aus dem 14. Jh., ist seiner eigenwilligen Form zum Trotz natürlichen Ursprungs.

i Praktische Hinweise

Information

TIC, The Tribunal, 9 High Street, Glastonbury, Tel. 014 58/83 29 54, Fax 014 58/83 29 49, www.glastonburytic.co.uk

Hotel

Lion at Pennard, Glastonbury Road, West Pennard, 5km östl. von Glastonbury, Tel. 014 58/83 29 41, Fax 014 58/83 06 60. Preiswerte Unterkunft in Gasthof aus dem 15. Jh. Anbei Pub mit gutem Essen.

59 Wells

Das kleine Bistum und seine großartige Kathedrale.

Mit nur 10 000 Einwohnern ist Wells, knapp 10 km nordöstlich von Glastonbury gelegen, die kleinste Stadt Englands. Drei *Quellen* entspringen hier, denen der Ort seinen Namen verdankt. 909 wurde Wells zum *Bischofssitz* erhoben, ein Privileg, das sich die Stadt seit Mitte des 13. Jh. mit Bath teilt. Das Auto lässt man am Ortsrand stehen und spaziert die wenigen hundert Meter Richtung Zentrum. In St. Cuthbert Street steht mit **St. Cuthbert** die größte Pfarrkirche Somersets (15. Jh.). Ihre prachtvolle Ausstattung – Schnitzereien und Bemalung der Kassettendecke sind besonders hervorzuheben – verdankt sie den spendablen Handwerkszünften der Stadt.

Den **Marktplatz** von Wells säumen gut erhaltene Häuser des 15.–17. Jh. Cafés und Inns laden zum Verweilen ein, bevor man durch das Torhaus der *Penniless Porch*, unter dessen Bögen einst Bettler auf die Mildtätigkeit der Kirchenbesucher hofften, das *Cathedral Green*, die Domfreiheit, betritt.

Vor schlichteren Fassaden unweit der Kathedrale frönt man profaneren Genüssen: auf dem Marktplatz von Wells

TOP TIPP Hier erhebt sich die mächtige **Cathedral** (www.wellscathedral.org.uk, April–Sept. tgl. 7–19, Okt.–März 7–18 Uhr) aus der Zeit des *Early English*, 1180 begonnen und mit Kreuzgang und Bibliothek im Perpendicular-Stil des 15. Jh. vollendet. Sie ruht mit stumpfen Türmen und breiter **Westfassade** auf der großen Wiese der Domfreiheit. 340 Statuen des 13. Jh., Christus, die Engel, Apostel, Bischöfe und Ritter blickten ursprünglich bunt bemalt auf die Gläubigen herab, himmlische Heerscharen und weltliche Ordnungen, ein mittelalterliches, fest gefügtes Weltbild. Witterungseinflüsse haben viele der Figuren im Laufe der Jahrhunderte arg in Mitleidenschaft gezogen, daher wurden einige durch originalgetreue Kopien ersetzt. Die Fassade wirkt besonders breit, da die Westtürme neben die Seitenschiffe gesetzt wurden.

Durch das schlichte Portal betritt man das **Innere** – die gewaltigen **Stützbögen** des Vierungsturms, die vier *Inverted Arches* in Form einer nach unten offenen 8, ziehen sofort alle Blicke auf sich. 1338 musste man Maßnahmen ergreifen, um den Turm vor dem Einsturz zu bewahren – und verlieh der Kathedrale damit architektonische Extravaganz. Im Banne dieser großen Geste vergisst man beinahe die kleinen Geschichten, die die *Säulenkapitelle* erzählen – von Zahnschmerzen, vom Entfernen eingetretener Dornen oder, im südlichen Querschiff, von Traubendieben, die von erzürnten Bauern um die Säule gejagt werden.

Im nördlichen Querschiff schlägt die als *Jack Blandifer* bekannte Figur seit 1390 jede Viertelstunde, die Aufforderung für vier Ritter über der *astronomischen Uhr*, ins Turnier zu reiten. Neben der Uhr befindet sich der Aufgang zum **Chapter House** (1290–1315). Die Schritte unzähliger Besucher haben sich auf der Treppe in sanften Wellen eingegraben. An einem einzigen Pfeiler in der Mitte des Kapitelsaals bündeln sich die 32 Rippen des Gewölbes über dem achteckigen Raum mit umlaufender Sitzbank. Hier treffen sich die Mitglieder des Domkapitels, hier verharrt man und lässt den Blick wandern durch die Leere des Raumes, über geometrische Perfektion in Purbeck-Marmor.

Über die gleiche Treppe gelangt man noch weiter bis zur – heute gesperrten – Brücke, über die der **Vicars' Close** zu erreichen war, eine mittelalterliche Sackgasse mit 42 Reihenhäusern (1348). Um diese zu besichtigen, verlässt man also

Ein Stützbogen, der einem die Sprache verschlägt: das Langhaus von Wells Cathedral

die Kathedrale – und anschließend die Domfreiheit. Vom Markplatz lohnt ein letzter Abstecher zum **Bishop's Palace** (April–Okt. Mo–Fr 10.30–18, So 12–18 Uhr), den man durch das *Bishop's Eye* genannte Torhaus neben der Penniless Porch erreicht. Mit Wassergraben und Zugbrücke erinnert der Palast (13./14. Jh.) eher an eine Festung. Schwäne ziehen ihre Bahn, in der *Long Gallery* sind die Porträts der geistlichen Würdenträger vergangener Jahrhunderte zu sehen.

i Praktische Hinweise

Information

TIC, Town Hall, Market Place, Wells, Tel. 017 49/67 25 52, Fax 017 49/67 08 69, www.wells.gov.uk

Hotels

♔♔♔ **Ancient Gate House**, 20 Sadler Street, Wells, Tel. 017 49/67 20 29, Fax 017 49/67 03 19, www.ancientgatehouse.co.uk. Historisches Haus aus dem 14. Jh. in Sichtweite der Kathedrale, mit italienischem Restaurant.

Ein mittelalterliches Reihenhäuschen im Grünen? Der Spaziergang durch den Vicar's Close erfüllt so manchen mit dem frommen Wunsch, eines Tages hier einzuziehen

♔♔♔ **Littlewell Farm**, Coxley, 2 km südwestlich von Wells, Tel. 017 49/ 67 79 14. Hübsches Bauernhaus (18. Jh.) mit 5 Gästezimmern in ruhiger Umgebung. Abendessen auf Vorbestellung.

Restaurants

Bowlish House, Wells Road, Shepton Mallet, 15 km östlich von Wells, Tel. 017 49/34 20 22. Traditionelle englische Küche in einem stilvoll eingerichteteten georgianischen Haus, das auch 3 Zimmer für Bed & Breakfast-Übernachtungen anbietet. Reservierung erforderlich.

The Fountain Inn, 1 St. Thomas Street, Wells, Tel. 017 49/67 23 17. Kombination aus Pub im Erdgeschoss und Restaurant im 1. Stock.

Charlton House Hotel, Shepton Mallet, 15 km östlich von Wells, Tel. 017 49/ 34 20 08, Fax 017 49/34 63 62, www.charltonhouse.com. Erstklassiges Restaurant der Nobelunterkunft Charlton House. Bezieht die meisten Zutaten vom nahen Biohof Sharpham Park.

60 Cheddar

Käse und Höhlen im Fels.

Etwa 10 km südöstlich von Cheddar tritt der Fluss Axe aus dem Fels der Mendip Hills, in dem er im Laufe von Jahrmillionen ein System von Tropfsteinhöhlen formte. Heute sind die **Wookey Hole Showcaves** (Tel. 017 49/67 22 43, www.wookey.co.uk, April–Okt. tgl. 10–17, Nov.–März tgl. 10–16 Uhr) eine große Touristenattraktion, vor allem für Kinder. Man geht gut 500 m in den Berg hinein und erlebt die effektvoll ausgeleuchtete, in allen Regenbogenfarben schillernde Welt der Stalaktiten und Stalagmiten. In Höhle 3, genannt *The Witch's Kitchen*, kocht eine verkalkte Hexe vor Wut, denn der Legende nach verwandelte sie der Mönch Barnard aus Glastonbury hier zu Stein.

Um anschließend nach Cheddar zu gelangen, sollte man den kleinen Umweg über die B 3135 in Kauf nehmen, denn die Straße führt mitten durch die wildromantische **Cheddar Gorge**, die nach einer Eiszeit vor rund 2 Mio. Jahren durch abfließendes Schmelzwasser entstandene, knapp 2 km lange *Schlucht* in den Mendip Hills. Pfade führen auf beiden gegenüberliegenden Felswänden fast die gesamte Schlucht entlang. Unweit des Dorfes Cheddar ragen die löchrigen Kalksteinwände neben der vielfach gewundenen Straße 130 m hoch auf. Nach einem Aufstieg über die 274 Stufen von *Jacob's Ladder* blickt man auf die tiefste Stelle der Schlucht. Ins Erdinnere gelangt man bei einem Besuch der **Cheddar**

Caves (Tel. 01934/742343, www.cheddarcaves.co.uk, Juli/Aug. tgl. 10–17.30, Sept.–Juni tgl. 10.30–17 Uhr) am östlichen Ortsrand, der eindrucksvollen, 1837 entdeckten Tropfsteinhöhlen von bis zu 20 m Höhe.

Im **Craft Village** (tgl. 10–16, Sommer bis 18 Uhr) an der Straße zwischen Höhlen und Dorf wird neben Kunsthandwerk auch der Käse der Region verkauft. Der echte *Cheddar* wird hier in traditioneller Handarbeit hergestellt.

i Praktische Hinweise

Information

TIC, The Gorge, Cheddar,
Tel. 01934/744071, Fax 01934/744614

Tea Rooms

Wishing Well, The Cliffs, Cheddar,
Tel. 01934/742142. Gegenüber des *Craft Village* gelegen, berühmt für ihre *Cream teas* (März–Okt. tgl., Nov.–Febr. Sa und So geöffnet).

Niemand vermochte seine Überzeugung zu erschüttern, dass es jenseits des Meeres neues Land zu finden gäbe: John Cabots Bronzestatue im Hafen von Bristol

61 Bristol

Plan Seite 116/117

Industrielle Vergangenheit, erfüllt von kulturellem Leben.

Schon in sächsischer Zeit, im 10. Jh., war *Brigstowe* mit seinem Flusshafen am Avon eine bedeutende Seehandelsstadt.

Am 2. Mai 1497 brach der Venezianer Giovanni Caboto, seinen neuen Landsleuten besser bekannt als *John Cabot*, an Bord der Karavelle *Matthew* nach Westen auf und fand nach 52 Tagen auf See neues Land, Neufundland. Ein profitabler Handelsweg war erschlossen – die Geschäfte mit Amerika gingen im 18. Jh. besonders gut, als man von Bristol mit Textilien an Bord nach Westafrika segelte, sie dort gegen Sklaven eintauschte, die man dann auf den Karibischen Inseln und dem nordamerikanischen Festland verkaufte. Zurück nach Hause kam man beladen mit Zucker, Rum, Tabak und Baumwolle.

Als die Schiffe immer größer und schwerer wurden und der 10 km flussaufwärts gelegene Hafen von Bristol für sie nicht mehr erreichbar war, verlegte man sich auf Herstellung und Verarbeitung. Man baute Schiffe, anstatt mit ihnen über den Atlantik zu segeln, man drehte Zigaretten, anstatt mit Tabak an Bord den hal-

Wo die Kauffahrer um gutes Wetter beteten: Bristol Cathedral

ben Globus zu umrunden. Der Krise des europäischen Schiffbaus in der zweiten Hälfte des 20. Jh. begegnete Bristol mit der Ansiedlung von High-Tech-Industrien. Lokomotiven und Motorräder fuhren nun von hier aus in alle Welt, und *British Aerospace* ließ die *Concorde* am Avon fertigen.

Blicken wir also mit John Cabots Bronzestatue vom **Narrow Quay** 1 aus über den Hafen der mit 380 000 Einwohnern größten Stadt Südwestenglands, die, nach einem Intermezzo als Teil der Grafschaft Avon, seit 1996 wieder administrative Selbstständigkeit genießt. Beim **Bristol Industrial Museum** 2 (Tel. 01 17/ 9 25 14 70, Sa–Mi 10–17 Uhr) am Prince's Wharf in der Wapping Road südlich des Hafenbeckens ragen die letzten fünf Kräne steif in den Himmel. Auf den Kommerz folgte die Kultur, in den verwaisten Teespeicher in John Cabots Rücken zog 1975 die renommierte **Arnolfini Gallery** 3 (Tel. 01 17/9 17 23 00, www.arnolfini.org.uk, tgl. 10–20 Uhr) ein, eine der herausragenden britischen Institutionen für Gegenwartskunst mit vielseitigem Arts Centre.

Von der Arnolfini Gallery aus erreicht man über die *Pero's Bridge* das Wissenschaftsmuseum **at-Bristol** 4 (Tel. 01 17/ 9 15 50 00, www.at-bristol.org.uk, Mo-Fr 10–17, Sa/So 10–18 Uhr). Hier findet sich alles, was der moderne Museumsbesucher wünscht: ein Imax, ein großes Gewächshaus sowie verschiedene multimediale Ausstellungen zu Evolution und Pflanzenwelt oder den neuesten technischen Errungenschaften.

Nördlich davon gegen einige der Mauern von **Bristol Cathedral** 5 (Tel. 01 17/ 9 26 48 79, www.bristol-cathedral.co.uk, Mo–Fr 8–18, Sa 8–17.30, So 7.30–17 Uhr, *Führung*: Sommer Sa 11 Uhr,) am College Green bis auf das 12. Jh. zurück. An seine Ursprünge als Abteikirche der Augustiner erinnert der 1542 zur Kathedrale erhobene Sakralbau noch in seiner heutigen Gestalt, die weitgehend auf die erste Hälfte des 14. Jh. zurückgeht. Hauptschiff und Seitenschiffe sind gleich hoch – Bristol Cathedral ist eine *Hallenkirche* und keine Basilika. In sternförmigen *Grabnischen* ruhen Äbte und Bischöfe – ein Himmel knapp über dem steinernen Kirchenboden.

Unweit davon widmet sich das moderne **Watershed Media Centre** 6 (Tel. 01 17/9 27 51 00, www.watershed.co.uk, tgl. 11–19 Uhr) in den ehemaligen Zucker-

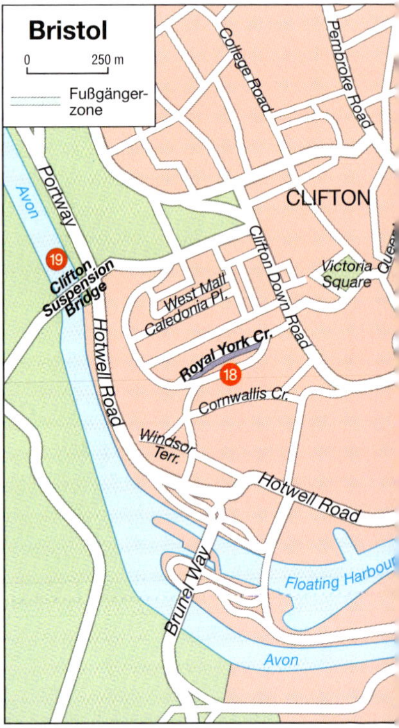

speichern am St. Augustine's Reach in seinen Vorführungen und Ausstellungen den Bereichen Film und Fotografie. Unweit des Media Centre legen etwa alle 40 Min. die gelben Barkassen der *Bristol Ferry* (Tel. 01 17/9 27 34 16, www.bristolferryboat.co.uk, April–Okt. tgl. 11–18 Uhr,) an. An Bord eines der Fährboote kann man bis zur **Temple Meads Station** 7 im Osten der Stadt fahren. Mit dem stillgelegten Bahnhof verbindet sich der Name von Bristols be-rühmtestem Baumeister und Ingenieur des 19. Jh., *Isambard Kingdom Brunel* (1806–59). 1840 errichtete der Chefingenieur der *Great Western Railway* das dreischiffige, kathedralengleiche Bahnhofsgebäude im Victorian Style. Der Bahnhof informiert heute als **British Empire & Commonwealth Museum** (Tel. 01 17/9 25 49 80, www.empiremuseum.co.uk, tgl. 10–17 Uhr,) über eine Zeit, als man sich auch von Bristol aus die ganze Welt untertan machen wollte.

Im westlichen Teil des lang gestreckten Flusshafens, ebenfalls mit dem Fährboot zu erreichen, ist der Stolz der Stadt zu bewundern, Bristols verlorene Tochter, die **Great Britain** 8 (Tel. 01 17/9 29 18 43, www.ssgreatbritain.com, April–Okt tgl. 10–17.30, Nov.–März 10–16.30 Uhr), der erste große schraubengetriebene Eisendampfer im Transatlantikverkehr. Er war von I. K. Brunel konstruiert worden, lief 1843 vom Stapel, wurde 1886 in einem Sturm vor Kap Horn aufgegeben und kehrte am 5. Juli 1970 in seinen alten Heimathafen zurück. Schiffe werden auf dem Gelände des Great Western Dock heute nicht mehr hergestellt, dafür aber ein anderes berühmtes Produkt der Stadt, das *Bristol Blue Glass*.

Nordöstlich des Great Western Dock liegt die **Innenstadt** von Bristol. Einen Rundgang beginnt man am besten bei der Pfarrkirche **St. Mary Redcliffe** 9 (tgl. 9–16 Uhr) oberhalb der östlichen Docks, ebenfalls wieder mit dem Fährboot zu erreichen. 90 m hoch ragt der Turm der um 1200 begonnenen Kirche auf, deren Baugeschichte für Bristols goldene Jahrhunderte steht. Das Tor der sechseckigen *Vorhalle* (1290), durch die man erst zum Nordportal (1325) gelangt, wirkt mit seinen üppigen Laubwerkverzierungen orientalisch – nicht ungewöhnlich für die Kirche im Wohnviertel der wohlhabenden Kaufleute, die diese Reminiszenz an fremde Länder spendierten, ebenso wie

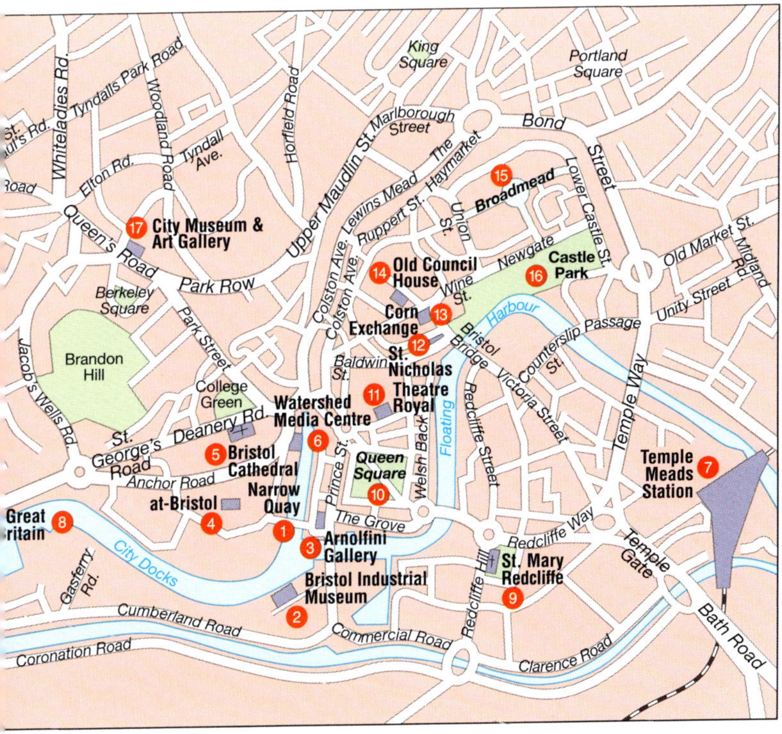

Ein nobler Vorort als Zentrum der Wohnhausarchitektur des 18. und 19. Jh: Straßenzug in Clifton

Mitte des 15. Jh. mehr als 1100 vergoldete Schlusssteine in dem Perpendicular-Gewölbe. 1872 kam dann, als krönender Abschluss, noch der Turmhelm hinzu.

Der breite Redcliffe Way führt stadteinwärts, überquert den Floating Harbour und schneidet diagonal **Queen Square** ⑩, 1699 nach dem Vorbild Londoner Plätze als platanenumstandenes Zentrum der Stadt konzipiert, heute jedoch vom Autoverkehrs gezeichnet. Durch eine kleine Stichstraße an der Nordseite des Platzes gelangt man in die kopfsteingepflasterte King Street mit dem traditionsreichen **Theatre Royal** ⑪ (1766), auch bekannt als **The Old Vic** (Tel. 01 17/9 87 78 77, www.bristol-oldvic.co.uk). Schräg gegenüber, im Pub *Llandoger Trow*, traf *Daniel Defoe* (1660–1731) den Seemann Alexander Selkirk und ließ sich von den vier Jahren und vier Monaten erzählen, die der unglückliche Selkirk Anfang des 18. Jh. allein auf der Insel Juan Fernandez 80 km vor der chilenischen Küste verbracht hatte. Selkirks Erlebnisse flossen in Defoes berühmten Roman *›Robinson Crusoe‹* (1719) ein.

Am Floating Harbour mit seinen Speichergebäuden entlang erreicht man **St. Nicholas** ⑫ an der Bristol Bridge, ehemals Kirche, heute u.a. Verwaltungsgebäude der Touristeninformation. Das Gebäude, das deswegen leider nicht zugänglich ist, birgt im Inneren eine gotische Krypta (1330) und ein monumentales *Auferstehungstriptychon* (1755), das William Hogarth ursprünglich für St. Mary Redcliffe gemalt hatte. Nicht weit davon, in der **Corn Exchange** ⑬ (1740–43), wurden einst bedeutende Geschäfte getätigt, bar, ›auf den Nagel‹ der vier bronzenen Tische vor dem Gebäude, die nach diesem Brauch *Nails* genannt werden.

Am **Old Council House** ⑭, dem klassizistischen alten Rathaus, 1822–27 von Sir Robert Smirke erbaut, der auch das British Museum in London entwarf, weisen Schilder den Weg zur Straße **Broadmead** ⑮ und zum **Castle Park** ⑯, in dem malerisch die Kirchenruinen von St. Peter und St. Mary le Port aufragen. Die zahlreichen Skulpturen im Park stammen größtenteils von der zeitgenössischen Keramikkünstlerin Kate Malone (* 1959). In dieser Gegend befand sich bis zu den Angriffen der deutschen Luftwaffe im November 1940 der mittelalterliche Stadtkern. Das nach dem Krieg neu aufgebaute Viertel ist nun betriebsames Geschäfts- und Einkaufszentrum Bristols.

Steil steigt die unweit der Kathedrale beginnende Park Street hügelan. Ihre Verlängerung, die Queen's Road, führt zu **City Museum & Art Gallery** ⑰ (Tel. 01 17/ 9 22 35 71, tgl. 10–17 Uhr,), einem typisch viktorianischen Sammelsurium von Saurierskeletten, chinesischem Porzellan und englischer Malerei. Nun ist man schon auf halbem Weg in den noblen Stadtteil **Clifton**, in dessen Hügeln an der Wende des 18. zum 19. Jh. die langen Reihenhausbögen der *Crescents* errichtet wurden. Mit fast 400 m ist der **Royal York Crescent** ⑱ der längste, er übertraf an

Ausmaß, wenn auch nicht an Eleganz, sogar seine berühmten baulichen Vorbilder von Bath [s. S. 121].

Besonders prachtvoll ist das Panorama des Avon-Tales von den Reihenhausterrassen aus. Deutlich sieht man ein weiteres technisches Meisterwerk I.K. Brunels, die **Clifton Suspension Bridge** (19) (www.clifton-suspension-bridge.org.uk), die seit 1864 den Fluss in 75 m Höhe überspannt. 214 m lang ist die von Drahtseilbündeln getragene Konstruktion zwischen den riesigen Pylonen. Die *Great Britain* liegt für immer vor Anker, kein Zug erreicht mehr Temple Meads, doch Tausende von Autos rollen Tag für Tag über Brunels zeitlos elegante Hängebrücke.

i Praktische Hinweise

Information

TIC, Wildwalk-at-Bristol, Anchor Road, Harbourside, Bristol, Tel. 0870/4440654, Fax 0117/9157340, www.visitbristol.co.uk

Hotels

♔♔♔♔ **Berkeley Square**, 15 Berkeley Square, Clifton, Bristol, Tel. 0117/9254000, Fax 0117/9252970, www.cliftonhotels.com. Mittelgroßes Hotel mit persönlichem Service und gutem Restaurant an einem kleinen Platz im eleganten Vorort.

♔♔♔ **Clifton**, St. Paul's Road, Clifton, Bristol, Tel. 0117/9736882, Fax 0117/9741082, www.cliftonhotels.com. Komfortables, modern ausgestattetes Hotel mit Kellerrestaurant.

Restaurants

Glass Boat, Welsh Back (nahe St. Nicholas/Bristol Bridge), Bristol, Tel. 0117/9290704. Ein zum Restaurant umgebautes Schiff ankert im Hafen. Englisch-französische Küche (Sa mittags, So geschl.).

TOP TIPP **Deason's**, 43 Whiteladies Road, Bristol, Tel. 0117/9736230. Spitzenrestaurant des innovativen Küchenmeisters Jason Deason. Frische Küche, auch vegetarische Gerichte, die mitunter mediterrane und asiatische Einflüsse verrät (Sa mittags, So abends geschl.).

Red Snapper, 1 Chandos Rd., Redland, Bristol, Tel. 0117/9737999. Modern und entspannt, mehrfach ausgezeichnete britische Küche mit Mittelmeereinfluss, kurze Weinkarte, lange Bierliste.

62 Bath

Plan Seite 120

Stadt der Römer, Stadt des Klassizismus.

46 °C heiß und mit 43 Mineralien versetzt ist das Wasser, das 20 km südöstlich von Bristol aus dem Boden sprudelt – 1 Mio. Liter pro Tag. Kein Wunder, dass der Ort, an dem dies geschieht, schlicht und zutreffend Bath heißt. Gleich den Schweinen, die er hier hütete, wälzte sich der aussätzige Keltenfürst *Bladud*, der Vater König Lears, eines legendären Tages im Schlammwasser und wurde geheilt. Die **Römer** zogen kultiviertere Badevergnügen vor und errichteten 54 n. Chr. hier in ihrem Kurort *Aquae Sulis*, benannt nach der keltischen Göttin Sul, prachtvolle Thermen.

Nach dem Abzug der mediterranen Badegäste im 5. Jh. plätscherte das Leben der Stadt lange Zeit vor sich hin. Zu neuer Vitalität erwachte Bath erst im 18. Jh. und verwandelte sich in einen *Jungbrunnen* im lieblichen Tal des Avon. 1727 fand man bei Bauarbeiten einen vergoldeten *Bronzekopf* der Minerva, begann ihren Tempel und die römischen Thermen auszugraben und stürzte sich in neues, sehr schickes Badevergnügen. Im goldenen,

Seit der Antike schon freut man sich im Südwesten Englands über Badewetter

friedlichen Zeitalter des 18. Jh. hatten die besseren Kreise Britanniens reichlich Zeit und Muße, sich den schönen Künsten zu widmen, zu flanieren und nebenbei kleine Wehwehchen auszukurieren.

Richard Nash (1674–1761), Glücksspieler, zweifelhafte Existenz und stilsicherer Organisator gesellschaftlicher Vergnügungen, erkor man zum Zeremonienmeister, zum *King of Bath*, nicht gerade aussätzig wie der bedauernswerte Bladud, doch ob seiner Hässlichkeit meist nur ›*Beau*‹ Nash genannt. Die Stadt füllte sich mit Gästen und Bewohnern. In wenig mehr als 100 Jahren wurden rund 7000 Häuser gebaut, verzwanzigfachte sich die Bevölkerungszahl auf 40 000. Investoren zogen nach Bath und wurden zu Financiers einer der strahlendsten Epochen der Architekturgeschichte. John Wood (1704–1754) und sein gleichnamiger Sohn (1727–1781) entwarfen ein **städtebauliches Konzept** nach dem Vorbild Roms, neoklassizistische Straßenzüge entstanden im Geiste des Palladianismus. Zu weit geschwungenen Bögen, *Crescents*, und Kreisen, *Circusses*, gruppierte man die meist dreigeschossigen Wohnhäuser, deren Fassaden mit *Bath stone*, dem gelbgrauen Kalkstein der Umgebung, verkleidet wurden. Dekorationselemente, Säulen, Pilaster und Friese, wurden äußerst sparsam eingesetzt, klassisch dezent. So nennt man die georgianische Reihenhausarchitektur von Bath heute in einem Atemzug mit den antiken Denkmälern der Ewigen Stadt, denn die UNESCO erklärte die Badestadt (85 000 Einw.) im Jahr 1987 zum *Weltkulturerbe*.

Alle Wege einer Stadtbesichtigung beginnen an den **Roman Baths** 1 (Tel. 012 25/47 77 85, www.romanbaths.co.uk, Juli/Aug. tgl. 9–21, März–Juni/Sept./Okt. tgl. 9–17, Nov.–Febr. 9.30–16.30 Uhr) im Stadtzentrum. Die antike Anlage ist mit ihren fünf Bädern und zwei Schwimmbecken, den bleiernen Wasserleitungen und den Resten des Minerva-Tempels inzwischen um ein modernes Museum ergänzt worden. Erklärungen liefert ein

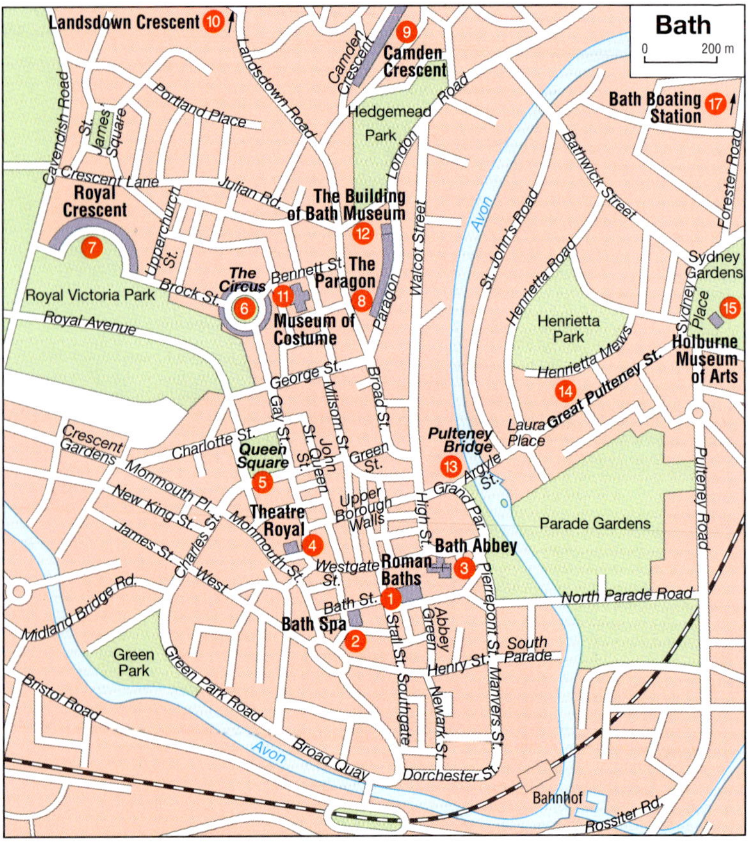

Tonbandkommentar. Den Abschluss der Tour bildet der **Pump Room**, heute ein elegantes Restaurant (s. u.). Er wurde 1795 errichtet, nachdem der Vorgängerbau, 1706 von ›Beau‹ Nash eröffnet, dem großen Andrang nicht mehr gewachsen war. Hier tranken die Kurgäste nach dem Bad ihr Heilwasser, promenierten und parlierten sie und ließen sich, erschöpft oder erfrischt, in einem der *Bath chairs*, überdachten Rollstühlen, nach Hause fahren.

Nur wenige Schritte von den römischen Bädern entfernt befindet sich das **Bath Spa** 2 (derzeit geschl.). In fünf restaurierten Gebäuden aus dem 18. Jh. können Besucher in 45 °C heißem Thermalwasser baden. Vom Pool auf dem Dach des mit einer futuristischen Glasfassade verkleideten Hauptgebäudes aus lässt sich die historische Altstadt überblicken.

TOP TIPP Am kleinen Platz vor dem Kurhaus steht auch **Bath Abbey** 3 (Tel. 01225/422462, www.bathabbey.org, April–Okt. Mo–Sa 9–18, So 13–14.30 und 16.30–17.30, sonst Mo–Sa 9–16.30, So 13–14.30 Uhr). Die Abtei wurde ab 1499 am Ort eines normannischen und eines sächsischen Vorgängerbaus errichtet, dessen Überreste in den **Heritage Vaults** (Mo–Sa 10–16 Uhr), Kellern an der Südseite der Klosterkirche, zu sehen sind. Akrobaten und Straßenmusikern dient die *Westfassade* als Kulisse, die von einem großen siebenbahnigen Fenster beherrscht wird. Steinerne Engel erklimmen die Himmelsleitern der Fassadentürme. Große Fächer wölben sich im **Innern**. Mehr als 600 Grab- und Gedenktafeln, Urnen und Skulpturen erinnern an Berühmtheiten vergangener Tage, auch an Richard ›Beau‹ Nash, den *Elegantiae Arbiter*, Wächter des guten Geschmacks, wie seine Grabinschrift rechts vom südlichen Querschiff verkündet.

Von der Abbey gelangt man über die Westgate Street mit dem **Theatre Royal** 4 (Tel. 012 25/44 88 44, www.theatreroyal.org.uk) aus dem Jahr 1805 und die Barton Street zum **Queen Square** 5 mit seinen teilweise palastartigen Häusern, dem ersten größeren Bauprojekt (1729–36) von John Wood sen. Die Gay Street führt zum Reihenhausrund **The Circus** 6, das John Wood jr. 1767 vollendete. Drei Straßen teilen die Häuserfront in gleich große Abschnitte, toskanische, ionische und korinthische Doppelsäulenreihen setzen klassizistische Zäsuren.

In der westlich von The Circus abzweigenden *Brock Street* setzt sich die ein-

Am Platz vor der Abtei versammeln sich in Bath die Touristen

heitliche Bebauung fort. Eingangstür reiht sich an Eingangstür, schlichtes, geschmackvolles Ebenmaß bestimmt das Straßenbild – und man ahnt nicht, was einen nur 100 m weiter erwartet. Am Ende der Brock Street öffnet sich der 184 m lange Bogen des **Royal Crescent** 7, ein palladianischer Reihenhauspalazzo, ein Meisterwerk aus einem Stück und 30 Einzelhäusern, 1767–74 von John Wood jr. errichtet, der erste und eleganteste *Crescent* in ganz England. 114 über zwei Stockwerke reichende ionische Säulen gliedern die Front über der großen Wiese und dem *Royal Victoria Park* mit Golfplatz und Botanischem Garten. Wie es zu jener Zeit hinter der Fassade aussah, lässt sich in **No. 1 Royal Crescent** (Febr.–Sept. Di–So 10.30–17, Okt./Nov. bis 16 Uhr) begutachten, von den Dienstbotenkam-mern unter dem Dach über die Räume der Herrschaft bis zum Arbeitsbereich im Souterrain.

Thomas W. Atwood mit **The Paragon** 8 (1769), John Eveleigh mit seinem **Camden Crescent** 9 (1788) und schließlich John Palmer mit dem **Landsdown Crescent** 10 (1789–92) wollten Wood jr. nicht nachstehen und errichteten sehenswerte Bauwerke – die sich jedoch mit der königlichen Schlichtheit des Vorbilds nicht messen können.

Sich über Brock Street und The Circus nach Osten wendend, erreicht man in der Bennett Street die *Assembly Rooms* mit dem **Museum of Costume** 11 (Tel. 01225/

47 71 73, www.museumofcostume.co.uk, März–Okt. tgl. 10–18, Nov.–Febr. tgl. 11–17 Uhr), das wertvolle Kleidungsstücke der letzten vier Jahrhunderte präsentiert. John Wood jr. entwarf den großen Saal (1771 eingeweiht), in dem während der Saison bis zu zweimal wöchentlich Bälle stattfanden, auf denen sich bis zu 1000 Personen tummelten.

Eine ehemalige Kapelle in der wenige Meter entfernten Prachtstraße The Paragon beherbergt **The Building of Bath Museum** ⓬ (Tel. 012 25/33 38 95, März–Nov. Di–So 10.30–17 Uhr), in dem man anhand von Zeichnungen, Fotos und Modellen Einblick in die Architekturgeschichte der Stadt gewinnt. Am unteren Ende von The Paragon zweigt rechts George Street ab, deren Straßencafés zu einer Pause einladen, bevor man Milsom Street hinunterschlendert, eine breite Einkaufsstraße. In kleinem Bogen führt die New Bond Street in Richtung Avon. Bummelt man schließlich die beiden Ladenzeilen der **Pulteney Bridge** ⓭ entlang, die 1770 nach einem Plan von Robert Adam errichtet wurden, glaubt man kaum, einen Fluss zu überqueren – Bath überrascht mit immer neuen Reihenhausvarianten.

Nach wenigen Schritten jenseits des Avon ist der in Form eines auf der Spitze stehenden Quadrats angelegte *Laura Place* erreicht, der in die **Great Pulteney Street** ⓮ mit ihren imposanten Häuserzeilen mündet. Am Ende der Straße, in 4 Sydney Place, befand sich die zweite von vier Wohnungen, in denen die Schriftstellerin Jane Austen (1775–1817) die fünf Jahre 1801–06 in Bath verbrachte. In ihren Romanen ›*Persuasion*‹ und ›*Northanger Abbey*‹ beschrieb sie humorvoll die gehobene Badegesellschaft ihrer Zeit.

Auch für Schriftsteller wie Henry Fielding, William Makepeace Thackeray, William Wordsworth und Charles Dickens war Bath Quelle der Inspiration; Maler wie *Thomas Gainsborough* zog es in die Stadt, da sie sich lukrative Porträtaufträge versprachen. Einige seiner Werke sowie wertvolles Silber und Porzellan sind im **Holburne Museum of Art** ⓯ (Tel. 012 25/46 66 69, www.bath.ac.uk/holburne, Di–Sa 10–17, So 11–17 Uhr) zu bewundern, einem noblen Stadthaus aus dem späten 18. Jh. am südlichen Rand der Parkanlagen von *Sydney Gardens*.

Wer in Bath einen Urlaubstag auf dem Wasser verbringen möchte, sollte sich mit einem Vorortzug, dem Bus oder an Bord eines Ausflugsdampfers (Anlegestelle Pulteney Bridge) flussaufwärts zur **Bath Boating Station** ⓰ (Tel. 012 25/31 29 00, www.bathboating.co.uk, Ostern–Sept. tgl. 10–18 Uhr, auch Restaurant und Bed & Breakfast) in der Forester Road am Stadtrand begeben. Hier kann man traditionelle Ruder- und Stakboote für eine beschauliche Fahrt auf dem Avon mieten.

i Praktische Hinweise

Information

TIC, Abbey Chambers, Abbey Church Yard, Bath, Tel. 08 70/4 44 64 42, Fax 012 25/47 77 87, www.visitbath.co.uk

Hotels

♔♔♔♔ **Queensberry**, Russell Street, Bath, Tel. 012 25/44 79 28, Fax 012 25/44 60 65, www.thequeensberry.co.uk. Eines der besten Hotels der Stadt, ein georgianisches Haus, höchst komfortabel und stilvoll. Das Restaurant *Olive Tree* verwöhnt mit mediterraner Küche.

♔♔♔ **Dukes**, Great Pulteney Street, Bath, Tel. 012 25/78 79 60, Fax 012 25/78 79 61, www.dukesbath.co.uk. Kleines Hotel mit Restaurant in der Prachtstraße östlich des Flusses. Gutes Frühstück.

Albany, 24 Crescent Gardens, Bath, Tel. 012 25/31 33 39, www.albanybath.co.uk. Preisgünstiges Bed & Breakfast an der Straße nach Bristol, 10 Min. zu Fuß ins Zentrum.

Restaurants

Green Park Brasserie, Green Park Road, Bath, Tel. 012 25/33 85 65. In der Schalterhalle eines ehem. Bahnhofs wird zu dezenter Jazzmusik leichte Kost serviert (So abend geschl.).

Sally Lunn's, 4 North Parade Passage, Bath, Tel. 012 25/46 16 34. *Tea room* in einem der ältesten Häuser der Stadt (1482), berühmt für seine *Buns*, große weiche Brötchen, die mit verschiedenen Aufstrichen oder als Beilage zu diversen Imbissen serviert werden.

The Hole in the Wall, 16 George Street, Bath, Tel./Fax 012 25/42 52 42. Beste moderne britische Küche in einem kleinen Kellerlokal (So geschl.).

The Pump Room, Stall Street, Bath, Tel. 012 25/44 44 77. Zu klassischer Trio- oder Pianomusik speist man mittags im eleganten Ambiente des 18. Jh.

Englische Schlichtheit statt florentinischer Grandezza: wie der Ponte Vecchio den Arno überspannt Baths Pulteney Bridge den Avon

63 Avebury

TOP TIPP *Mehr als 4500 Jahre alte Monolithen und ein Kegelstumpf.*

Der Steinkreis von Avebury, gut 30 km östlich von Bath, wurde vor rund 4500 Jahren errichtet, zur Zeit der mittleren Periode von Stonehenge – und übertrifft es an Größe um ein Vielfaches. Gemeinsam ernannte sie die UNESCO 1986 zum Weltkulturerbe. Wegen Konservierungsarbeiten werden zwischen Oktober 2006 und März 2007 einzelne Bereiche der Steinkreise geschlossen.

Innerhalb eines *Doppelwalles* mit Graben von 347 m Durchmesser standen 98 Steine von 3–6 m Höhe und bis zu 20 t Gewicht. Im Inneren dieses Kreises wurden zwei weitere mit 27 bzw. 29 Steinen errichtet. Anders als in Stonehenge blieben die aus den Marlborough Downs nördlich von Avebury herbeigeschafften Monolithen unbearbeitet und trugen auch keine Decksteine.

Am äußeren Kreis beginnt die von mehr als 100 Steinpaaren flankierte *Avenue*, die 3 km in südöstlicher Richtung zum *Overton Sanctuary* führt, einer weiteren Kultstätte. Die vier Durchbrüche für die beiden Straßen, die sich in der Nähe des Zentrums treffen, wurden möglicherweise von den Römern angelegt, die den Wall als Schutz für eine Siedlung nutzten. Im Mittelalter wurde der Steinkreis offensichtlich für einen heidnischen Tempel gehalten und zerstört, ab dem 17. Jh. begann man jedoch mit seiner Erforschung und richtete noch vorhandene Monolithen wieder auf.

Prähistorische Fundstücke findet man in dem nach Aveburys archäologischem Pionier benannten **Alexander Keiller Museum** (EH, Tel. 016 72/53 92 50, April–Okt. tgl. 10–18, Nov.–März bis 16 Uhr) in der High Street.

Gut 1 km südlich des Dorfes ragt der Kegelstumpf des **Silbury Hill** auf. Dieser mit 160 m Durchmesser an der Basis und 30 m Höhe größte von Menschenhand geschaffene Hügel in Europa ist etwa 4700 Jahre alt. Seinen Namen hat er vom archaischen Sonnengott Sil, ob die Stätte auch als eine Art Sonnenuhr diente, ist bislang ungeklärt. Der Hügel darf nicht bestiegen werden.

i Praktische Hinweise

Information

TIC, Chapel Centre, Greenstreet, gegenüber Red Lamp Pub, Avebury, Tel. 016 72/53 94 25

Restaurant

The Circle Restaurant, Great Barn, Avebury, Tel. 016 72/53 95 14. Bei der Touristeninformation neben dem Steinkreis bietet das vegetarische Selbstbedienungsrestaurant schmackhafte warme Gerichte, Käseplatten und Kuchen an.

CANDYFLOSS
BEEFBURGERS
CHIPS

GREY MULLET
GUEST HOUSE
EN-SUITE
FACILITIES
CENTRAL HEATING
NO VACANCIES

Südengland aktuell A bis Z

Vor Reiseantritt

ADAC Info-Service:
Tel. 018 05/10 11 12, Fax 018 05/30 29 28 (0,12 €/Min.)

ADAC im Internet:
www.adac.de
www.adac.de/reisefuehrer

Südengland im Internet:
www.visitbritain.com
www.visitsouthernengland.com
www.swtourism.co.uk

Informationen über England wie Unterkunftsverzeichnisse oder Special Interest Broschüren erhält man auf Anfrage über das amtliche Touristenbüro Visit Britain:

Deutschland

Visit Britain, Urlaubsservice Großbritannien, Hackescher Markt 1, 10178 Berlin, Tel. 018 01/46 86 42, Fax 030/31 57 19 10, gb-info@visitbritain.org

Österreich

Britain Visitor Centre, c/o British Council, Siebensterngasse 21, 1070 Wien, Tel. 08 00/15 01 70, Fax 01/5 33 26 16 85, a-info@visitbritain.org

Schweiz

Visit Britain, (kein Publikumsverkehr), Tel. 08 44/00 70 07, Fax 00 49/30/ 31 57 19 10, ch-info@visitbritain.org

Allgemeine Informationen

Reisedokumente

Bürger aus Mitgliedsstaaten der Europäischen Union können mit gültigem Reisepass, Personalausweis bzw. Kinderausweis einreisen, Schweizer müssen zusätzlich eine *Visitor Card* ausfüllen.

Kfz-Papiere

Bei der Fahrt mit dem eigenen Pkw sind der Führerschein und die *Grüne Versicherungskarte* mitzuführen. Möchte man ein Auto mieten, so ist ein *Internationaler Führerschein* erforderlich.

Krankenversicherung

Vor Reiseantritt sollte man sich *Auslandskrankenscheine* bei der Krankenkasse besorgen. Es ist ratsam zusätzlich eine *Auslandskrankenversicherung* abzuschließen.

Hund und Katze

Für Hunde und Katzen ist bei Reisen innerhalb der EU ein gültiger, vom Tierarzt ausgestellter *EU Heimtierausweis* vorgeschrieben, ebenso Kennzeichnung durch Mikrochip oder Tätowierung. Bis zum Jahr 2011 gelten Übergangsregelungen. Für Großbritannien gelten auch weiterhin strengere Vorschriften: Für die nötige Tollwutschutzimpfung müssen inkl. Kontrolltest etwa 7 Monate Vorbereitungszeit einkalkuliert werden. 24–48 Std. vor Einreise muss auf Bandwürmer und Zecken untersucht werden, danach muss ein Amtsarzt ein Gesundheitszeugnis ausstellen. Ansonsten benötigt das Tier eine Einreisegenehmigung und muss 6 Monate in Quarantäne. Die Einfuhr von Kampfhunden ist verboten. Nur bestimmte Einreisewege sind erlaubt (Infos beim ADAC). Aktuelle Infos unter: www.britischebotschaft.de/de/embassy/agriculture/pets.htm

◁ *Ob einem der Sinn eher nach Heilwasser oder nach üppigem Cream tea steht, nach Historienspektakel, Badevergnügen oder gemütlicher Einkehr – Südengland hält für jeden Urlaubsgeschmack etwas bereit*

Geld

Die britische Währung ist das Pfund Sterling (£). 100 Pence (p) ergeben ein Pfund. Scheine zu 5, 10, 20 und 50 £ sowie Münzen zu 1, 2, 5, 10, 20, 50 p und zu 1 und 2 £ sind im Umlauf.

Die gängigen Kreditkarten werden in Banken, Hotels und den meisten Geschäften akzeptiert. An zahlreichen Geldautomaten kann man z. B. mit der EC-Karte rund um die Uhr Geld abheben. Auch mit der Postbank SparCard erhält man an VISA-PLUS-Automaten Geld.

Zollbestimmungen

Abgabenfreie Richtmengen für Privatreisende pro Person (EU-Bürger): 800 Zigaretten, 400 Zigarillos, 200 Zigarren, 1 kg Tabak, 10 l Spirituosen, 20 l Zwischenerzeugnisse (z. B. Likör), 90 l Wein (davon höchstens 60 l Schaumwein) sowie 110 l Bier. Bei Einreise aus Nicht-EU-Ländern gelten geringere Mengen. Bei der Rückreise ist die für die EU gültige Einfuhrgrenze für zollfreie Waren in Höhe von 175 € zu beachten.

Tourismusämter im Land

In allen größeren oder von Touristen frequentierten Orten gibt es *Tourist Information Centres (TICs)* [s. Praktische Hinweise]. Dort erhält man Informationen, Prospekte und Karten – manchmal auch persönliche Tipps von Mitarbeitern.

Die *Öffnungszeiten* der TICs variieren. So gut wie alle sind Mo–Fr 10–17 Uhr geöffnet, größere bis 18 Uhr, in Touristenmetropolen auch Sa/So. Einige TICs in kleinen Ortschaften sind während der Wintermonate geschlossen.

Notrufnummern

Polizei, Unfallrettung: Tel. 112 (auch im Mobilnetz)

ADAC-Notrufzentrale München:
Tel. 00 49/89/22 22 22 (rund um die Uhr)

ADAC-Ambulanzdienst München:
Tel. 00 49/89/76 76 76 (rund um die Uhr)

Österreichischer Automobil Motorrad und Touring Club
ÖAMTC Schutzbrief-Nothilfe:
Tel. 00 43/(0)1/2 51 20 00

Touring Club Schweiz
TCS Zentrale Hilfsstelle:
Tel. 00 41/(0)2 24 17 22 20

Pannendienst der Automobile Association (AA): Tel. 08 00/88 77 66 (auch im Mobilnetz), www.theAA.com

Pannendienst des Royal Automobile Club (RAC): Tel. 08 00/82 82 82 (auch im Mobilnetz)
www.royalautomobileclub.co.uk

Diplomatische Vertretungen

Botschaft der Bundesrepublik Deutschland

23 Belgrave Square, London
SW 1X 8PZ, Tel. 020/78 24 13 00,
Fax 020/78 24 14 35, www.german-embassy.org.uk

Österreichische Botschaft

18 Belgrave Mews West, London
SW 1X 8HU, Tel. 020/72 35 37 31,
Fax 020/73 44 02 92, bmaa.gv.at/london

Botschaft der Schweiz

16–18 Montagu Place, London W 1H 2BQ,
Tel. 020/76 16 60 00, Fax 020/77 24 70 01,
www.eda.admin.ch/london

Besondere Verkehrsbestimmungen

In England herrscht Linksverkehr.

Es gelten die folgenden **Höchstgeschwindigkeiten** für Pkw, Wohnmobile und Motorräder: in Ortschaften 30 mph (miles per hour, 48 km/h), auf Landstraßen 60 mph (96 km/h) und auf Autobahnen 70 mph (112 km/h). Pkw mit Anhänger dürfen auf Landstraßen höchstens 80 km/h, auf Autobahnen höchstens 96 km/h fahren.

Die *Roundabouts*, Kreisverkehre, ersetzen in Großbritannien oft Kreuzungen; die Autos im Kreisverkehr haben Vorfahrt.

Die **Promillegrenze** liegt bei 0,8.

Gelbe oder rote Markierungen am Fahrbahnrand bedeuten **Park-** oder **Halteverbot**. Auch auf oder am Rand einer Straße mit weißer Doppellinie in der Mitte darf man nicht halten. Parken entgegen der Fahrtrichtung ist tagsüber erlaubt.

Quadratische, auf der Spitze stehende weiße Schilder kündigen *Ausweichstellen* an schmalen Straßen an.

Maße und Gewichte

Obwohl in Großbritannien 1971 das Dezimalsystem eingeführt wurde, sind viele der traditionellen Maß- und Gewichtseinheiten auch heute noch gebräuchlich:

1 inch (in)	= 2,54 cm
1 foot (ft)	= 12 inches = 30,48 cm
1 yard (yd)	= 3 feet = 91,44 cm
1 mile (mi)	= 1,609 km
1 ounce (oz)	= 28,35 g
1 pound (lb)	= 16 ounces = 543,59 g
1 pint (pt)	= 0,568 l
1 gallon	= 4.54 l

Stromspannung

Die Netzspannung beträgt etwa 230 Volt (EU-Standard). Allerdings benötigt man für britische Steckdosen Adapter. Diese gibt es bei den ADAC-Geschäftsstellen oder in Elektrofachgeschäften vor Ort.

Zeit

In England gilt die **Greenwich Mean Time (GMT)**. Winter- und Sommerzeit werden am selben Tag wie auf dem europäischen Festland umgestellt. Es ist also stets eine Stunde früher als auf dem Kontinent. Die Stunden werden nur bis zur zwölften gezählt, sodass man zwischen **a.m.** (ante meridiem, vormittags) und **p.m.** (post meridiem, nachmittags) unterscheiden muss.

Anreise

Auto

Umfangreiches **Informations-** und **Kartenmaterial** können ADAC-Mitglieder in Deutschland kostenlos anfordern unter Tel. 018 05/10 11 12 (0,12 €/Min.). Im ADAC Verlag sind erschienen: der TravelAtlas *Europa* (1:700 000) und die LänderKarte *Großbritannien/Irland* (1:650 000) sowie das ADAC reisemagazin Südengland und London (www.adac.de/karten).

Für die Anreise mit dem Auto: Die Fahrt durch den **Euro-Tunnel** zwischen Folkestone und Calais wird zu Hauptverkehrszeiten im 15-Min.-Takt angeboten; während der ca. 35-minütigen Fahrt mit *Le Shuttle*, dem Pendelzug durch den Kanaltunnel, kann man im Auto bleiben. Ansonsten nimmt man eine Fähre.

Bahn

Die Bahnverbindungen von Deutschland aus enden in holländischen, belgischen oder französischen Küstenstädten wie Hoek van Holland, Ostende oder Le Havre, wo man sich auf die Fähren nach Großbritannien einschiffen kann.

Bequemer ist der **Eurostar**, ein Hochgeschwindigkeitszug, der in ca. 3 Std. durch den Kanaltunnel nach London bis zur *Waterloo Station* fährt. Man kann in Paris, Brüssel, Lille und Calais zusteigen.

Fahrplanauskunft

Deutschland
Deutsche Bahn,
Tel. 118 61 (gebührenpflichtig),
Tel. 08 00/1 50 70 90 (sprachgesteuert),
www.bahn.de

Deutsche Bahn AutoZug,
Tel. 0 18 05/24 12 24, www.autozug.de

Österreich
Österreichische Bundesbahn,
Tel. 05 17 17, www.oebb.at

Schweiz
Schweizerische Bundesbahnen,
Tel. 09 00 30 03 00, www.sbb.ch

National Rail Enquiries, Tel. 084 57/48 49 50, www.nationalrail.co.uk

Weitere Auskünfte im Internet:
www.britrail.net, www.eurostar.com

Bus

Verschiedene Busgesellschaften bieten meist recht preisgünstige Fahrten nach England an, in der Regel nach London. Dort hat man Anschluss mit englischen Busgesellschaften, etwa dem *National Express* (www.nationalexpress.com). Linienbusverbindungen von Deutschland und Österreich bietet:

Deutsche Touring GmbH,
Am Römerhof 17, 60486 Frankfurt/Main,
Tel. 069/79 03 50, Fax 069/7 90 32 19,
www.deutsche-touring.com

Fähre

Für Anreise mit dem Auto bietet sich neben der Fahrt durch den Euro-Tunnel die Fähre an. Die Überfahrt mit der **Fähre** von Calais nach Dover dauert ca. 80 Min., mit dem Luftkissenboot von Hoverspeed ist man in 35 Min. am Ziel. Von französischen Häfen gibt es besonders viele Verbindungen nach Südengland, wie Dieppe–Newhaven, Le Havre–Portsmouth, Cherbourg–Portsmouth bzw. Bournemouth, Roscoff–Plymouth. Von Belgien bieten sich die Fähren Oostende–Ramsgate oder Dunkirk–Dover an.

Flugzeug

Wichtigste Flughäfen für den Süden sind *London-Heathrow* (Tel. 087 00 00 01 23, www.baa.co.uk/heathrow), knapp 25 km westlich, und *London-Gatwick* (Tel. 087 00 00 24 68, www.baa.co.uk/gatwick), etwa 40 km südlich der Hauptstadt. Von hier aus stehen zahlreiche innerbritische Verbindungen zur Auswahl. Nach Bristol, Southampton und Bournemouth existieren auch Direktverbindungen von Deutschland, Österreich und der Schweiz.

Bank, Post, Telefon

Bank

Banken sind meist Mo–Fr 9.30–16.30 Uhr geöffnet, manche auch Sa vormittags.

Wechselstuben *(Bureaux de Change)* haben länger offen, in Fähr- und Flughäfen auch rund um die Uhr. Man muss dort aber mit schlechteren Kursen und höheren Gebühren rechnen. Für den Tausch von Geld und Travellerschecks berechnen Banken pro Transaktion ca. 3 £ Gebühr (*Fee/Commission*).

Post

Postämter sind in der Regel Mo–Fr 9.30–17.30, Sa 9–12 Uhr geöffnet. In kleineren Orten befinden sich die Poststellen oft in Läden oder Supermärkten.

Telefon

Internationale Vorwahlen
Großbritannien 00 44
Deutschland 00 49
Österreich 00 43
Schweiz 00 41

Es folgt die Rufnummer ohne die Null.

Telefonzellen gibt es reichlich, auch in ländlichen Gebieten, die meisten mit kombinierten Münz- und Kartenfernsprechern. **Telefonkarten** (*Phonecards*) erhält man in Postämtern, Zeitungsläden und vielen anderen Geschäften.

Die Benutzung handelsüblicher **Mobiltelefone** ist in ganz Großbritannien möglich. Man sollte sich jedoch vor Reiseantritt über das günstigste Netz vor Ort informieren und das eigene Mobiltelefon entsprechend programmieren.

Einkaufen

Die Geschäfte sind in der Regel Mo–Sa 9–17.30 Uhr geöffnet. Größere Läden in den Innenstädten haben meist bis 18 Uhr offen, zuweilen auch sonntags 10–18 Uhr, In Supermärkten kann man normalerweise 10–20 Uhr einkaufen, auch am Sonntag, viele sind rund um die Uhr geöffnet. Auch in kleineren, touristisch stark frequentierten Orten haben viele Läden sonntags geöffnet. Vereinzelt wird noch die Tradition des *Early closing day* aufrechterhalten, d.h. alle Geschäfte einer Stadt schließen an einem Tag der Woche bereits kurz nach Mittag.

Souvenirs

Günstiger als auf dem Kontinent kann man in England nach wie vor **Landhausmode** sowie **Sportkleidung** und **-geräte** einkaufen, vor allem für ›inseltypische‹

Signalrote Dienste

Sportarten wie Golf, Reiten und Angeln. Englischsprachige **Bücher** sind preiswerter, zumal keine Preisbindung besteht.

Breit ist das Angebot an **Antiquitäten**, vor allem an Silberwaren und Möbeln. Besonders schöne Stücke findet man in den Geschäften von Arundel und Royal Tunbridge Wells sowie in Brightons Altstadt The Lanes.

Vielerorts finden sich *Crafts Centres*, in denen typische Produkte einer Region erhältlich sind. Vor allem auf dem Land (z.B. in St. Just in Cornwall) haben sich viele **Kunsthandwerker** niedergelassen und, wie etwa bei *Makers Contemporary Crafts and Arts Centre* in Taunton (6, Bath Place, Tel. 018 23/25 11 21, Mo–Sa 9–17 Uhr), zusammengeschlossen, um den Verkauf von Vasen, Schalen, Bechern, Teekannen u. v. m. besser organisieren zu können. Eine Besonderheit stellt die *Wilton Carpet Factory* (King Street, schräg gegenüber der Einfahrt zu Wilton House, Wilton, Tel. 017 22/74 49 19, www.wiltoncarpets.com, Mo–Sa 9.30–17.30, So 11–17 Uhr) dar, in der seit dem 18. Jh. **Teppiche** gefertigt werden. Die Fabrik organisiert den Versand der wertvollen Stücke, die man nur an Ort und Stelle erwerben kann.

Wer sich für **Glaskunst** interessiert, sollte die *Shakespeare Glass Gallery* (Foundry Road, Tel. 018 23/33 34 22, www.shakespeareglass.co.uk, Di–Sa 10–17 Uhr) an der Riverside von Taunton aufsuchen oder sich in Bristol auf die Suche nach dem berühmten *Blue Glass* begeben, das dort hergestellt wird.

Kleine und große Kinder werden an den über 1000 Teddybären in *The Bear Shop* (94 High Street, Totnes, Tel. 018 03/86 68 68, www.bear-shop.co.uk, Mo–Mi, Fr/Sa 10–17 Uhr) ihre Freude haben.

Sehr beliebt als Mitbringsel sind auch **Duft- und Badeessenzen**. Der Duft von Maiglöckchen, Hyazinthen oder Rosen, sei es in Form von Seifen, Ölen oder Potpourris, erfüllt das Badezimmer noch lange nach dem Ende der Reise.

Selbstverständlich findet man auf der Insel ein breites Angebot an erstklassigen und preiswerten **Teesorten**. Wem zum Frühstück die **Orangenmarmelade** besonders gut geschmeckt hat, wird davon sowohl in Supermärkten als auch in Delikatessenläden eine überreiche Auswahl finden. Gleiches gilt für die **Pickles**, scharf, sauer oder süß eingelegte Zwiebeln oder Gemüsestücke.

Berühmt ist Großbritannien für seine vielen **Keks- und Kuchensorten**; in beinahe jedem Ort des Südens wird man zudem lokale **Käse- und Pastetenspezialitäten** finden.

Essen und Trinken

Zu einem richtigen englischen **Frühstück**, einem *Real English breakfast*, gehören zunächst Orangensaft und *cereals*, also Cornflakes, Müsli, Knusperreis oder ähnliches, die mit kalter Milch übergossen werden. Der zweite Gang besteht traditionell aus gebratenem Speck (*Bacon*) und Eiern (*Eggs*), die als Spiegelei (*fried*), Rührei (*scrambled*) oder verlorene Eier (*poached*) auf den Tisch kommen. Dazu gibt es gebratene oder gegrillte Würstchen, eine halbe Tomate, Champignons und gelegentlich Bratkartoffeln oder ein Rösti. Als Alternative wird in guten Hotels Fischfilet oder ein vegetarischer Brätling angeboten. Es folgt der dritte Gang: *Toast and marmalade*. Mit *Marmalade* ist Orangenmarmelade gemeint, andere heißt *Jam*.

Nach einem derart ausgiebigen Frühstück fällt das **Mittagessen** (*Lunch*) meist etwas kleiner aus. Man isst eine Suppe oder einen Salat, holt sich ein gut belegtes Sandwich oder geht in den Pub. Traditionell werden dort Snacks wie *Steak and Kidney pie*, eine Fleischpastete mit Nieren, oder eine *Pork pie* mit Schweinefleisch, Zwiebeln und Äpfeln angeboten, im Westen auch die *Cornish pasty*, eine Pastete mit Fleisch und Kartoffeln. Am Sonntag wird ausgiebig zu Mittag gegessen – traditionellerweise *Roast beef*.

Nachmittags steht dann der **Cream tea** auf dem Programm. Auf *Scones*, leicht süßliche Brötchen aus Mürbeteig mit oder ohne Rosinen, schmiert man *Clotted cream*, eine steife, sehr fette Sahne, und obendrauf noch Erdbeermarmelade, *Strawberry jam*. Dazu trinkt man Tee, in England praktisch immer mit Milch.

Mindestens einmal sollte man zum **Abendessen** (*Dinner*) *Fish'n'chips* probieren. Die Fischfilets werden in einer speziellen Panade, um die meist ein großes Geheimnis gemacht wird, gewälzt und dann frittiert. Dazu gibt es *Chips*, Pommes frites, die auf Wunsch mit Essig (*Vinegar*) übergossen werden.

In den **Pubs** herrscht, was Getränke angeht, Selbstbedienung. Auch Speisen bestellt man an der Theke und bezahlt sie sofort. Fertige Gerichte werden entweder ausgerufen oder am Tisch serviert.

Restaurants schließen bisweilen schon verhältnismäßig früh und nehmen nur bis 21 oder 21.30 Uhr Bestellungen an. Rindfleisch (*Beef*), Lamm (*Lamb*), Geflügel

Nicht jedermanns Bier

Leichtes, helles **Lager** oder starkes, dunkles **Stout**? Beide sind in südenglischen Pubs zu bekommen, das eine entspricht am ehesten den kontinentalen Bieren, das andere wurde meist aus Irland importiert. Wer etwas von der regionalen Vielfalt britischer Biere erschmecken will, sollte sich dem **Ale** zuwenden, seiner etwas stärker gehopften Variante, dem **Bitter**, dem milden **Pale ale** und dem kräftigeren **Brown ale**. Das einzig Wahre für britische Hopfen- und Malz-Traditionalisten ist jedoch das **Real ale**, das ganz ohne Kohlensäure, bis zu 8 % stark und absolut frisch aus dem Fass fließt. Kleine örtliche Brauereien stellen es her, denn es hält sich nicht lange – und nicht nur, weil seine durstigsten Liebhaber, die Mitglieder der **Real Ale Society**, nicht genug davon bekommen können. Bisweilen wird ein **Real ale** nur für ein einziges Pub gebraut – und wenn es einem lauwarm die Kehle hinunterläuft, spürt man, dass man Mitglied einer wahrhaft illustren Gesellschaft ist.

(*Poultry*), Fisch und Meeresfrüchte (*Seafood*) stehen auf d er Insel hoch im Kurs. Als Nachtisch gibt es oft Kuchen, zum Beispiel *Apple pie* mit heißer Vanillesauce und/oder Eis. Die Käseauswahl umfasst oft lokale Spezialitäten.

Eine Alternative zum Restaurant kann auch das Abendessen im Bed & Breakfast-Haus sein. Vor allem auf den Bauernhöfen gibt es wohlschmeckende, ›gutbürgerliche‹ Gerichte. In der Regel muss man morgens vorbestellen.

Die Auswahl an **Bier** ist äußerst reichhaltig; **Wein** verteuert sich wegen der Importsteuern beträchtlich. Restaurants offerieren häufig gute französische und deutsche Weine, häufig auch kalifornische, südafrikanische und australische zu vernünftigen Preisen. Eine Spezialität – vor allem Somersets – ist **Cider**, der oft recht starke Apfelwein. Es lohnt sich, den Hinweisschildern an der Straße zu folgen, denn der beste wird auf kleinen Obstfarmen produziert.

Ab Juni 2007 gilt für alle öffentliche Gebäude in England ein **Rauchverbot**, u.a. in Restaurants, Cafés, Bars, Hotels.

Feste und Feiern

Feiertage

1. Januar (New Year's Day), Karfreitag (Good Friday) und Ostermontag (Easter Monday), erster Montag im Mai (May Day), letzter Montag im Mai und im August (Bank Holidays), Weihnachten (Christmas).

Die *verlängerten Wochenenden* der Bank Holidays und des May Day sind beliebte Zeiten für Ausflüge, was lebhaften Straßenverkehr und großen Andrang bei Sehenswürdigkeiten bedeutet.

Feste

Mai

Bath: *Royal Bath and West of England Show* (www.bathandwest.co.uk), große Landwirtschaftsschau für den Südwesten Englands in der Stadt am Avon

Winchester: Volkstanz, Konzerte, Kunsthandwerk gibt es beim *Winchester Folk Festival* (www. winchfolk.org.uk)

Mai/Juni

Salisbury: Theater, Opern, Konzerte, Ausstellungen, Kirmes beim *Salisbury Festival* (www.salisburyfestival.co.uk)

Juni

Broadstairs: Eine Woche lang feiert die ganze Stadt das *Dickens Festival* (www. broadstairsdickensfestival.co.uk), u. a. mit Umzug in historischen Kostümen.

August

Isle of Wight: Während der *Cowes Week* (www.cowesweek.co.uk) finden rund um die Insel Segelregatten statt.

Oktober

Taunton (3. Oktoberwoche): Höhepunkt des Volksfestes *Illuminated Carnival* rund um den Cider ist das Fassrollen beim *Cider Barrel Rolling Race*.

November

London nach Brighton (1. So): Traditionsreiche Oldtimer-Rallye *London to Brighton Veteran Car Run*.

Klima und Reisezeit

Die Jahreszeiten an der englischen Südküste unterscheiden sich nicht grundsätzlich von denen Zentraleuropas. Es regnet im Sommer ein wenig mehr, dafür schneit es im Winter fast nie. Der *Golfstrom* beschert vor allem dem sonnigen Südwesten ein sehr mildes Klima.

Die schönsten Reisemonate sind **Mai, Juni, September** und **Oktober**. Im Juli und August ist im ganzen Land Ferienzeit, und die Erholungsgebiete des Südens sind dann sehr überlaufen.

Manche *Sehenswürdigkeiten* – vor allem die großen Gärten und Parks – sind von November bis März geschlossen, und über die Weihnachtstage kommt praktisch das gesamte öffentliche Leben zum Stillstand.

Klimadaten Südengland

Monat	Luft (°C) min./max.	Wasser (°C)	Sonnen-std./Tag	Regen-tage
Januar	6/14	14	2	11
Februar	6/14	13	2	9
März	7/16	14	4	8
April	11/19	15	6	8
Mai	13/22	17	7	8
Juni	17/25	20	7	8
Juli	19/28	23	7	9
August	18/28	24	6	9
September	18/26	23	5	9
Oktober	14/22	22	3	9
November	10/18	18	2	10
Dezember	7/15	15	1	9

Kultur live

Theater

Die renommiertesten Bühnen des englischen Südens sind:

Chichester Festival Theatre, Oaklands Park, Chichester, Tel. 012 43/78 13 12, www.cft.org.uk

Mayflower Theatre, Commercial Road, Southampton, Tel. 023/80 71 18 00, www.the-mayflower.com

Minack Theatre, Porthcurno, Penzance, Tel. 017 36/81 06 94, www.minack.com

Nothcott Theatre, Stocker Road, Exeter, Tel. 013 92/49 34 93, www.northcott-theatre.co.uk

Theatre Royal, King Street, Bristol, Tel. 011 79/87 78 77, www.bristol-old-vic.co.uk

Theatre Royal, Saweclose, Bath, Tel. 012 25/44 88 44, www.theatreroyal.org.uk

Theatre Royal, New Road, Brighton, Tel. 012 73/32 84 88, www.theambassadors.com/brighton

Kino

Ein interessantes Filmprogramm jenseits des Standardangebots der großen Kinos bieten:

Arnolfini, 16 Narrow Quay, Bristol, Tel. 01 17/9 29 91 91, www.arnolfini.org.uk. Galerie für moderne Kunst und Film Centre.

Watershed Media Centre, 1 Cannon's Road, Bristol, Tel. 01 17/9 27 64 44, www.watershed.co.uk. Filmprogramme in modernen Kinosälen.

Exeter Phoenix Arts and Media Centre, Bradninch Place, Gandy Street, Exeter, Tel. 013 92/66 70 80, www.exeterphoenix.org.uk. Theater, Musik, Film.

Plymouth Arts Centre, 38 Looe Street, Plymouth, Tel. 017 52/20 61 14, www.plymouthac.org.uk. Filme und Konzerte.

Kulturelle Veranstaltungen

März

Bath: Workshops, Diskussionen, Lesungen beim *Bath International Literature Festival* (www.bathlitfest.org.uk).

Mai

Brighton (1.–3. Maiwoche): Das internationale *Brighton Festival* (www.brightonfestival.org.uk) bzw. *Brighton Festival Fringe* offeriert Theater, Konzerte, Ausstellungen u. v. m.

Glyndebourne (Mai–Sept.): Mit der *Glyndebourne Opera* (www.glyndebourne.com) beginnt die Opernsaison.

Juni

Bath (Mai/Juni): Musiktheater, Oper, Jazz, Klassik im Rahmen des *Bath International Music Festival* (www.bathmusicfest.org.uk).

Glastonbury (letztes Juniwochenende): Bis zu 150 000 Besucher kommen zum *Glastonbury Festival* (www.glastonburyfestivals.co.uk), einem der größten Rockereignisse Europas.

Juli

Chichester (1. Monatshälfte): Mit Theater, Musik, Tanz, Ausstellungen und Straßenkunst werden die *Chichester Festivities* (www.chifest.org.uk) gefeiert.

August

Arundel: Anlässlich des *Arundel Festival* (www.arundelfestival.co.uk) werden im Schlosshof und an weiteren Orten im gesamten Stadtgebiet Theaterstücke und Opern aufgeführt.

Oktober

Canterbury: Das *Canterbury Festival of Arts* (www.canterburyfestival.co.uk) ist bekannt für hochkarätige Konzerte, Ausstellungen, Theater- und Tanzaufführungen.

Kulturhistorische Organisationen

Die meisten wichtigen Sehenswürdigkeiten Großbritanniens werden vom **National Trust (NT)** oder von **English Heritage (EH)** verwaltet, den beiden landesweit operierenden kulturkonservatorischen Stiftungen. *Mitgliedern* wird kostenloser Eintritt zu den Sehenswürdigkeiten der jeweiligen Organisation gewährt. Beide Stiftungen bieten auch kurzzeitige Mitgliedschaften für die Dauer von einer bis vier Wochen an – für Kulturinteressierte durchaus lohnend. Beitreten kann man in jedem NT- bzw. EH-Informationszentrum, also gleich beim ersten Besuch einer kulturellen Stätte. Die von den Stiftungen verwalteten Objekte sind im Haupttext dieses Führers entsprechend mit NT oder EH gekennzeichnet. Informationen zur Mitgliedschaft erhält man bei:

National Trust, Membership Department, PO Box 39, Bromley, Kent BR1 3XL, Tel. 08 70/4 58 40 00, Fax 020/84 66 68 24, www.nationaltrust.org.uk

English Heritage, PO Box 570, Swindon SN2 2UR, Tel. 08 70/3 33 11 81, Fax 017 93/41 49 26, www.english-heritage.org.uk

Museen und Kirchen

Detaillierte Angaben zu den Öffnungszeiten der **Museen** finden sich jeweils im Haupttext. **Wichtiger Hinweis:** Für die meisten Sehenswürdigkeiten gilt: letzter Einlass 60 Min. vor Schließung.

Kirchen sind, soweit nicht anders vermerkt, in der Regel tgl. 9–18 Uhr geöffnet. Während der *Gottesdienste* ist eine Besichtigung nicht möglich. In den meisten der großen Kirchen und Kathedralen erwartet man vom Besucher eine freiwillige *Spende* (*Donation*). Manche Kirchen sind generell oder außerhalb der Gottesdienstzeiten verschlossen. Dann findet man meist an der Tür einen Hinweis darauf, wo der Schlüssel zu bekommen ist.

Nachtleben

Der ländliche Süden ist keine Hochburg des Nachtlebens. In den größeren Städten Brighton, Portsmouth, Southampton, Bournemouth und Bristol, gibt es das übliche Angebot an Kneipen, Diskotheken und Bars. In den **In-Kneipen** gelten Fr und Sa Kleiderordnungen. Ohne elegantes Outfit, das der Türsteher beurteilt, hat man keine Chance auf Einlass.

Pubs gibt es in jedem Dorf. Dort kann man in der Regel Mo–Sa 11–23 Uhr sein Bier trinken, So 12–22.30 Uhr. Manche haben am Nachmittag einige Stunden geschlossen. Inzwischen machen einige Pubs von dem neuen Recht Gebrauch, länger zu öffnen. Ab Juni 2007 gilt das *Rauchverbot* für alle öffentliche Räume in England – auch in den Pubs.

Sport

Die Sportmöglichkeiten in Südengland sind überaus vielfältig. **Wandern** [s. S. 69] und **Radfahren** stehen ganz obenan, wenngleich es nur wenige ausgebaute Radwege gibt – dafür aber viele schmale Landstraßen.

Angeln

Von vielen Häfen aus werden Angelausflüge angeboten. Man benötigt eine Lizenz, die vor Ort ausgestellt wird. Visit Britain informiert in seiner Broschüre *Game Fishing Holidays* über Anglerferien.

Golf

Das Golfspiel ist in Großbritannien viel populärer als auf dem Kontinent. Die Clubs lassen Gäste nur zu eingeschränkten Zeiten auf ihre Plätze – Handicap und vollständige Ausrüstung sind Grundvoraussetzungen. Es gibt aber auch kommunale Golfplätze für jedermann. Eine Adressenliste verschickt Visit Britain [s. S. 125] auf Anfrage.

Klettern

Das Klettern erfreut sich in England zunehmender Beliebtheit, ist aber nicht überall erlaubt. Auskünfte gibt:

British Mountaineering Council, Crawford House, Booth Street East, Manchester M12 9RZ, Tel. 01 61/4 45 47 47, Fax 01 61/4 45 45 00, www.thebmc.co.uk

Reiten

In vielen Gebieten, vor allem den Nationalparks, kann man sehr schöne Reitausflüge unternehmen. Informationen, u. a. über das Netzwerk *Ride-UK*, bei:

British Horse Society, Equestrian Centre, Stoneleigh, Kenilworth, Warwickshire CV8 2LR, Tel. 019 26/70 77 00, Fax 019 26/70 78 00, www.bhs.org.uk

Segeln

Der Süden ist ein ideales Segelrevier. Informationen bei:

Royal Yachting Association, (RYA), Ensign Way, Hamble, Southampton, SO31 4YA, Tel. 08 45/3 45 04 00, Fax 08 45/3 45 03 29, www.rya.org.uk

Auch die **ADAC-Sportschifffahrt** hält für Mitglieder umfassende Informationen sowie Adresslisten von Marinas und Charterfirmen bereit (Tel. 089/76 76 0 oder www.adac.de/sportschifffahrt).

Tennis

Großer Beliebtheit erfreut sich Tennis. In vielen Städten gibt es öffentliche Tennisplätze, und die größeren Hotels verfügen in der Regel ebenfalls über entsprechende Anlagen. Informationen erhält man in den lokalen Tourist Information Centres.

Wassersport

Lange **Sandstrände** finden sich zwischen Ramsgate und Margate in Kent, zwischen Hastings und Eastbourne, auf der Isle of Wight von Shanklin bis Ventnor, von Bournemouth bis Poole, an der Torbay und der Start Bay sowie in der Umgebung von Penzance – streckenweise, von Kiesstränden unterbrochen, auch zwischen Brighton und Bognor Regis. Die Strände von Nord-Cornwall und Nord-Devon sind meist kleiner und in Buchten versteckt. Hier, am Atlantik, wehen stärkere Winde, herrscht höherer Wellengang – **Surfer** und **Wellenreiter** wissen es zu schätzen. Die zahllosen kleinen **Buchten** Devons und Cornwalls auszukundschaften ist eine reine Entdecker- und Badefreude. Vom Baden im Umkreis der Häfen ist wegen schlechter Wasserqualität abzuraten.

Hinweise für Wassersportler erteilt die **ADAC-Sportschifffahrt** unter Tel. 089/ 76 76 60 oder www.adac.de/sportschiff fahrt.

Statistik

Der englische Süden gliedert sich in ost-westlicher Richtung in folgende Grafschaften und Regionen:

Kent: Die südöstliche Grafschaft umfasst gut 3700 km^2 und hat etwa 1,3 Mio. Einwohner. Die Verwaltungshauptstadt ist *Maidstone* (72 000 Einw.), doch die bekannteste Stadt ist *Canterbury* (35 000 Einw.). Das Wirtschaftsleben der Region wird hauptsächlich vom Obst- und Hopfenanbau, vom Hafenbetrieb in *Dover* sowie vom Tourismus geprägt.

Surrey: Die Grafschaft südlich von London misst 1650 km^2 und hat etwa 1 Mio. Einwohner, von denen viele täglich zur Arbeit in die Hauptstadt pendeln. Verwaltet wird Surrey von *Guildford* (63 000 Einw.) aus.

Sussex: An der Küste schließt Sussex an Kent an, weist gut 3800 km^2 und knapp 1,3 Mio. Einwohner auf. Hauptstadt von East Sussex ist das beschauliche *Lewes* (16 000 Einw.), die Verwaltung von West Sussex ist in *Chichester* (24 000 Einw.) beheimatet. Größte und bedeutendste Stadt der Region ist aber das Seebad *Brighton* (142 000 Einw.), mit *Hove* (90 000 Einw.) zu einer Doppelgemeinde zusammengewachsen.

Hampshire: Die große Grafschaft des zentralen Südens ist rund 3800 km^2 groß und beheimatet etwa 1,2 Mio. Menschen. Verwaltungssitz ist *Winchester* (33 000 Einw.), von wo aus vor 1000 Jahren noch das ganze Land regiert wurde. Von großer wirtschaftlicher Bedeutung sind die Hafen- und Industriestädte *Portsmouth* (180 000 Einw.) und *Southampton* (204 000 Einw.). Westlich davon erstreckt sich der rund 375 km^2 große, nur äußerst dünn besiedelte *New Forest*.

Isle of Wight: Lange gehörte die vor der Südküste gelegene, 381 km^2 große Insel zur Grafschaft Hampshire, doch jetzt verwaltet sie sich selbst. Hauptstadt ist das im Zentrum der Insel gelegene *Newport*. Hier leben 24 000 der insgesamt 130 000 Einwohner.

Dorset: Zur Metropole der 2650 km^2 großen Grafschaft (690 000 Einw.) sind die Städte *Christchurch* (33 500 Einw.), *Bournemouth* (159 000 Einw.) und *Poole* (135 000 Einw.) zusammengewachsen; im Sommer versammelt sich an den Stränden ein Mehrfaches an Urlaubern. Hauptstadt ist das etwas landeinwärts gelegene *Dorchester* (15 000 Einw.). Südlich davon zieht *Weymouth* (46 000 Einw.) ebenfalls zahlreiche Urlauber an.

Wiltshire: Von der Grafschaft Wiltshire, 3500 km^2 groß und mit 500 000 Bewohnern nur dünn besiedelt, findet in diesem Führer nur der südliche Teil Berücksichtigung, in dem auch die Hauptstadt liegt: *Salisbury* (36 000 Einw.). Nördlich der Stadt erstreckt sich die etwa 30 ∅ 15 km messende, fast baumlose *Salisbury Plain* mit vielen prähistorischen Stätten.

Bristol: Die 380 000 Einwohner zählende Hafen- und Industriestadt bildete eine Zeitlang mit Bath die Grafschaft Avon, verwaltet sich jetzt jedoch wieder selbst.

Somerset: Die von Hügeln und Schluchten durchzogene Grafschaft dehnt sich auf 3500 km^2 aus und hat etwa 600 000 Einw., Hauptstadt ist *Taunton* (59 000 Einw.). Auch *Bath* (85 000 Einw.) wurde samt Umland als ›Bath and North East Somerset‹ der Grafschaft zugeschlagen. Den Nordwesten von Somerset nimmt der größte Teil des *Exmoor National Park* (692 km², 11 000 Bewohner) ein.

Devon: Mit 6765 km² ist Devon eine der flächenmäßig größten Grafschaften des Landes, mit 1 Mio. Menschen aber sehr dünn besiedelt. Hauptstadt der Region, die mit Cornwall das ›West Country‹ ausmacht, ist *Exeter* (111 000 Einw.). Größere Siedlungen sind zudem die an der *Torbay* zusammengewachsenen Städte *Torquay, Paignton, Brixham* (zusammen 116 000 Einw.) sowie die Hafen- und Industriestadt *Plymouth* (240 000 Einw.). Im Zentrum der Grafschaft liegt der *Dartmoor National Park* (954 km², 32 000 Bewohner).

Cornwall: Die westlichste Grafschaft misst 3500 km² und hat knapp 500 000 Einwohner. Sitz der Verwaltung ist die Bischofsstadt *Truro* (19 000 Einw.), etwa gleich groß ist *Penzance*.

Unterkunft

Vom Schlosshotel bis zum Schlafsaal in der Jugendherberge – das Angebot an Unterkünften in Englands Süden ist äußerst vielfältig. Das *English Tourist Board (ETB)* überprüft regelmäßig Zimmer und stuft sie in ihrer Qualität anhand einer Skala von null bis fünf **Kronen** ein. Diese Kronen (♔♔♔) entsprechen nicht dem internationalen Sternesystem, sie werden etwas großzügiger vergeben. Auch Ferienwohnungen (*Self-catering accomodation*) wurden vom ETB inspiziert und bewertet. Die lokalen TICs vermitteln und buchen kostenlos die bei ihnen registrierten Zimmer.

Bed & Breakfast

Die beliebteste Form der Unterbringung ist zweifellos das Bed & Breakfast. Das Angebot reicht von kleinen Pensionen bis zu den Privathäusern von Familien, die Zimmer zur Verfügung stellen, in denen man preisgünstig und gelegentlich mit Familienanschluss wohnen kann. Morgens kommt dann das typische englische Frühstück auf den Tisch. Die Unterkünfte sind durch *B & B*-Schilder ausgewiesen. In den größeren Häusern steht meist eine Lounge mit Fernseher zur Verfügung. Zudem findet man immer häufiger *En-suite rooms*, d. h. Zimmer mit separaten Duschen und Toiletten, in der Regel etwas teurer. Am häufigsten gibt es Zimmer mit Doppelbett (*Double room*) oder mit zwei einzelnen Betten (*Twin room*), gelegentlich auch Familienzimmer (*Family room*).

Camping

Einige Campingplätze verfügen über stationäre Wohnwagen, die gemietet werden können. Eine detaillierte Beschreibung geprüfter Campingplätze bietet der jährlich erscheinende *ADAC* **Camping Caravaning Führer**, Band Nordeuropa (auch als CD-ROM), der im Buchhandel oder bei den ADAC-Geschäftsstellen erhältlich ist (www.adac.de/camping).

Wildes Campen ist nicht erlaubt. Manche Bauern stellen Campern jedoch im Sommer gegen einen kleinen Obolus eine Wiese zur Verfügung.

Ferien auf dem Land

Immer häufiger kann man im Süden auf Bauernhöfen übernachten. Manche sind nach wie vor hauptsächlich Landwirtschaftsbetriebe, andere haben ganz auf Zimmervermietung umgestellt. Sie liegen meist in schöner Umgebung, bieten häufig Abendessen (auf Vorbestellung) und haben viel Platz für Kinder. Auch sie werden vom ETB bewertet. Eine umfassende Auflistung findet sich im Verzeichnis *Stay on a farm*, das im Buchhandel und bei TICs zu bekommen ist. Weitere Informationen erteilt:

Farm Stay UK Ltd.,
National Agricultural Centre,
Stoneleigh Park,
Warwickshire CV8 2LG,
Tel. 024/76 69 69 09, Fax 024/76 69 66 30,
www.farmstayuk.co.uk

Hotels

In den großen Städten sind natürlich die internationalen Hotelketten vertreten, aber viele kleinere, oft sehr individuell geführte Häuser warten häufig mit einer ganz besonderen Note auf. Gerade außerhalb der Städte kann man in umgebauten Herrenhäusern mit allem Luxus in schönster Umgebung übernachten. Eine Auswahl bieten die ›Praktischen Hinweise‹ bei der jeweiligen Ortsbeschreibung.

Jugendherbergen

Ein Herbergsverzeichnis gibt es bei:

Youth Hostel Association (YHA),
Trevelyan House, Dimple Road,

Matlock, Derbyshire, DE4 3YH,
Tel. 016 29/59 26 00, Fax 016 29/59 27 02,
www.yha.org.uk

Günstig übernachten kann man während der Sommerferien auch in den *Wohnheimen der Universitäten*. Informationen erhält man bei:

Venuemasters, The Workstation,
Paternoster Row, Sheffield, S1 2BX,
Tel. 01 14/2 49 30 90, Fax 01 14/2 49 30 91,
www.venuemasters.com

Verkehrsmittel im Land

Bahn

Der englische Zugverkehr ist stark auf die Metropole London konzentriert. Zur Weiterfahrt in die südlich gelegenen Regionen empfiehlt es sich fast immer, in London in einen schnellen *Intercity* umzusteigen. An das Intercity-Netz angebunden sind im Süden die Städte: Bath, Brighton, Canterbury, Exeter, Penzance, Portsmouth, Southampton und Salisbury. Seit der Privatisierung der englischen Bahn und ihrer Aufteilung in 26 Gesellschaften gibt es jedoch keine durchgehende Verbindung mehr entlang der Südküste.

Wer öfter den Zug benutzen will, sollte den Kauf eines **BritRailPass** mit Gültigkeitsdauer von vier Tagen bis zu einem Monat erwägen. Der *BritRail Euro England FlexiPass* erlaubt das Reisen in England an einer bestimmten Anzahl von Tagen innerhalb eines Monats. Es gibt Pässe für 2, 4, 8 oder 15 Tage. Der *BritRail London Plus Pass* erlaubt das Bahnfahren in ganz Südost-England. Es gibt ihn für wahlweise 2 oder 4 Reisetage innerhalb von 8 Tagen oder für 7 Tage innerhalb von 15 Tagen. Ähnliches Angebote kann man für den Eisenbahnverkehr in ganz Großbritannien erwerben. Diese Pässe müssen jedoch vor der Abreise im Heimatland besorgt werden.

Die Bahntickets für alle innerbritischen Strecken sowie die hier beschriebenen BritRailPässe können Bahnreisende aus Deutschland, Österreich und der Schweiz unter der folgenden Adresse bestellen:

Britain Direct GmbH, Ruhbergstr. 8,
69242 Mühlhausen, Tel. 062 22/67 80 50,
Fax 062 22/6 78 05 19, www.visitbritain
direct.com.

Bus

Das lokale und regionale Busnetz ist einigermaßen gut ausgebaut, wenn auch manche Überlandrouten nur recht selten bedient werden. Informationen über Busverbindungen und Fahrpläne hält jedes TIC bereit.

Mietwagen

An den Flughäfen und in allen größeren Orten kann man Autos verschiedener Gesellschaften mieten. ADAC-Mitglieder können über die Geschäftsstellen oder unter Tel. 018 05/31 81 81 (0,12 €/Min.) preisgünstig einen Wagen vorbuchen.

Britanniens bunter Blätterwald

Die Briten sind begeisterte Zeitungsleser, und für jeden Geschmack ist etwas zu finden, von den reißerischen Boulevardblättern wie **The Sun** und **News of the World** bis hin zu hochklassigem, seriösem Journalismus. Renommierte Tageszeitungen sind der liberale **Independent**, der eher linke **Guardian**, der konservative **Daily Telegraph**, die **Financial Times** mit ihrem umfangreichen Wirtschaftsteil und die altehrwürdige **Times**, die jedoch Ansehen eingebüßt hat, seit sie von dem australischen Medientycoon Rupert Murdoch übernommen wurde und die Abwanderung zahlreicher fähiger Mitarbeiter verkraften musste.

Neben den **High-quality papers** bieten die konservative **Daily Mail** und der Labour-freundliche **Daily Mirror** etwas leichtere, populär aufbereitete Lektüre.

Sonntags lesen die Briten besonders gerne Zeitung, und so geraten die jeweiligen Ausgaben zu umfangreichen Konvoluten mit zahlreichen Beilagen und Magazinen; Wocheneitungen wie der äußerst angesehene **Observer** erweitern das Angebot noch.

Natürlich gibt es auch unzählige Magazine für Spezialinteressen, darunter die Blätter, die sich der Gestaltung von Gärten und Eigenheimen widmen, die Sportzeitungen, die Musikmagazine und die Tierzeitschriften.

Sprachführer

Englisch für die Reise

Das Wichtigste in Kürze

Ja/Nein	*Yes/No*
Bitte/Danke	*Please/Thank you*
In Ordnung./Einverstanden.	*All right./Agreed.*
Entschuldigung!	*Excuse me!*
Wie bitte?	*Pardon?*
Ich verstehe Sie nicht.	*I don't understand you*
Ich spreche nur wenig Englisch.	*I only speak a little English.*
Können Sie mir bitte helfen?	*Can you help me, please?*
Das gefällt mir/ Das gefällt mir nicht.	*I like that/ I don't like that.*
Ich möchte ...	*I would like ...*
Haben Sie ...?	*Do you have ...?*
Gibt es ...?	*Is there ...?*
Wie viel kostet das?/ Wie teuer ist ...?	*How much is that?*
Kann ich mit Kreditkarte bezahlen?	*Can I pay by credit card?*
Wie viel Uhr ist es?	*What time is it?*
Guten Morgen!	*Good morning!*
Guten Tag!	*Good morning!/ Good afternoon!*
Guten Abend!	*Good evening!*
Gute Nacht!	*Good night!*
Hallo! Grüß Dich!	*Hello!*
Wie ist Ihr Name, bitte?	*What's your name, please?*
Mein Name ist ...	*My name is ...*
Ich bin Deutsche(r).	*I am German.*
Ich bin aus Deutschland.	*I come form Germany.*
Wie geht es Ihnen?	*How are you?*
Auf Wiedersehen!	*Good bye!*
Tschüs!	*See you!*
gestern/heute/ morgen	*yesterday/today/ tomorrow*
am Vormittag/ am Nachmittag	*in the morning/ in the afternoon*
am Abend/ in der Nacht	*in the evening/ at night*
um 1 Uhr/ 2 Uhr ...	*at one o'clock/ at two o'clock ...*
um Viertel vor (nach) ...	*at a quarter to (past) ...*
um ... Uhr 30	*at ... thirty*
Minuten/Stunden	*minutes/hours*
Tage/Wochen	*days/weeks*
Monate/Jahre	*months/years*

Zahlen

0	*zero*	20	*twenty*
1	*one*	21	*twenty-one*
2	*two*	22	*twenty-two*
3	*three*	30	*thirty*
4	*four*	40	*forty*
5	*five*	50	*fifty*
6	*six*	60	*sixty*
7	*seven*	70	*seventy*
8	*eight*	80	*eighty*
9	*nine*	90	*ninety*
10	*ten*	100	*a (one) hundred*
11	*eleven*	200	*two hundred*
12	*twelve*	1 000	*a (one) thousand*
13	*thirteen*	2 000	*two thousand*
14	*fourteen*	10 000	*ten thousand*
15	*fifteen*	1 000 000	*a million*
16	*sixteen*	½	*a (one) half*
17	*seventeen*	¼	*a (one) quarter*
18	*eighteen*		
19	*nineteen*		

Wochentage

Montag	*Monday*
Dienstag	*Tuesday*
Mittwoch	*Wednesday*
Donnerstag	*Thursday*
Freitag	*Friday*
Samstag	*Saturday*
Sonntag	*Sunday*

Monate

Januar	*January*
Februar	*February*
März	*March*
April	*April*
Mai	*May*
Juni	*June*
Juli	*July*
August	*August*
September	*September*
Oktober	*October*
November	*November*
Dezember	*December*

Maße

Kilometer	*kilometre*
Meter	*metre*
Zentimeter	*centimetre*
Kilogramm	*kilogramme*
Pfund	*pound*
Gramm	*gramme*
Liter	*litre*

Unterwegs

Nord/Süd/West/ Ost	*north/south/west/ east*
geöffnet/ geschlossen	*open/ closed*
geradeaus/links/ rechts/zurück	*straight on/left/ right/back*
nah/weit	*near/far*
Wie weit ist es?	*How far is it?*
Wo sind die Toiletten?	*Where are the toilets?*
Wo ist die (der) nächste ... Telefonzelle/ Bank/Post/ Polizeistation/ Geldautomat?	*Where is the nearest ... telephone-box/ bank/post office/ police station/ automatic teller?*
Wo ist ... der Hauptbahnhof/ die U-Bahn/ der Flughafen?	*Where is the ... main train station/ subway station/ airport, please?*
Wo finde ich ein(e, en)? Apotheke/ Bäckerei/ Fotoartikel/ Kaufhaus/ Lebensmittelgeschäft/ Markt?	*Where can I find a ... pharmacy/ bakery/ photo shop/ department store/ food store/ market?*
Ist das der Weg/ die Straße nach ...?	*Is this the way/ the road to ...?*
Gibt es einen anderen Weg?	*Is there another way?*
Ich möchte mit ... dem (der) Zug/Schiff/Fähre/ Flugzeug nach ... fahren.	*I would like to go to ... by ... train/ship/ferry/ airplane.*
Gilt dieser Preis für Hin- und Rückfahrt?	*Is this the round trip fare?*
Wie lange gilt das Ticket?	*How long will the ticket be valid?*
Wo ist ... das Tourismusbüro/ ein Reisebüro?	*Where is ... the tourist office/ a travel agency?*
Ich benötige eine Hotelunterkunft.	*I need hotel accommodation.*
Wo kann ich mein Gepäck lassen?	*Where can I leave my luggage?*
Ich habe meinen Koffer verloren.	*I lost my suitcase.*

Zoll, Polizei

Ich habe etwas/ nichts zu verzollen.	*I have something/ nothing to declare.*
Nur persönliche Dinge.	*Only personal belongings.*
Hier ist die Kaufbescheinigung.	*Here is the receipt.*
Hier ist mein(e) ... Geld/ Pass/ Personalausweis/ Kfz-Schein/ Versicherungskarte.	*Here is my ... money/ passport/ ID card/ certificate of registration/ car insurance card.*
Ich fahre nach ... und bleibe ... Tage/Wochen.	*I'm going to ... to stay there for ... days/weeks.*
Ich möchte eine Anzeige erstatten.	*I would like to report an incident.*
Man hat mein(e, en)... Geld/ Tasche/ Papiere/ Schlüssel/ Fotoapparat/ Koffer/ Fahrrad gestohlen.	*They stole my ... money/ bag/ papers/ keys/ camera/ suitcase/ bicycle.*
Verständigen Sie bitte das/die Deutsche Konsulat/Botschaft.	*Please contact the German consulate/embassy.*

Freizeit

Ich möchte ein ... Fahrrad/ Motorrad/ Surfbrett/ Mountainbike/ Boot/ Pferd ... mieten.	*I would like to rent a ... bicycle/ motorcycle/ surf board/ mountain bike/ boat/ horse.*
Gibt es ein(en) Freizeitpark/ Freibad/ Golfplatz/ Strand ... in der Nähe?	*Is there a ... theme park/ outdoor swimming pool/ golf course/ beach ... in the area?*
Wann hat ... geöffnet?	*What are the opening hours of ...?*

Bank, Post, Telefon

Ich möchte Geld wechseln.	*I would like to change money.*
Brauchen Sie meinen Ausweis?	*Do you need my passport?*
Wo soll ich unterschreiben?	*Where should I sign?*
Ich möchte eine Telefonverbindung nach ...	*I would like to have a telephone connection with ...*
Wie lautet die Vorwahl für ...?	*What is the area code for ...?*
Wo gibt es ... Telefonkarten/ Briefmarken?	*Where can I get ... phone cards/ stamps?*

Tankstelle

Wo ist die nächste Tankstelle?	*Where is the nearest petrol station?*
Ich möchte ...	*I would like ...*
Liter ...	*litres of*
Super/Diesel / bleifrei.	*star/diesel/ unleaded.*
Volltanken, bitte.	*Fill it up, please.*
Bitte, prüfen Sie ...	*Please check the ...*
den Reifendruck/	*tire pressure/*
den Ölstand/	*oil level/*
den Wasserstand/	*water level/*
das Wasser für die Scheibenwisch-anlage/	*water in the wind-screen wiper system/*
die Batterie.	*battery.*
Würden Sie bitte ...	*Would you please ...*
den Ölwechsel/	*change the oil/*
den Radwechsel vornehmen/	*change the tires/*
die Sicherung austauschen/	*change the fuse/*
die Zündkerzen erneuern/	*replace the spark plugs/*
die Zündung nachstellen?	*adjust the ignition?*

Panne

Ich habe eine Panne.	*My car's broken down.*
Der Motor startet nicht.	*The engine won't start.*
Ich habe die Schlüssel im Wagen gelassen.	*I left the keys in the car.*
Ich habe kein Benzin/ Diesel.	*I've run out of petrol/ diesel.*
Gibt es hier in der Nähe eine Werkstatt?	*Is there a garage nearby?*
Können Sie mein Auto abschleppen?	*Could you tow my car?*
Können Sie mir einen Abschleppwagen schicken?	*Could you send a tow truck?*
Können Sie den Wagen reparieren?	*Could you repair my car?*
Bis wann?	*By when?*

Mietwagen

Ich möchte ein Auto mieten.	*I would like to rent a car.*
Was kostet die Miete ...	*How much is the rent ...*
pro Tag/	*per day/*
pro Woche/	*per week/*
mit unbegrenzter km-Zahl/	*including unlimited kilometres/*
mit Kasko-versicherung/	*including compre-hensive insurance/*
mit Kaution?	*with deposit?*
Wo kann ich den Wagen zurückgeben?	*Where can I return the car?*

Unfall

Hilfe!	*Help!*
Achtung!/Vorsicht!	*Attention!/Caution!*
Rufen Sie bitte schnell ...	*This is an emergency, please call ...*
einen Krankenwagen/	*an ambulance/*
die Polizei/	*the police/*
die Feuerwehr.	*the fire department.*
Es war (nicht) meine Schuld.	*It was (not) my fault.*
Geben Sie mir bitte Ihren Namen und Ihre Adresse.	*Please give me your name and address.*
Ich brauche die Angaben zu Ihrer Autoversicherung.	*I need the details of your car insurance.*

Krankheit

Können Sie mir einen guten Deutsch sprechenden Arzt/ Zahnarzt empfehlen?	*Can you recommend a good German-speaking doctor/ dentist?*
Wann hat er Sprech-stunde?	*What are his office hours?*
Wo ist die nächste Apotheke?	*Where is the nearest pharmacy?*
Ich brauche ein Mittel gegen ...	*I need medication for ...*
Durchfall/	*diarrhea/*
Halsschmerzen/	*a sore throat/*
Fieber/	*fever/*
Insektenstiche/	*insect bites/*
Verstopfung/	*constipation/*
Zahnschmerzen.	*toothache.*

Hotel

Können Sie mir bitte ein Hotel/eine Pension empfehlen?	*Could you please recommend a hotel/ Bed & Breakfast?*
Ich habe bei Ihnen ein Zimmer reserviert.	*I booked a room with you.*
Haben Sie ein ...	*Have you got a ...*
Einzel-/Doppel-zimmer ...	*single/double room ...*
mit Dusche/ Bad/WC?	*with shower/ bath/bathroom?*
für eine Nacht/	*for a night/*
für eine Woche?	*for a week?*
Was kostet das Zimmer	*How much is the room*
mit Frühstück/	*with breakfast/*
mit zwei Mahlzeiten?	*with two meals?*

Wie lange gibt es Frühstück?	*How long will breakfast be served?*
Ich möchte um ... geweckt werden.	*Please wake me up at ...*
Wie ist hier die Stromspannung?	*What is the power voltage here?*
Ich reise heute abend/ morgen früh ab.	*I will depart tonight/ tomorrow morning.*
Haben Sie ein Faxgerät/ einen Internetzugang/ einen Hotelsafe?	*Have you got a fax machine/ internet access/ a hotel safe?*
Akzeptieren Sie Kreditkarten?	*Do you accept credit cards?*

Restaurant

Wo gibt es ein gutes/ günstiges Restaurant?	*Where is a good/ inexpensive restaurant?*
Die Speisekarte/ Getränkekarte, bitte.	*The menu/ the wine list, please.*
Ich möchte das Tagesgericht/Menü (zu…)	*I like the dish of the day (at ...).*
Welches Gericht können Sie besonders empfehlen?	*Which of the dishes can you recommend?*
Ich möchte nur eine Kleinigkeit essen.	*I only want a snack.*
Gibt es vegetarische Gerichte?	*Are there vegetarian dishes?*
Haben Sie offenen Wein?	*Do you serve wine by the glass?*
Welche alkoholfreien Getränke haben Sie?	*What kind of soft drinks do you have?*
Haben Sie Mineralwasser mit/ ohne Kohlensäure?	*Do you have sparkling water/ noncarbonated water?*
Das Steak bitte ... englisch/medium/ durchgebraten.	*The steak ... rare/medium/ well-done, please.*
Kann ich bitte ... ein Messer/ eine Gabel/ einen Löffel haben?	*May I have ... a knife/ a fork/ a spoon, please?*
Darf man rauchen?	*Is smoking allowed?*
Rechnung/Bezahlen, bitte.	*The bill, please.*

Essen und Trinken

Abendessen	*dinner*
Ananas	*pineapple*
Apfelkuchen	*apple pie*
Bier	*beer*
Birnen	*pears*
Bratkartoffeln	*fried potatoes*
Brot/Brötchen	*bread/rolls*
Butter	*butter*
Ei	*egg*
Eier mit Speck	*bacon and eggs*
Eiscreme	*ice-cream*
Erbsen	*peas*
Erdbeeren	*strawberries*
Essig	*vinegar*
Fisch	*fish*
Fleisch	*meat*
Fleischsoße	*gravy*
Frühstück	*breakfast*
Gebäck	*pastries*
Geflügel	*poultry*
Gemüse	*vegetable*
Gurke	*cucumber*
Hähnchen	*chicken*
Hammelfleisch	*mutton*
Honig	*honey*
Hummer	*lobster*
Kaffee	*coffee*
Kalbfleisch	*veal*
Kartoffeln	*potatoes*
Kartoffelbrei	*mashed potatoes*
Käse	*cheese*
Kohl	*cabbage*
Kuchen	*cake*
Lachs	*salmon*
Lamm	*lamb*
Leber	*liver*
Maiskolben	*corn-on-the-cob*
Marmelade	*jam*
Mittagessen	*lunch*
Meeresfrüchte	*seafood*
Milch	*milk*
Mineralwasser	*mineral water*
Nieren	*kidneys*
Obst	*fruit*
Öl	*oil*
Pfannkuchen	*pancakes*
Pfeffer	*pepper*
Pfirsiche	*peaches*
Pilze	*mushrooms*
Pommes frites	*chips*
Reis	*rice*
Reh/Hirsch	*venison*
Rindfleisch	*beef*
Rühreier	*scrambled eggs*
Sahne	*cream*
Salat	*salad*
Salz	*salt*
Schinken	*ham*
Schlagsahne	*clotted cream*
Schweinefleisch	*pork*
Sekt	*sparkling wine*
Suppe	*soup*
Thunfisch	*tuna*
Truthahn	*turkey*
Vanillesoße	*custard*
Vorspeisen	*hors d'œuvres*
Wein (Weiß/Rot/Rosé)	*wine (white/red/rosé)*
Würstchen	*sausages*
Zucker	*sugar*
Zwiebeln	*onions*

Register

A

Adam, Robert 87, 122
Albert, Prinz von Sachsen-Coburg-Gotha 6, 15, **51f.**
Alfred der Große 12, 56, 60, 72
Alum Bay 54
Anglikanische Kirche 13, 18, 20, 25, **28**
Anna von Böhmen 32
Anne, Queen 14
Anning, Mary 76
Anselm von Canterbury 26
Artus, König 10, 53, 60, 89, **102**, 111
Arundel Castle 45f., 128, 131
Astor, William Waldorf 36f.
Atwood, Thomas W. 121
Augustinus, Missionar 12, 20, 21, 26
Austen, Jane 57, 76, 122
Avalon 111
Avebury 12, 111, **123**
Avigdor-Goldsmid, Sarah Venetia d' 35
Avigdor-Goldsmid, Sir Henry d' 34f.

B

Baillie, Lady 32
Baker, Sir John 35
Bath 9, 12, 111, 112, **119–123**, 130, 131, 133
  Bath Abbey 121
  Bath Boating Station 122
  Bath Spa 121
  Building of Bath Museum, The 122
  Camden Crescent 121f.
  Circus, The 121
  Great Pulteney Street 122
  Holburne Museum 122
  Landsdown Crescent 122
  Museum of Costume 122
  Octagon Galleries 122
  Paragon, The 121, 122
  Pulteney Bridge 122
  Queen Square 121
  Roman Baths 120
  Royal Crescent 121
  Theatre Royal 121, 131
Battle 13, **40f.**
Beachy Head 69, **41f.**
Beaulieu 55, 56
Becket, Thomas, Erzbischof von Canterbury 10, 13, 23, **25**, 26, 79
Bedruthan Steps 89, **98f.**
Beer 77
Bell, Quentin 44
Bell, Vanessa 44
Bladud, Keltenfürst 119, 120
Blair, Tony 15
Blois, Bischof Henry of 58, 59
Bloomsbury Group 45
Bodinnick 89
Bodmin 100
Bodmin Moor 100f.
Boleyn, Anne 13, 28, **36**
Bolventor 100
Bonchurch 53
Boscastle 101f.
Bourchier, Thomas 33
Bournemouth 7, **66f.**, 69, 132, 133
Brighton 7, 39, **42ff.**, 130, 131, 132, 133
Bristol 9, 15, 74, 111, **115–119**, 131, 132, 133
Bristol Blue Glass 117, 128
Brixham 79, **81f.**, 133
Broadstairs 18, **29f.**, 130
Brockenhurst 55, 56
Brown, Lancelot ›Capability‹ 7f., 14, **48**, 73, 76
Browne, Sir Antony 40
Brownsea Island 66
Brunel, Isambard Kingdom 15, 111, 116, 119
Bucklers Hard 55, 56
Busch, Fritz 44

C

Cabot, John 115, 116
Caesar, Gaius Julius 12, 27
Cameron, Julia Margaret 53
Canterbury 10, 12, 18, **20–27**, 31, 131, 133
  Canterbury Cathedral 13, 22, **23–26**
  Canterbury Tales 22
  Christ Church Gate **23**, 26
  Eastbridge Hospital 21
  Museum of Canterbury 22
  Queen Elizabeth's Guest Chamber 22
  Roman Museum 22
  St. Augustine's Abbey 26
  St. Martin's Church 26
  Weavers, The 21
  Westgate 21
Canterbury Tales 22
Cantii 20
Canute 12
Carisbrooke Castle 52f.
Castle Drogo 85
Cape Cornwall 94
Chagall, Marc 34f., 46, 47
Charles I. 14, 52f., 69
Charles II. 14, 109
Charleston Farmhouse 44f.
Charmouth 77
Chatham 30, 31
Chaucer, Geoffrey 22
Cheddar 114f.
Chesil Beach 71
Chichester 12, 39, **46f.**, 131, 133
Christchurch 66, 133
Christie, Agatha **81**, 83
Christie, Archibald 81
Christie, John 44
Churchill, Sir Winston 19
Cider 105, 109, 110, 130
Cinque Ports **28**, 40
Clapper Bridges 84, 108
Claudius, Kaiser 12
Clouds Hill 68f.
Clovelly 8, **105**
Cogidubnus, Tiberius Claudius 47
Coleridge, Samuel Taylor 106
Conan Doyle, Sir Arthur 84
Cook, James 86
Corfe Castle 67, **69**
Cowes Castle 51
Cowes Week 51, 130
Crescents 9, 118, 120, 121
Cromwell, Oliver 14, 60
Cubbit, Thomas 52

D

Dartmoor National Park 6, 15, 79, **84–86**, 133
Dartmoor Prison 85
Dartmouth 9, **82f.**
Deal 12, 27, 28, 29
Deal Castle 27f.
Decorated Style 13, **62**, 65, 66, 79
Defoe, Daniel 118
Dickens, Charles 18, 29, **30**, 31, 122
Digby, Sir John 76
Dimbola Lodge 53
Donne, John 64
Dorchester 70f., 133
Dover 18ff., 28, 133
Downs 39
Drake, Sir Francis 79, **86**
Drewe, Julius 85
Dunster 105, **107ff.**
Durdle Door 69

E

Early English Style 13, 23, 58, **62**, 65, 113
Eastbourne 41, 42, 69, 132
Eden 15, **90**
Edward I. 32
Edward III. 25
Edward VII. 34
Edward, der Schwarze Prinz 25f.
Edward the Confessor 12
Egbert, König von Wessex 12
Egremont, Earls of 48
Elizabeth I. 13, 14, 33, 36, 70, 75, 86
Elizabeth II. 15
Elviga, Tochter Alfreds des Großen 72
English Heritage 131f.
Ethelbert von Kent, König 21
Ethelred II. 12
Eurotunnel 15, 19, 127
Eveleigh, John 121
Evelyn, John 37
Exe Valley 6, 69, 107
Exeter 12, 69, **79f.**, 131, 133
Exmoor National Park 6, 15, 69, 105, **107ff.**, 133

F

Falmouth 91f.
Fawkes, Guy 14
Fielding, Henry 122
Fishbourne Roman Palace 39, **47**
Fitzherbert, Maria Anne 42, 43
Folkestone 15, 19
Forster, Edward Morgan 45
Fossil Forest 69
Fowey 89, 90f.

Fowles, John 76
Frost, Terry 98
Fry, Roger 45

G

Gainsborough, Thomas 45, 48, 122
George I. 14
George III. 14, 42, 71, 87
George IV. *siehe* George, Prinzregent
George, Prinzregent 14, 39, **42f.**
Georgian Style 14, 120
Gibbons, Grinling 48
Glastonbury 10, **111f.**, 114
Glyndebourne 44, 131
Golden Cape 76
Golden Hind 86
Gormley, Antony 58
Gorran Haven 90
Grant, Duncan 45
Great Western Railway 15, 111, 116
Greenaway, Peter 37
Gregor I., Papst 20
Grimshaw, Nicholas 90
Groombridge Place Gardens 18, **37**
Guinevere, Gemahlin von König Artus 111

H

Hardy, Thomas 70
Harold II. 12, 40
Harvey, John 118
Hastings 12, 13, 28, **40f.**, 132
Hawker, Robert Stephen 103
Hengist 12
Henrietta Maria, Königin 34
Henry I. 75
Henry II. 13, 19, 25
Henry III. 13, 60, 102
Henry IV. 13, 25
Henry VII. 13
Henry VIII. 9, 13, 18, 25, 27f., 35, 36, 40, 45, 49, 51, 54, 55, 75, 91, 96, 101, 111f.
Hepworth, Barbara 98
Heron, Patrick 98
Hestercombe Gardens 110
Hever Castle 18, **36f.**
Higher Bockhampton 70
Hoare I., Henry 6
Hoare II., Henry 74
Holland, Henry 42
Horsa 12
Howard, Henry 45
Howard, Thomas, 14. Earl of Arundel 45
Hurst, Colonel Freddie 94
Hussey, Walter 46

I

Ia, hl. 97
Ina, König von Wessex 109
Irons, Jeremy 76
Isabella von Frankreich 32
Isle of Portland 71f.
Isle of Purbeck 67–70
Isle of Thanet 29
Isle of Wight 6, 7, 14, 15, 49, **51–55**, 130, 133
Isles of Scilly 95ff.

J

James I. 14, 75
James II. 14, 109
James, Henry 39
Jeffreys, Richter 71, 109
Jekyll, Gertrude 85, 110
Jinjies 94
Johanna von Navarra 25, 32
John, König 13, 63
Johns, Catherine 102
Jones, Inigo 58, 63
Jonson, Ben 64
Joseph von Arimathäa 111
Justus, Bischof 31

K

Karoline von Braunschweig 43
Katharina von Aragon 27f., 36
Katharina von Valois 32
Kauffmann, Angelika 87
Keats, John 6, 10
Kennington, Eric 68, 70
Keynes, John Maynard 45
King's Sedge Moor, The 14
Kingsbridge 83
Klemens VII., Papst 28
Knole 7, 8, 18, **33**, 35
Knut der Große *siehe* Canute

L

Land's End 6, 69, 89, **94**
Langley, Walter 93
Lanhydrock 100
Lanyon, Peter 98
Launceston 100
Lawrence, Thomas Edward 68f.
Leach, Bernard 98
Leeds Castle 7, 18, **32**
Levant Beam Engine 94
Lizard, The 91
Longleat House and Safari Park 49, **73**
Lord Warden of the Cinque Ports 28, 29
Lorrain, Claude 48, 74
Lost Gardens of Heligan, The 6, **89**
Lulworth Cove **69**, 70
Luttrell, Familie 107
Lutyens, Sir Edwin 85, 110
Lydford 85
Lyme Regis 76f.
Lyndhurst 55, 56
Lynmouth 105f., 108
Lynton 69, **105f.**

M

Magna Charta 13, 62
Maiden Castle 70
Makepeace, John 72
Marazion 92, 95
Margarete von Frankreich 32
Marlborough Downs 64, 123
Mary I. (›Bloody Mary‹) 13
Mary Rose 9, 49
Maurier, Daphne du 100
Mayflower 14, 49, 50
Mevagissey 89, **90f.**
Minack Theatre **94**, 131
Molesworth-St. Aubyn, Familie 93, 100
Monk's House 44f.
Monmouth, Duke of 14, 109
Monmouth, Geoffrey of 102
Montagu, John, 4. Earl of Sandwich 29
Montagu, Lord 55
Moore, Henry 47
Morris, William 58
Moreton 68
Morwenstow 103
Mousehole 94, 95
Mullion 91
Murdoch, Rupert 135

N

Napoleon 14, 49, 93
Nash, John 42
Nash, Richard ›Beau‹ 120, 121
National Trust 128, **131f.**
Needles, The 53
Nelson, Lord 9, 14, 49
New Forest 6, 49, **55f.**, 133
Newcomen, Thomas 82
Newlyn 94
Newlyn School 93, 94, 97
Newport **52**, 54, 133
Newquay 98ff.
Nicholson, Ben 98
Nicolson, Harold 36
Norfolk, Herzöge von 45
Norman Style **62**, 65, 66, 103
Northumberland, Grafen von 48

O

Oast Houses 33
Old Sarum **61**, 75
Order of Noble Poverty 59
Osborne House 15, **51f.**

P

Packer, Philip 37
Paignton 79, **81**, 133
Palladio, Andrea 6, 64, 74, 120, 121
Palmer, John 122
Parker II., John 87
Parnham House 71f.
Pembroke, Earls of 63, 64
Pencarrow 100
Pendennis Castle 28, 91
Pentewan 89, 91
Penzance 6, 89, **93**, 95, 132, 134
Perpendicular Style 13, 23, 24, 57, 61, **62**, 65, 72, 113, 117
Petworth House 8, 39, **48**
Pevensey Bay 41
Pilgrim Fathers 14, 50, 86
Piper, John 46
Plymouth 9, 13, 14, 50, 79, **86f.**, 131, 133
Polperro 89
Polruan 89
Poole 66f., 69, 132, 133
Poore, Richard 61
Porthleven 91
Portsmouth 9, 10, **49ff.**, 132, 133
Postbridge 84, 85
Poussin, Nicolas 74
Princetown 85
Purbeck-Marmor 62, **67**, 79, 113

R

Raleigh, Sir Walter 66, 75, 76
Regency Style 14, 42

Reis von Eisenberg, Baron 64
Reynolds, Sir Joshua 33, 45, 48, 64, 87
Richard II. 13
Richard, Earl of Cornwall 102
Rochester 18, **30f.**
Römer 9, 12, 19, 20, 22, 26, 39, 46, 47, 61, 70, 77, 79, 119, 121, 123
Roger von Salisbury, Bischof 75
Roseland, The 91
Rous, Familie 105
Royal Tunbridge Wells 33f., 128
Rubens, Peter Paul 45, 64
Russell, Dr. Richard 39
Rye 39

S

Sackville, Thomas 33
Sackville-West, Vita 8, 33, 35, **36**, 45
Salisbury 10, 13, 49, **61ff.**, 67, 130, 133
Saltram House 8, **87**
Sandown 53, 55
Sandwich 28, 29
Swanage **69**, 70
Seaford 41, 42
Selkirk, Alexander 117
Sennen 94
Seven Sisters 42
Seymour, Charles, Herzog von Somerset 48
Shaftesbury 72f.
Shakespeare, William 13f., 18, 19, 46, 64, 94
Shanklin 53, 54, 132
Shelley, Percy Bysshe 106
Sheppy's Cider 110
Sherborne 75f.
Sickert, Walter 97
Sidney, Sir Philip 64
Silbury Hill 123
Simonsbath 108, 109
Sissinghurst Castle and Gardens 8, 18, 33, **35f.**
Smirke, Sir Robert 118
Smit, Tim 89f.
South Downs 6, 48
South Downs Way 42, 69
Southampton 9, 14, **49f.**, 86, 131, 132, 133
Southey, Robert 106
Spanische Armada 13, 86
St. Ives 89, **97f.**
St. Just 94, 128
St. Margaret's-at-Cliffe 27, 29
St. Margaret's Bay 27
St. Mawes Castle 91
St. Michael's Mount 6, 89, **92f.**
Start Bay 132
Start Point 83
Stinsford 70
Stonehenge 10, 12, 15, 49, **64f.**, 123
Stourhead 6, 8, **73ff.**
Strachey, Lytton 45
Streep, Meryl 76
Strete 83
Südwestspitze Cornwalls 93ff.
Sutherland, Graham 46

T

Tarka Trail 69
Tarr Steps 108
Taunton 109f., 128, 130, 133
Tennyson, Alfred Lord 53
Thackeray, William Makepeace 122
Thatcher, Margaret 15
Tintagel 101f.
Titanic 49, 50
Tolpuddle Martyrs 14f.
Torbay 6, 79, **81f.**, 132, 133
Torquay 79, **80ff.**, 133
Tremayne, Familie 89
Tudeley 34f.
Turner, William 8, 48, 97

V

Valley of Rocks 6, **105f.**
Ventnor **53**, 54, 55, 132
Vergil 74
Victoria, Queen 6, 15, **51f.**, 54
Victorian Style 15, 52, 100
Victory 9f., 49

W

Walmer Castle 28f.
Walpole, Sir Robert 14
Wareham **67f.**, 69
Warrior 49
Weald 18, **33**
Wellington, Duke of 14, 29
Wells 10, 13, 111, **112ff.**
Wessex 12, 58, 65, 70, 75
Weymouth 70, 71, 72, 133
Whistler, James McNeill 97
White Lady, The 85
William III. 14
William the Conqueror 12, 40, 41, 55
Wilton House 63f., 128
Wimborne Minster 65f.
Winchester 12, 49, **56–61**, 69, 130, 133
- Bronzestatue Alfreds des Großen 59
- Butter Cross 59
- Great Hall 60
- Guildhall 59
- Hospital St. Cross 59
- Westgate 59f.
- Winchester Cathedral 10, 13, **56ff.**
- Winchester College 58f.
- Wolvesey Palace & Castle 59

Wood jr., John 120, 121, 122
Wood sen., John 120, 121
Wookey Hole Showcaves 114
Wool Churches 62, 110
Woolf, Leonard 45
Woolf, Virginia 33, **44f.**, 53, 98
Wordsworth, William 106, 122
Wren, Sir Christopher 59
Wykeham, Bischof William of 59, 60

Y

Yarmouth Castle 54
Yevele, Henry 24

Z

Zennor 94

Bildnachweis

Umschlag-Vorderseite: Der Landschaftsgarten von Stourhead. *Foto: LOOK (Ingolf Pompe), München*

Titelseite
Oben: Kalkklippen der Seven Sisters (Wh. von S. 42)
Mitte: Marktplatz von Salisbury (Wh. von S. 61)
Unten: Park des Festspielhauses von Glyndebourne (Wh. von S. 44)

erdmann's, Berlin: 20, 44, 49, 53, 90, 96 (2) – *Franz Marc Frei, München:* 19, 24, 27 – *Ralf Freyer, Freiburg:* 22, 23, 30, 31, 34, 40, 41, 57, 115, 118, 124 links unten, Umschlagrückseite Hotels – *Hartmuth Friedrichsmeier, Hamburg:* 43 – *Udo Haafke, Ratingen:* 75 oben, 76, 110, 134 – *Horst Herzig, Groß-Gerau:* 10 oben, 11 oben, 16/17, 56, 88, 102, 106, 112, 113 – *Tina Herzig, Groß-Gerau:* 36, 38, 107 – *Huber, Garmisch-Partenkirchen:* 46 – *IFA-Bilderteam, München:* 67 – *laif, Köln:* 7 (2) (Miquel Gonzalez), 8 oben (Miquel Gonzalez), 15 (Gerhard Westrich), 50 (Miquel Gonzalez), 51 (Miquel Gonzalez), 52 (2) (Miquel Gonzalez), 61 (Miquel Gonzalez), 66 (Miquel Gonzalez), 68 unten (Miquel Gonzalez), 75 unten (Miquel Gonzalez), 92 (Hartmut Krinitz), 97 (Hartmut Krinitz), 104 (Miquel Gonzalez), 111 (Miquel Gonzalez), 114 (Miquel Gonzalez), 116 (Miquel Gonzalez), 129 (Hartmut Krinitz) – *Knut Liese, München:* 18, 58, 63 – *LOOK, München:* 5 links (Ingolf Pompe), 6 (Ingolf Pompe), 28 (Ingolf Pompe), 37 (Ingolf Pompe), 54 (Ingolf Pompe), 55 (Ingolf Pompe), 68 oben (Ingolf Pompe), 78 (Ingolf Pompe), 83 (Ingolf Pompe), 84 (Ingolf Pompe), 91 (Ingolf Pompe), 93 (Ingolf Pompe), 99 (Ingolf Pompe), 100 (Ingolf Pompe), 103 (Ingolf Pompe), 124 Mitte (Ingolf Pompe) – *David Lyons, Ambleside:* 10 unten, 35 oben, 42, 45, 62, 64/65, 73 unten, 77 – *Mauritius, Mittenwald:* 11 unten, 47, 72 – *Gino Russo, Savona:* 9, 71, 87, 94, 119, 121, 123 – *Süddeutscher Verlag, Bilderdienst, München:* 12, 13, 14, 15, 81 – *Ernst Wrba, Sulzbach am Taunus:* 8 unten, 32, 33, 35 unten, 48, 73 oben, 74, 82, 85, 86, 101, 124 oben (2) – *Johannes Wunner, Freising:* 59, 95, 108 (2), 109, 124 rechts unten, Umschlagrückseite Herrenhäuser

ADAC
reisemagazin
Reisen mit Lust
und Laune.
BRETAGNE
Rau, aber herzlich
DÄNEMARK
Wo Dänemark
einsame Spitze ist
KUBA
Im Rhythmus
der Karibik
MALLORCA
Mallorca
zum Träumen
ROM
Ewig schön, ewig jung
Die Reisemagazine
vom ADAC
gibt es für Städte,
Länder und
Regionen.
Alle zwei Monate
neu.
POLEN
Neue Horizonte
SPANIENS SÜDEN & MADRID
SPANIENS SÜDEN
UND MADRID
Flamenco
und die Seele
des Südens
INDIEN
Zwischen Mythos
und Morgenrot

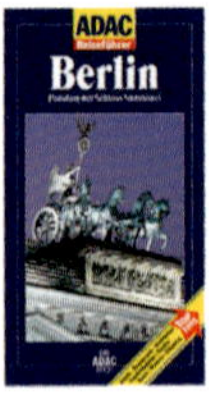

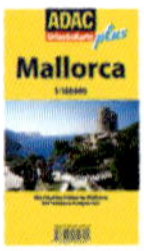

Ägypten
Algarve
Allgäu
Amsterdam
Andalusien
Australien
Bali und Lombok
Barcelona*
Berlin*
Bodensee
Brandenburg
Brasilien
Bretagne
Budapest
Bulgarische Schwarzmeerküste
Burgund
Costa Brava und Costa Daurada
Côte d'Azur
Dalmatien
Dänemark*
Deutschland, City Guide
Dominikanische Republik
Dresden*
Dubai, Vereinigte Arabische Emirate, Oman
Elsass
Emilia Romagna
Florenz
Florida
Französische Atlantikküste
Fuerteventura
Gardasee*
Germany, City Guide (engl.)
Golf von Neapel
Gran Canaria
Hamburg*
Hongkong und Macau
Ibiza und Formentera
Irland
Israel
Istrien und Kvarner Golf*
Italienische Adria
Italienische Riviera
Jamaika
Kalifornien
Kanada – Der Osten
Kanada – Der Westen
Karibik
Kenia
Korfu und Ionische Inseln
Kreta*
Kuba
Kykladen
Lanzarote
Leipzig
London*
Madeira
Mallorca*
Malta
Marokko
Mauritius und Rodrigues
Mecklenburg-Vorpommern*
Mexiko
München*
Neuengland
Neuseeland
New York*
Niederlande
Norwegen
Oberbayern*
Österreich*
Paris*
Peloponnes
Piemont, Lombardei, Valle d'Aosta
Polen*
Portugal
Prag*
Provence
Rhodos
Rom*
Rügen, Hiddensee, Stralsund
Salzburg
Sardinien
Schleswig-Holstein*
Schottland
Schwarzwald*
Schweden*
Schweiz*
Sizilien
Spanien
St. Petersburg
Südafrika
Südengland
Südtirol*
Sylt
Teneriffa*
Tessin
Thailand
Toskana
Tunesien
Türkei-Südküste
Türkei-Westküste
Umbrien
Ungarn
USA-Südstaaten
USA-Südwest
Usedom*
Venedig*
Venetien und Friaul
Wien*
Zypern

* auch als ADAC Reiseführer Plus mit CityPlan bzw. UrlaubsKarte

Leserforum

Die Meinung unserer Leserinnen und Leser ist wichtig, daher freuen wir uns von Ihnen zu hören. Wenn Ihnen dieser Reiseführer gefallen hat, wenn Sie wichtige Hinweise zu den Inhalten haben – Ergänzungs- und Verbesserungsvorschläge, Tipps und Korrekturen – dann schreiben Sie uns:

Redaktion ADAC Reiseführer
ADAC Verlag GmbH
81365 München
verlag@adac.de

Impressum

Lektorat und Bildredaktion: Ralf Thume
Aktualisierung: Renate Nöldeke, München
Karten: Computerkartographie Carrle, München
Herstellung: Martina Baur
Printed in Germany

Ansprechpartner für den Anzeigenverkauf:
Kommunalverlag GmbH & Co KG,
MediaCenterMünchen, Tel. 089/92 80 96-44

ISBN 10: 3-87003-870-5
ISBN 13: 978-3-87003-870-0

Gedruckt auf chlorfrei gebleichtem Papier

Neu bearbeitete Auflage 2006